POCHES ODILE JACOB

D0562867

LES FILLES
ET LEURS MÈRES

ALDO NAOURI

LES FILLES ET LEURS MÈRES

POCHES
ODILE JACOB

Retrouvez les Éditions Odile Jacob
sur le site
www.odilejacob.fr
Nouveautés, catalogue, recherche par
mots clefs, journal

© ÉDITIONS ODILE JACOB, 1998, MARS 2000
15, RUE SOUFFLOT, 75005 PARIS

ISBN : 2-7381-0796-6

Avertissement

On pourra se sentir étonné ou irrité à la lecture de cet ouvrage par le nombre de références à mes écrits précédents. Cela s'explique par le fait que j'explore l'univers des relations familiales depuis plus de vingt ans et que je ne supporte pas de me répéter. Or, comme je ne peux éviter de repasser par des notions dont j'ai déjà démonté les mécanismes et que j'ai longuement analysées ailleurs, les implications que j'en retire pourraient paraître arbitraires ou péremptoires si je n'invitais pas ainsi le lecteur à aller vérifier, s'il le veut, le bien-fondé de ce que j'avance.

Je souhaiterais qu'on ne voie pas dans ce défaut, si tant est que ce soit possible, la moindre trace d'affectation.

,.. je suis une fille sans mère...
pardon, je voulais dire : une mère sans fille.

(entendu en consultation)

Une rencontre

C'était il y a longtemps. Une fin de matinée comme tant d'autres. Le téléphone qui sonne au moment où je m'apprête à repartir pour une seconde tournée de visites. J'en suis tout près. Je décroche. Des sanglots me cueillent. Amples, violents, irrépressibles. Je les écoute de longues secondes avant de comprendre que c'est un homme qui pleure – ce qui ne me dit pas pour autant de qui il peut s'agir. Je risque un timide et prudent nouvel « allô ! ». Les sanglots reprennent de plus belle, laissant cependant place, entre deux hoquets, à mon nom formulé sur le mode de l'interrogation. Je reconnais alors la voix. Et l'accent. Aucune autre parole n'a encore été proférée, mais je devine déjà de qui, et surtout de quoi, il peut s'agir. Je me mets à rapidement imaginer ce que je vais entendre. Et je sens mon irritation monter à l'endroit de ces formules stupides qui nous viennent toujours si vite à l'esprit dans ce type de circonstances. Parce que je l'ai compris, et ça ne peut pas être autre chose. Elle est sûrement morte. Elle vient peut-être même à peine de mourir. Un peu vite sans doute. Car rien dans son état de ces dernières semaines ne pouvait le laisser présager. Mais ce ne serait pas la première fois que l'évolution d'une maladie de ce type créerait la surprise.

J'observe le silence un moment encore. Puis, comme rien

ne vient, je prends le risque d'émettre un nouvel « allô ! » à peine chuchoté. Les sanglots redoublent alors de force et il me hurle : « Mon fils, Docteur... mon fils Raoul... Raoul, hier au soir... »

Avant même de tenter d'imaginer ce qui a pu arriver à ce fils que je ne connais pratiquement pas, je profite des pleurs qui interrompent le flux verbal pour essayer désespérément de retrouver au moins son âge ou son rang dans la fratrie. Mais je n'en ai pas le temps car il poursuit : « il a volé ma voiture... ma voit... et un fusil... Et il est parti... comme ça, sans permis, sans rien, en pleine nuit... Il a pris la direction de la maison de mes parents... » Je me prépare à l'annonce de l'accident, et je me sens plongé dans une indicible horreur en pensant à l'accumulation incompréhensible de malheurs qui touche cette famille, quand il m'assène : « il s'est arrêté sur le bord de la route... à cent cinquante kilomètres de Paris... et il s'est tiré une balle dans la tête... »

J'en reste sans voix. Écrasé.

Sur fond de mon silence, il répète plusieurs fois de suite ce dernier fragment de phrase jusqu'à épuiser ses sanglots. Je ne l'interromps pas – et comment d'ailleurs aurais-je pu le faire ? Au bout d'une ou deux minutes, il parvient néanmoins à se ressaisir. Et d'une voix hoquetante mais presque calme, il poursuit : « ma femme... elle n'en sait rien encore... elle est pas là... elle est hospitalisée depuis hier... pour sa chimio... je n'sais pas comment... je n'sais pas comment... on peut lui annoncer ça... j'ai peur qu'elle puisse pas encaisser... j'ai peur qu'ça l'achève... j'me sens pas de taille pour aller le lui annoncer... j'ai pensé que vous... il faut que vous... il faut que vous... vous y alliez... c'est vous qui devez aller tout lui dire... vous la connaissez, vous saurez comment faire... c'est votre métier... moi j'pourrai pas... » Puis, comme j'essaye un « mais », il reprend, pleurant de plus belle : « je vous en supplie, Docteur, faites ça pour nous... »

Ses sanglots qui reprennent le font sourd à tout ce que j'essaye de lui dire. Si bien que je vais passer de longues minutes à le calmer, à lui parler le plus doucement et le plus simplement possible, lui dire dans quelle profonde horreur je suis moi-même trempé, dans quelle sympathie je me trouve avec lui, dans quelle douleur m'a mis cette effroyable nouvelle. Je ne cesse pas de lui parler. Je me laisse aller. Ça me fait du bien. Et il est probable que ça lui en fait aussi. Avons-nous autre chose à faire dans ce type de circonstance que de nous parler ou en tout cas de tenter de le faire ?

Au bout d'un moment, il ne pleure plus et je ne l'entends plus renifler. J'essaie alors de lui expliquer que c'est à lui, et à lui seul, que revient la démarche qu'il me demande d'accomplir, même si j'en conçois l'indicible difficulté. J'ai beaucoup de peine à le convaincre, et encore plus à lui faire admettre que mon refus d'accéder à sa demande ne procède pas d'une lâche dérobade mais du strict respect de la dimension de l'événement. Je lui dis qu'il s'agit de son fils, de leur fils à tous les deux, de ce fils qu'ils ont fait à deux, qu'ils ont élevé à deux, qu'ils perdent à deux et qu'ils doivent pleurer à deux, ensemble et en même temps. Il ne démord pas de sa position et il insiste, entre autres choses, sur les précautions que les circonstances, qui l'écrasent et qui l'effrayent, paraissent lui imposer. Pour le rassurer sur ce point, je finis par lui promettre de passer dans le service où sa femme est hospitalisée pour avertir les soignants de ce qui vient d'arriver et arrêter avec eux une ligne de conduite. J'ajoute que je situerai cette visite dans la même dimension que celles qu'il m'était arrivé de faire d'autres fois, mais qu'il était exclu que je dise à son épouse quoi que ce soit de ce qui est arrivé. Pour finir, je l'engage à aller la voir quand il se sentira prêt à le faire et à s'habituer à l'idée de ce qui l'attend. Ma fermeté, doublée de la concession que je lui ai faite, semble lui convenir.

Il mettra cependant quarante-huit heures avant d'affronter l'épreuve.

Pour ma part, je m'acquitte sans tarder de ma mission auprès de la surveillante et des médecins du service qui s'en trouvent retournés, comme on peut l'imaginer. Puis je me rends dans la chambre de cette femme en sachant que, quoi que je fasse et quel que puisse être le degré de ma sympathie à son endroit, je ne parviendrai d'aucune façon à atténuer la cruauté de ce qu'elle allait éprouver et qui est certainement la calamité la plus insupportable que puisse vivre un être humain.

Elle m'accueille avec un regard surpris derrière le sourire que je lui connais depuis toujours et, mi-ravie mi-préoccupée, elle s'étonne tout de suite de ma présence : « Il est arrivé quelque chose à la maison ? » me demande-t-elle, ajoutant aussitôt : « sans quoi, comment auriez-vous su que j'étais là ? » Je joue sur l'ambiguïté de sa question et sur le fait que je n'ai jamais manqué de lui rendre visite toutes les fois que, depuis de longs mois, elle était hospitalisée pratiquement à date fixe. Je lui réponds que j'étais un peu perdu dans mon agenda et que, comme je passais dans le coin, j'ai couru ma chance et je suis monté m'enquérir de son éventuelle présence dans le service. Je ne crois pas que mon pieux mensonge soit parvenu à lui donner le change. Mais, non sans raison, je n'ai pas voulu aller plus loin. Elle a joué le jeu de son côté, en me parlant de sa maladie et de son traitement. Elle a même voulu me montrer comment elle était parvenue à reconstruire sa silhouette en se cousant un petit coussinet d'éponge à l'intérieur de son peignoir. Puis nous avons parlé quelques minutes de choses et d'autres avant que je ne prenne congé d'elle. Pouvais-je faire plus ?

J'ai mis plusieurs jours à m'extraire d'un certain état de sidération. Et j'y étais encore quand la surveillante du service m'a appelé à ma consultation le surlendemain de ma visite : « Vous m'aviez avertie que c'était une personne hors du commun. Je l'ai vérifié. J'étais à l'entrée de la chambre tout le temps que son mari a pris pour lui raconter ce qui s'était passé. Il avait beaucoup de peine à parler tellement il pleurait. Elle, elle n'a pas eu une larme. Elle est restée très longtemps, assise, sur le bord de son lit. Immobile. Le regard perdu dans le vague. Puis elle s'est levée. Sans dire un mot. Elle s'est mise à s'habiller. Et elle s'est presque excusée auprès de moi. Elle m'a dit qu'elle devait partir pour assister aux obsèques. Je l'ai raccompagnée. Sur le pas de la porte, elle s'est retournée, elle m'a regardée droit dans les yeux et elle m'a dit d'une voix ferme et sur un ton presque sec : " C'est quand que je dois revenir ? J'ai besoin de guérir au plus vite. Maintenant plus que jamais ! " »

Je l'avais connue quatre ans auparavant. Et je m'en souviens comme si c'était hier. C'était un jeudi après-midi.

Elle est entrée dans mon cabinet. Petite et pâle, le front large, le menton pointu et de longs cheveux noirs et lisses qui rehaussaient de beaux yeux bruns. En culotte et bottes de cheval – un accoutrement inattendu, sinon surprenant, dans ce quartier. Elle avait dans les bras son bébé de sept mois. Immense, grand et gros, aussi blond qu'elle était brune, des cheveux frisottants et de tout petits yeux bleu pâle. Une vision tout en contraste, rehaussée par un sourire très doux. Un instant de grâce.

Puis ce fut le travail de routine, une consultation de « première fois » pareille à bien d'autres. Une prise de contact où chacun juuge son interlocuteur et en prend la mesure, histoire d'apprécier la manière donl pourront, ou ne pourront pas, se nouer des liens.

Gwenael était son quatrième enfant, son quatrième garçon. J'ai relevé pour moi-même que les trois premiers, bien plus âgés, avaient des prénoms qui collaient mieux à leur patronyme ibérique : Angel, 15 ans, Carlos, 13 ans et Raoul, 11 ans. Une toquade ? Un luxe qu'elle se serait offert avec celui-là ? La signature d'une intégration enfin accomplie ? Car il ne faisait évidemment pas de doute pour moi qu'elle était espagnole. Tout dans son aspect et son allure le laissait croire. Elle n'avait certes pas le moindre accent. Mais ne pouvait-elle pas être de la seconde génération ?

Sa voix aussi était douce. Mais avec, dans les harmoniques, un vibrato étonnant et à peine perceptible qui trahissait le côté longuement construit de son élocution. On aurait pu la croire autoritaire, à la manière dont elle scandait ses phrases en les ponctuant d'un geste vif de la main. Il n'en était rien. Elle avait sans doute assorti après-coup son expressivité du zeste de satisfaction que devait lui procurer sa situation présente. Et cela suffisait à trahir la lutte qu'elle avait dû mener contre sa timidité.

Elle venait pour un motif banal, un rhume. Elle en avait

pris prétexte pour demander un suivi meilleur que celui
qu'elle avait au dispensaire voisin. Je lui ai fait remarquer
que son enfant n'avait encore reçu aucune vaccination. Elle
s'en est excusée en avançant qu'il avait été souvent souffrant et qu'elle s'était laissé déborder par quantité de
choses. Elle a ajouté qu'elle attendait d'ailleurs de moi que
je prenne les dispositions idoines à cet égard.

L'examen fut vite expédié. Elle s'est assise sur le canapé
pour la séance de rhabillage pendant que je rédigeais mon
ordonnance. Elle a soudain poussé un petit cri. Gwenael
venait d'émettre une selle liquide qui avait un peu débordé.
Nous nous sommes activés un moment dans la réparation
des dégâts et j'ai cru bon d'ajouter à ma prescription
quelques conseils diététiques.

Elle s'en est allée. J'ai pris le patient suivant, puis le suivant, puis le suivant encore. Je ne suis pas parvenu à
m'extraire de l'humeur dans laquelle elle m'avait mis. Et ce
qui m'irritait le plus c'est que je ne comprenais rien à ce
qui avait pu se passer.

À cette distance des faits, chaque détail que je rapporte
prend pour moi une signification singulière. Mais, à cette
époque-là, je n'avais pas la ductilité de pensée que confèrent le recul, l'âge et l'expérience. J'étais un tout jeune praticien formé au seul abord des manifestations morbides du
corps des enfants et ne disposant, pour comprendre ce qui
se passait dans une rencontre, que d'une faculté d'introspection probablement des plus grossières. Je veux dire que,
comme chacun, j'étais capable de percevoir l'éclosion d'un
trouble en moi, voire d'en identifier la tonalité ou l'agent,
mais je ne retirais rien de plus de tels constats, hormis le
sentiment encore plus gênant d'une sourde et insistante
culpabilité.

Ç'aurait pu n'être qu'un tout petit moment de vie. Vite
chassé par un autre. Vite oublié. J'y aurais repensé peut-
être une ou deux fois encore sans m'y arrêter plus que cela.
Mais j'ai vite su qu'il n'en était rien quand, dès le lendemain
matin, avant même qu'elle ne se fût nommée, j'ai immédiatement reconnu sa voix au téléphone. Gwenael s'était mis
à tousser de plus en plus fort. De fait, elle savait ce qu'il

avait. Elle était formelle. Elle en avait fait la pénible expérience avec ses trois précédents enfants. C'était, à n'en pas douter, une coqueluche. Tout y était, y compris les quintes et le chant du coq.

J'y suis allé. Et je me suis à nouveau senti repris dans cet inquiétant tourbillon de fragilité et d'énergie, de douceur et de fermeté. Son intérieur, quelconque, n'a pas retenu mon attention et elle avait la même étonnante tenue vestimentaire que la veille. Elle m'a réitéré ses assurances. Je me serais laissé impressionner si je n'avais gardé la trace de l'étrange malaise dans lequel elle m'avait laissé. J'ai réussi à conserver la tête froide et, au terme de mon examen, j'ai dit ne pas pouvoir souscrire à son diagnostic sur les simples informations que j'avais recueillies. Malgré mon examen, la pertinence des signes qu'elle décrivait et la valeur de ses présomptions, je ne pouvais pas me passer d'une confirmation biologique. Il me fallait une formule sanguine montrant un chiffre de lymphocytes égal ou supérieur à 12 000. Tels étaient en effet les critères du moment en la matière. Je les avais encore entendus marteler, à peine un mois auparavant, par l'irascible patron du service que je continuais de fréquenter, assidûment, comme tous les jeunes praticiens peinant à se sevrer de leurs lieux de formation. Je faisais mon travail, mettant consciencieusement en œuvre le savoir que j'avais ingurgité. Et, sans très bien savoir pourquoi, je me suis senti soulagé de pouvoir ériger une barrière objective entre ce que je ressentais confusément et la tâche à laquelle j'étais commis.

La coqueluche, aujourd'hui fort rare, est une sale maladie. Pénible, terrifiante et parfois mortelle dans le tout petit âge, sans être pour autant mieux tolérée par les nourrissons plus grands. Jusqu'à une date encore récente, il y avait, dans les grands hôpitaux d'enfants, des pavillons entiers consacrés à son traitement. Il faut dire qu'on la rendait par trop facilement responsable de la plupart des toux graves ou chroniques – on n'avait pas encore suffisamment progressé dans le démembrement de ce symptôme qui continue, aujourd'hui encore, de susciter chez les parents une inquiétude hors de proportion. Les progrès de la lutte anti-

infectieuse n'en ont guère modifié son tableau. Les antibio-
tiques n'y sont pas d'une grande utilité car le germe tué
libère massivement la toxine responsable de l'installation et
de la gravité du tableau clinique.

J'en avais rencontré et traité de nombreux cas pendant
mes études et je me souvenais encore de celui, d'allure dramatique, que j'avais pris en charge dans mon activité libé-
rale, quelque temps auparavant. Une toute petite fille de
quatre mois. Elle était moribonde. Ses parents, sans rencontrer de grande résistance de la part des médecins,
avaient pris la décision de la retirer du service où elle était
depuis deux ou trois semaines, à l'hôpital C. spécialisé dans
le traitement des maladies contagieuses. C'était un très
jeune couple qu'on qualifierait de nos jours de marginal. Ils
tenaient ensemble une minuscule épicerie dans une de ces
vieilles rues d'Ivry, aujourd'hui disparues. Le père m'avait
expliqué que sa fille ne recevait aucun soin particulier et
que cela leur revenait très cher parce qu'ils n'avaient pas
d'assurances sociales. Si bien que le recours à mes services
était source d'économie, étant bien évidemment entendu
que je n'étais pas tenu à l'impossible et que si elle devait
mourir autant que ce fût auprès d'eux. La demande était
touchante et les informations exactes puisqu'elles corres-
pondaient, en la matière, à l'attitude des hospitaliers de
cette époque. Je me souviens que pendant plusieurs
semaines je me suis occupé de cette petite avec les moyens
du bord et en bricolant toutes sortes de traitements. J'avais
montré à ses parents comment intervenir, dès le début des
quintes, pour essayer d'éviter les vomissements dont j'avais
essayé de maîtriser les conséquences en prescrivant un lait
acide destiné à améliorer la nutrition en accélérant dans le
bon sens la vidange de l'estomac. J'avais établi une courbe
rigoureuse de l'évolution des accès de toux en nombre et
en intensité. Et pour surveiller le point crucial de l'évolution
qu'était le poids, j'utilisais la vieille Roberval du comptoir :
le père me l'apportait dans l'arrière-boutique en même
temps que des paquets de sucre d'un kilo pour faire la tare.
Elle a mis du temps à quitter son aspect cadavérique. Puis
elle a fini par reprendre le dessus. Et quand je crus les

progrès acquis, j'ai pu dire aux parents qu'elle était guérie
et que sa guérison était à mettre au seul compte de la qualité de leurs soins et de leur dévouement. C'était d'autant
plus vrai d'ailleurs, qu'il m'était fréquemment arrivé de
douter de la bonne issue de l'histoire.

C'est plus de 18 000 lymphocytes qu'a montré la numération de Gwenael.

Je suis retourné le voir cet après-midi de vendredi. Sa
mère a eu le triomphe modeste. Elle ne se reconnaissait pas
de mérite. Angel, Carlos et Raoul avaient traversé l'épreuve
à peu près au même âge ou à peine plus vieux. Ça l'aurait
presque étonnée que Gwenael ne payât pas son écot à ce
qu'elle disait être une « saloperie de maladie ». J'ai immédiatement fait débuter un traitement et j'ai mis en place un
programme de suivi qui remettait au lundi ma visite
suivante.

Je me préparais donc à quelques semaines difficiles. Mais
sans plus, tant il est vrai que la palette de la pathologie de
l'époque était variée et souvent bien plus préoccupante
qu'elle ne l'est aujourd'hui.

Était-ce le soulagement apporté par l'étiquetage diagnos-
tique ou le fait que, par tempérament, je canalise facilement mon énergie face à l'épreuve, mais je n'ai plus pensé
au cas pendant les deux jours qui ont suivi. J'étais banale-
ment retourné à mes préoccupations du moment, lesquelles
ont d'ailleurs atteint leur point d'orgue le dimanche après-
midi : en rentrant d'une promenade que j'avais fait faire à
mes enfants, j'apprenais que la jeune fille bretonne, que
nous avions à demeure pour nous aider, avait été l'objet
d'un viol collectif par la bande de jeunes qu'elle s'évertuait
à fréquenter malgré nos mises en garde. Elle était en observation à l'hôpital voisin. Et mon inquiétude, fort égoïste au
demeurant, était qu'on n'allât pas se mettre en tête de la
garder plusieurs jours alors que nous avions impérativement besoin de ses services pour le lendemain. Même en
faisant hypocritement valoir ma qualité de médecin avant
celle d'employeur, je n'ai pas réussi à négocier sa sortie
immédiate avec les confrères qui s'en occupaient. L'obs-

tacle était d'ordre médico-légal et le mieux que j'aie réussi
à obtenir à été une promesse de sortie pour le matin suivant
à la première heure.

À mon arrivée, je me suis retrouvé immédiatement
plongé dans les soucis dont j'avais cru pouvoir me distraire.
Gwenael n'allait pas bien : il n'avait bien sûr pas arrêté de
tousser et de vomir, mais il s'était surtout mis à pleurer et
à geindre de façon anormale, depuis le début de l'après-
midi, sans que rien ne fût parvenu à le calmer ou à le consoler. C'est son père qui avait appelé pour me donner ces précisions et me demander de passer au plus tôt.

Les animaux, dit-on, ont parfois cet instinct : ils perçoivent le danger avant sa survenue. Et on prétend qu'ils
savent s'en protéger avant même que les événements ne
prennent une tournure défavorable. Mais c'est un « dit-
on », un bruit qui court. Je ne l'ai jamais personnellement
vérifié, pas plus que je n'ai cherché à en asseoir la pertinence. Je crois néanmoins, si le propos est vrai, qu'à bien
des égards je dois être un animal. J'ai en effet ce type
d'instinct. Ce n'est pas, quoi qu'on pourrait en dire, un propos d'après-coup ni une de ces élégantes constructions qui
s'avèrent incapables de masquer ce qu'elles transitent d'un
désir de maîtrise du moindre événement – à commencer
par celui au bout duquel se profile l'échec. Car ce n'est pas
pour rien, qu'à des dizaines d'années de distance, je me
retrouve avec une mémoire aussi nette de chaque détail de
ces journées.

J'ai discuté avec mon épouse de l'absence de notre
employée et nous avons envisagé les mesures qu'elle impliquait. Je lui ai laissé le soin de les mettre en œuvre et je
suis parti.

C'est le père de Gwenael qui m'a ouvert la porte. Son fils
tenait de lui. Pour la corpulence seulement. Car pour ce qui
était du teint, il était bien plus mat encore que son épouse.
Il avait un très léger accent espagnol et une voix feutrée
que j'ai cru devoir mettre – à tort, comme je m'en aperce-
vrai plus tard – sur son souci de préserver le repos de son
enfant malade. Il m'a répété les détails qu'il avait donnés
au téléphone puis il m'a conduit dans la chambre. Gwenael

était dans les bras de sa mère, en peignoir d'intérieur et égale à elle-même. Dès qu'il fut déshabillé, la cause de ses pleurs m'a sauté aux yeux : il avait une volumineuse double hernie inguinale étranglée et ses bourses étaient tendues à craquer. C'est une complication connue de la coqueluche. La toux violente et répétée entraîne une si grande pression dans l'abdomen que les viscères, fortement comprimés, distendent la paroi, en forcent les points parfois faibles que sont les orifices herniaires et se glissent entre les muscles et la peau selon un trajet propre au territoire anatomique. De l'intestin s'était donc frayé le chemin qui déformait la région pubienne. Or, comme toujours dans ces cas, le volume d'organe hernié est tel que sa base se trouve étroitement enserrée dans l'orifice inextensible empêchant la circulation du sang. D'où, par une série de relais, l'intolérable douleur qui vaut signal d'alarme et qui expliquait en l'occurrence les pleurs.

J'ai expliqué tout cela et j'ai entrepris de réduire les hernies. C'est-à-dire de faire réintégrer à l'intestin la cavité d'où il n'aurait jamais dû sortir. J'ai procédé comme on le faisait à l'époque : une injection intramusculaire de phénobarbital, destinée à détendre l'enfant, puis, dans un bain chaud, la manipulation douce de chacune des masses, de manière à les vider doucement de leur contenu et à les repousser dans la bonne direction. J'ai fait apporter une bassine pleine d'eau chaude et j'ai commencé mon travail en demandant au père de m'aider.

Ce fut un véritable cauchemar.

Ce que j'avais fait des dizaines de fois en quelques minutes m'a pris plus de deux heures. Le phénobarbital n'avait produit aucun effet et Gwenael se tendait et se débattait comme un beau diable. Mais le pire, c'est qu'il était parfois pris de quintes si violentes que, lorsque j'avais réussi à réintégrer une portion d'intestin, il en ressortait encore plus. J'ai cru, à un moment, avoir réussi au moins d'un côté. Et j'ai demandé au papa d'appuyer fortement ses doigts sur l'orifice pour l'obstruer. Mais à la quinte suivante tout était à refaire. Ce que des doigts de praticiens peuvent percevoir ou faire n'est pas toujours possible à un parent bouleversé. Il y avait de l'eau partout sur le lit et par terre. Je me suis mis soudain à être las de cette lutte, de cet échec et même de la lumière chiche qui rendait la scène irréelle et les personnages fantomatiques.

J'ai pensé que je n'y arriverais pas et qu'il valait peut-être mieux recourir à une hospitalisation. Mais j'ai croisé le regard de la maman et j'ai compris que cette option ferait problème. Elle s'est alors proposée de tenir l'enfant et ce fut tout de suite mieux. Là où la poigne masculine avait échoué, la douceur des caresses et les mots murmurés dans l'oreille ont produit un effet certain. Il m'a cependant fallu encore plus d'une demi-heure pour parvenir à mes fins. J'ai confectionné au moyen de mouchoirs noués entre eux un bandage de fortune. Je me suis assuré de la valeur de la contention et je m'apprêtais à partir, après avoir dit que je reviendrai le lendemain, quand la maman m'a signalé que Gwenael n'avait pas mouillé ses couches de toute la journée. Était-ce consécutif à l'étranglement herniaire ? Avait-il ou non uriné dans le bain ? Je ne pouvais pas le savoir et je ne pouvais pas mieux étayer mon opinion sans prendre le risque de défaire ma contention et d'avoir à tout recommencer. Je lui ai fait mettre une couche propre et j'ai dit que je passerai le lendemain à la première heure pour voir ce problème.

Chaque fois qu'il m'est arrivé de penser à cette histoire – et ça m'est arrivé bien souvent, comme on a pu le comprendre –, je suis resté confondu devant la pertinence de l'expression « concours de circonstances ». Excuse commode à la portée de chacun ? Manière lâche que nous avons de nous débarrasser d'un problème, de masquer notre ignorance ? Trace de la douleur que nous éprouvons face à la cynique force du temps qui s'écoule ? Ou figure énigmatique du destin ? Car le lendemain j'ai dû, comme c'était convenu, aller chercher et ramener chez nous notre employée avant de me rendre auprès de Gwenael.

Quand je suis arrivé chez lui, sa mère m'a accueilli en me disant qu'il dormait encore et qu'il avait passé une nuit somme toute meilleure que les précédentes. Je suis allé vers son berceau. Je me suis penché sur lui. Il a alors ouvert les yeux, il m'a regardé et, soudain, il s'est mis à convulser !

Le tableau prenait une bien singulière tournure.

Les convulsions, comme les hernies, peuvent en effet survenir au cours d'une coqueluche. Elles signent en général la survenue d'une encéphalite, complication elle aussi connue et redoutable, quoique rare, de la maladie. Si c'était le cas, c'était la deuxième complication en bien peu de temps. Je ne pouvais pas plus l'ignorer que ne pas en tirer les conséquences. Mes moyens et surtout mes compétences avaient atteint leurs limites et, tout comme le vendredi précédent j'ai éprouvé le besoin du recours à la biologie, j'ai senti que je ne pouvais plus différer l'hospitalisation. À l'époque, il n'y avait pas plus de SAMU que d'urgentistes ou de services de réanimation. Et il fallait même attendre parfois une heure ou deux pour avoir une ambulance. Il était donc hors de question d'en demander une. Nous avons enveloppé l'enfant, à qui j'avais fait une nouvelle injection de phénobarbital, et nous sommes partis avec ma voiture à la recherche d'un taxi à une station. J'ai remis à la mère une lettre que j'avais rapidement rédigée pour les confrères et j'ai demandé au chauffeur de se rendre le plus vite qu'il pouvait à l'hôpital C.

J'ai poursuivi ma tournée de visites comme un automate sans cesser de regretter l'interférence des problèmes domestiques avec ceux de ma tâche. Je me sentais tellement en faute que je me reprochais de n'être pas arrivé une heure plus tôt. Mais je me disais aussi que l'évolution du mal n'en aurait évidemment pas été radicalement changée puisque la convulsion serait survenue une heure plus tard. Tout au plus la maman m'aurait-elle appelé une seconde fois. Et je me serais alors retrouvé dans le même cas de figure. Mais n'aurais-je pas pris sur-le-champ la décision d'hospitaliser ? Cela non plus n'aurait pas changé grand-chose puisque la convulsion se serait tout de même produite à l'hôpital. Néanmoins, le taxi n'aurait-il pas été pris dans la circulation parisienne d'un milieu de matinée de lundi. Je quittais du coup mon débat intérieur pour une angoisse nouvelle en tentant de supputer la durée du trajet. Cinquante minutes, une heure, une heure et quart, plus ? Je m'enfonçais, sans m'en rendre compte, dans des réflexions de plus en plus déprimantes sur l'incompréhensible du malheur et sur la solitude à laquelle il réduit les êtres qui le croisent.

Concours de circonstances. J'en avais déjà vécu d'autres. Mais jamais ils ne m'ont mis dans cet état. J'ai passé en revue ces jours passés, me remémorant, les uns après les autres, les instants comme les échanges, en cherchant à y trouver, sinon la cause exacte de ce trouble que je ne connaissais pas, du moins un point où l'accrocher. Je me suis alors rendu compte que, dans ma précipitation, je n'avais pas vérifié si mon bandage avait tenu le coup et si la couche de Gwenael avait été ou non mouillée. Mes soucis ne s'en sont pas trouvés allégés.

Du lieu de ma dernière visite, j'ai appelé chez moi pour dire que je ne rentrais pas déjeuner et je suis allé à l'hôpital. J'ai rencontré le chef de clinique. Il avait déjà examiné Gwenael dont on s'occupait de toutes les façons possibles. Il avait fait faire une radio des poumons : tout collait avec le diagnostic et fort heureusement la convulsion semblait n'avoir pas laissé de trace. Se cantonnant cependant dans une prudente et compréhensible expectative, il ne pouvait pas dire si elle devait ou non être mise sur le compte d'une encéphalite débutante.

En empruntant le couloir qui conduisait à la sortie, j'ai croisé la maman de Gwenael. Elle m'a adressé un sourire un peu las. Elle attendait d'avoir des nouvelles. Je lui ai donné celles que j'avais récoltées. Elle m'a écouté sans rien dire, lointaine. Un instant, je l'ai crue « sonnée » comme un boxeur sur un ring. Mais je l'ai retrouvée dès qu'elle a cru devoir me remercier de ce que j'avais fait et surtout de m'être « dérangé jusque-là à une heure pareille ». Je lui ai demandé si elle voulait profiter de ma voiture pour revenir à son domicile. Elle a accepté et nous avons retrouvé ensemble les embouteillages.

Je lui ai demandé comment s'était passé son trajet du matin. J'imaginais que cela lui ferait du bien de me faire part de ses émotions et des pensées qui l'avaient traversée. Elle m'a répondu qu'elle n'avait pas eu le temps de penser

à quoi que ce soit parce que par deux fois son fils était...
mort ! J'ai accusé le coup et j'ai mécaniquement écrasé la
pédale de frein avant de me retourner vers elle. Elle était
aussi calme que je l'ai toujours vue. Ses grands yeux reflé-
taient la sérénité que je leur avais connue jusque-là ; ils
n'étaient pas même rougis par des larmes versées ou réprimées. Et pas un pli ne venait déranger son expression ou
trahir sa difficulté à vivre la situation. Un sourire minuscule
et attendri flottait sans relâche sur ses lèvres. Je me suis
surpris à me dire qu'elle était décidément belle. Non pas
belle, comme ces femmes qui font tout pour l'être et qui y
parviennent quelquefois. Elle était belle, simplement.
Comme la lumière éclatante et humide de cette journée
d'automne. Ma réaction ne l'a pas même troublée. Elle a
cru bon de répéter ce que je ne voulais manifestement pas
entendre. Et pour m'en convaincre elle m'a expliqué que
par deux fois son fils, rendu à l'état d'une véritable chiffe
molle, n'avait plus aucune réaction, qu'il s'était arrêté de
respirer, qu'elle lui avait à chaque fois collé son oreille sur
la poitrine et qu'à chaque fois elle n'était pas parvenue à
entendre son cœur. Elle n'a pas imaginé pouvoir lui faire
autre chose que du bouche-à-bouche. « Cela aurait-il d'ailleurs rapporté quelque chose de plus de perdre son sang-
froid ou de se mettre à crier ? », a-t-elle cru bon de
commenter. C'est le chauffeur du taxi qui s'est, lui, affolé
en la voyant faire. Et ce n'était pas en somme plus mal
puisqu'il s'est mis à doubler toutes les files en écrasant son
klaxon. Il a même réussi à héler des motards qui passaient
par là et qui lui ont ouvert la route. Les deux fois, en tout
cas, au bout d'un temps qui lui a bien sûr paru interminable, elle a réussi à faire revenir Gwenael à lui.

C'était à mon tour d'être « sonné ». Je n'ai pas imaginé
un instant pouvoir mettre sa parole en doute. J'étais littéralement envoûté, captif de son récit – et peut-être aussi de
son regard. Je me sentais encore plus coupable et plus
incompétent que jamais. Il m'est arrivé par la suite de me
demander si les deux épisodes qu'elle m'avait décrits
n'avaient pas pu être des équivalents convulsifs générateurs
d'une simple perte de connaissance dont l'enfant aurait tou-

jours fini par revenir. Je n'ai d'ailleurs, longtemps, pas pu
tout à fait en décider. Et je ne l'ai en tout cas pas du tout
pensé sur-le-champ, tant mon attention était retenue par
cet extraordinaire contrôle des gestes et des émotions.
Était-ce cela que j'avais perçu et subodoré à l'aube de notre
rencontre ? Était-ce cela qui m'avait immédiatement installé dans cet étrange malaise ? Ma vie professionnelle
m'avait souvent confronté, moi-même, à ce type de situations limites qui commandent des initiatives désespérées.
Mais je ne les ai jamais abordées sans une agitation inté-
rieure et une fébrilité qui me les rendaient proprement
insupportables. Et encore, ne s'agissait-il pas d'individus
qui m'étaient proches et encore moins de mes enfants !

Étais-je en présence d'une personne anormale, totalement insensible et indifférente à la peur de la mort ? Ou
bien s'agissait-il d'un être exceptionnellement confiant en
elle et en la vie qu'elle avait donnée, jalouse de cette vie et
décidée à tout pour ne pas en laisser altérer une miette ?
Je me suis souvenu des gestes qu'elle avait eus quand je
m'échinais avec les hernies. J'avais alors été frappé par sa
volonté d'efficience mais je ne l'ai jamais sentie étrangère à
la tendresse, à l'affection et à la sollicitude. Je n'étais pas
loin de penser, sans pouvoir clairement me le formuler,
qu'elle n'était pas seulement une mère, mais LA mère. La
mère assumant sans la moindre entrave l'exercice admirable de toutes ses prérogatives. La mère achevée, la mère
parfaite à tous égards. La mère paradigmatique. Mais, si
j'en étais à penser cela, mon sentiment pouvait-il naître
autrement que de la mise en correspondance de ce que je
vivais avec quelque chose que j'aurais autrefois vécu et dont
j'aurais gardé une trace insue, effrayée et probablement
encore tout à la fois ravie et douloureuse ? Mon étrange
malaise a laissé alors place à une fascination sans borne
dont je ne parviendrai plus à me débarrasser et au service
de laquelle je mettrai la multitude de petits faits que je ne
cesserai pas de collectionner tout au long de cette aventure.

On l'aura compris, comme je l'ai évidemment compris
par la suite parce que je n'ai pas pu m'empêcher de faire

certains rapprochements : j'ai eu une mère dont j'ai pu, à
maintes reprises et tout au long de sa vie, expérimenter les
effets, comme les méfaits, de la toute disponibilité, de la
toute efficience et, en un mot, de la toute-puissance.

D'une mère...

Aurais-je, sans avoir voulu le savoir ou me l'avouer, entrepris cet écrit pour sa vertu cathartique ? Et escompterais je défaire alors par son moyen des liens personnels qui n'auraient été jusque-là que trop longtemps ou trop douloureusement noués ?

Pourquoi pas, après tout ? Et si c'était le cas, je ne vois pas quelle honte j'aurais à en convenir. D'autant qu'il n'y aurait en l'occurrence aucune contradiction entre l'entreprise elle-même, telle qu'elle se présente, et ses éventuels effets insus. Ce n'est pas pour rien que j'ai si vite pris le parti de faire état de mon implication émotionnelle dans l'histoire que je rapporte. Et je ne m'y suis pas résolu pour faire une concession au procédé narratif ou rendre le récit plus trépidant. Mon option a été délibérée. Je n'ai rien du technicien froid travaillé par le constant souci de garder une distance respectable entre lui-même et la matière dont il veut traiter. Je n'ai aucun goût pour un tel rôle, et encore moins de disposition à le tenir. Je ne crois pas non plus pouvoir me réformer. Je ne vois donc pas pourquoi j'irais lutter contre ma lenteur extrême à me dégager des événements ou contre mon incapacité radicale à m'extraire d'une situation pour adopter à son endroit la neutralité convenue. Je ne crois pas que cela doive ou puisse m'ôter pour autant le pouvoir de réfléchir ou de dialectiser les faits qui me sollicitent. Je ne crois pas non plus, quoi qu'on veuille ou puisse en dire, qu'on peut raisonner, parler, écrire, tenir un quelconque propos ou émettre une opinion autrement que par, pour, avec et à partir de soi-même. J'en tire logiquement les conséquences. Je ne me protégerai donc pas plus derrière le matériel que j'apporterai que je ne resterai masqué derrière les réflexions qu'il suscitera en moi. Et si le procédé peut affleurer, parfois et par certains côtés, à un étalage par trop complaisant ou indécent, il me semble néanmoins avoir le mérite de fournir à chacun matière à élaborer sa propre perception, sans lui interdire l'accès à son émotion ou à l'étayage de son opinion propre.

Je ne crois pas pouvoir mieux dire les choses. Aussi retournerai-je sans plus tarder aux boulevards extérieurs, à ma voiture au milieu des embouteillages et, surtout, à ma passagère du moment.

Elle venait, en quelques phrases, de me jeter hors de ma coquille et de me propulser dans un monde dont la lumière aveuglante m'explosait en plein visage. Et je ne me doutais pas alors de l'importance cruciale de ce que j'étais en train de vivre. Le choc était des plus rudes. Il me tirait d'une léthargie dans laquelle je ne m'étais pas imaginé avoir, à ce point et aussi longtemps, sombré. Les événements et les faits les plus étonnants s'étaient succédé et se succédaient à une vitesse telle que le temps écoulé avait pris une singulière densité. Ce qui s'était produit en moi en quatre jours à peine ressemblait à une véritable mue. Je me sentais peinant à me dégager de la gangue de préjugés qui avaient enserré mes manières de penser. Je découvrais soudain combien cet univers d'échanges, dans lequel cette mère me plongeait, avait été longtemps le mien et combien j'en avais porté, dans le plus grand silence et comme une encombrante tare, l'insistante conscience que m'en avait conférée mon vécu. Mais qu'on ne s'y méprenne pas : l'élégance relative de la formulation dont j'use ici ne fait que traduire la distance que le temps, et lui seul, m'a fait prendre avec les faits. Car, sur-le-champ, je n'étais capable d'aucun discernement. J'étais seulement dans de l'éprouvé et rien de plus. Du perçu à l'état pur. Incernable, indicible, impossible à comprendre, à maîtriser ou à analyser – et pour cause ! La seule chose que je ressentais avec une grande acuité, c'était que je me trouvais en face de quelque chose d'inquiétant, que je reconnaissais vaguement, que j'approuvais certainement et dont je m'émerveillais sans réserve tout en déplorant de m'en sentir exclu.

J'étais, comme on l'imagine, à des années-lumière du maniement de ce qu'on appelle « contre-transfert » et qui désigne le procédé utilisé en général par le psychothérapeute, et surtout par le psychanalyste, pour repérer le plus précisément possible ce que produit en lui la situation à laquelle il se trouve confronté – manière de savoir comment y réagir tout en restant dans la sacro-sainte « neutralité bienveillante ». J'étais seulement bouleversé, retourné, dépassé, déstabilisé. Dans un embarras indescriptible et dans un profond remords. J'estimais de bout en bout n'avoir pas été suffisamment à la hauteur de ma tâche. Et je me découvrais travaillé par la crainte de ne pas pouvoir assumer l'échec qui semblait se dessiner et qui me laissait entrevoir les failles vertigineuses de la formation que j'avais reçue, laquelle reste, à ce jour encore et il faut le dire, celle des futurs médecins en général et des postulants à l'exercice de la médecine des enfants en particulier.

Les études médicales – la chose a été signalée, analysée, décortiquée, déplorée, dite et redite, martelée, ressassée, etc., sans produire le moindre effet ! – n'ont pas d'autre visée que de fabriquer de prétendus puits de science, en principe capables de reconnaître toutes les maladies y compris les plus rares. C'est pourquoi d'ailleurs elles durent aussi longtemps et qu'elles font, comme on peut l'imaginer, un si grand appel à la mémoire. Elles ne parviennent pourtant à produire, en bout de course, que des praticiens accablés par ce qu'ils croient – à tort – être leur tâche future, angoissés par l'étendue écrasante de leurs responsabilités et totalement étrangers à tout ce qui pourrait les distraire de préoccupations dont on les a persuadés qu'elles étaient prioritaires. Ce n'est pas étonnant qu'on en vienne à leur reprocher, benoîtement, de gaspiller les deniers publics par des dépenses inconsidérées. C'est d'autant plus facile, et plus stupide d'ailleurs, que la sentence ne prend jamais en considération l'enseignement, inadapté aux réalités, qu'ils ont reçu, ou la vertu rassurante – pour eux-mêmes d'abord et en conséquence pour leurs malades – de leurs prescriptions.

Les études médicales ne se soucient pas en effet de conférer aux étudiants le moindre rudiment de ce que sera leur relation ultérieure à leurs patients et encore moins celle que ces mêmes patients auront à eux, sans parler du silence soigneusement entretenu sur le rapport de tout humain à la vie et à la mort. Il n'y est question que du corps, encore du corps, et toujours du corps, quasi au sens anglais du terme « corpse » avec lequel il assonne : un cadavre, inopinément, miraculeusement et transitoirement vivant, dont il faut freiner autant que faire se peut le retour à un état inéluctablement finalisé. La vie, avec ce qu'elle implique de mouvement, de désir, de conflits et de parole, ne rentre pas dans la préoccupation de la médecine. Ce qui, par exemple, finit par confiner les pédiatres à un exercice quasi vétérinaire de leur métier. On estime en effet que cet aspect des choses ressortit du jugement de chacun et de ses capacités personnelles à l'assumer ou le résoudre. On signe ainsi un chèque en blanc à des capacités d'improvisation, nécessairement multiples et variées, sans prendre garde à la lourdeur de la tâche ni à l'affolant défi que cela constitue. Car, pour peu qu'une ou deux histoires viennent remuer, inconsidérément ou un peu plus que ce qu'ils pensent tolérable, nos candidats pleins de bonne volonté, on les voit aussitôt dresser leurs défenses, se retrancher derrière leur technicité et revendiquer le statut d'exécutants interchangeables face à une souffrance pourtant toujours unique et toujours composite. Après de longues années d'un apprentissage dévolu aux seuls soins du corps de l'enfant, ils achèvent en général leur cursus [1] sans jamais rien savoir de ce qui se joue dans un engendrement, dans un projet de vie ou dans la confrontation d'un individu avec son histoire.

Il n'y avait en tout cas, à l'époque, aucune raison, aucune, pour que mon profil fût différent de celui que j'esquisse. J'ai été à cette école. J'ai reçu cet enseignement. Et je ne me suis jamais autorisé à le critiquer ou à penser qu'il pouvait y en avoir un autre. Je lui ai même sacrifié, jour après jour, dans des élans de loyauté et un enthousiasme naïf autant que méritoire, mes opinions, mes convictions et l'ensemble de mes acquis antérieurs. Je m'y suis laissé convertir sans la moindre retenue et en étant parfaitement convaincu que j'étais dans la meilleure des voies possibles. Il me fallait n'avoir d'autre forme de pensée que celle qui en portait l'estampille. J'avais été un enseigné consciencieux et perméable jusqu'au scrupule à ce qu'il m'était enjoint d'acquérir. Un enseignement n'est-il pas d'ailleurs, toujours, par définition et par principe, une forme plus ou moins élaborée de lavage du cerveau ? Et, est-ce un hasard qu'il parvienne à produire de tels résultats sur des êtres jeunes, malléables, inquiets et à la recherche du plus de certitudes possible ?

Voilà. Voilà exactement où j'en étais, et ce que j'étais, quand cette mère m'a dit avoir, pour son enfant, vaincu par deux fois la mort.

Or, ses propos vont avoir, pour moi et sans que je m'en rende compte, valeur d'interprétation – au sens psychanalytique du terme. Ils vont me retourner, me bousculer et m'obliger à extraire de mon refoulé des choses que j'avais cru y avoir soigneusement rangées, pour être sûr de n'avoir

---

1. Je n'irai pas, ici, plus avant dans un débat certes intéressant mais qui m'éloignerait un peu trop de mon sujet. Je connais par le détail les options diamétralement opposées défendues en la matière et je sais le désespérant dialogue de sourds qu'entretiennent leurs tenants. Je tiens seulement à signaler que j'ai consacré un ouvrage tout entier à cette question (*L'Enfant porté*, Paris, Seuil, 1982).

plus à les retrouver par inadvertance, freinant ma marche et ma détermination à atteindre le but que je croyais m'être fixé en toute indépendance d'esprit – le fameux libre choix, la fameuse liberté ! Sans que j'eusse pu en savoir le pourquoi, je découvrais soudainement par le biais de cette mère, l'énorme contresens auquel je m'étais laissé prendre. Il m'apparaissait, là, preuve à l'appui, que les parents n'avaient pas seulement la fonction gestionnaire restreinte à laquelle on m'avait convaincu que leur rôle avait à se tenir. Ils avaient sur le destin de leurs enfants une influence absolument déterminante et la faculté, soigneusement occultée par tous les discours qui m'avaient été imposés, de porter jusqu'à eux le texte indéchiffré d'une histoire obscure dont ils se faisaient, sans le savoir, de bien curieux servants.

L'œuf de Colomb ! Le fil à couper le beurre ! L'eau chaude ! Un bien attristant et ridicule Eurêka ! J'étais tout simplement invité à convenir de l'évidence [1]. À regagner les interrogations les plus pénibles mais aussi les mieux partagées. À rejoindre le troupeau de mes semblables dont je pensais m'être extrait par le chemin que j'avais parcouru et par le harnachement de diplômes et de connaissances que j'avais accumulés. Que n'avais-je gardé en mémoire, pour la soif ou pour ce type inattendu de situation, un bilan minimal de ce que la vie m'avait enseigné, en propre, dans ce registre. Mais aurais-je été en droit, au nom de la rigueur dont j'étais invité à user en toute circonstance, de m'autoriser la moindre conclusion à partir d'un échantillonnage des plus restreints ? Car le tour du matériel personnel dont je disposais en la matière aurait été bien vite fait !

La seule expérience de parentalité, à laquelle j'aurais pu quelque peu me référer pour pallier mes carences, n'aurait pas constitué un apport décisif puisque c'était celle que j'avais recueillie, comme chacun, dans l'observation

---

1. ...pas aussi évidente que cela, même pour certains courants de la psychanalyse d'enfants qui résument leur travail à la seule prise en charge de l'enfant et de l'enfant seul. Comme s'il y avait un intérêt quelconque à laver les feuilles d'une plante en décidant délibérément de ne pas se préoccuper de l'eau qui manquerait à ses racines.

prudente de mes propres parents et de ceux de mes cama-
rades les plus proches. Quant à l'expérience que j'avais des
mères, elle tenait principalement à celle de la mienne,
même si elle venait de récemment s'enrichir de celle de la
mère de mes enfants, elle-même pourvue de la sienne
propre. Et je ne pouvais pas en tirer un quelconque enseignement puisque, parmi les caractéristiques que j'en avais
relevées, certaines – à tout le moins exotiques – me semblaient tellement impossibles à assumer dans le contexte
au sein duquel j'évoluais, que mon seul objectif avait été de
les refouler du mieux possible. Quant aux mères que je
côtoyais, depuis quelque temps dans mon quotidien professionnel, elles avaient en général une retenue et une distance dont je n'apprendrai que fort tard qu'elles étaient,
l'une et l'autre, conditionnées par les miennes propres.

J'étais, autrement dit, bardé de défenses qui m'interdisaient l'usage de ma sensibilité ou de mon vécu. Et c'était
bien regrettable. Parce que j'avais été beaucoup malade,
que j'avais beaucoup fréquenté les médecins et que j'avais
entendu commenter d'abondance mes maladies aussi bien
que les causes qu'on leur supputait, le contexte qui les
conditionnait ou l'atmosphère dans laquelle elles interve-
naient. Toutes choses dont j'aurais pu tirer quelque parti.
Encore aurait-il fallu que, derrière la fascination qu'exerçait
sur moi cette mère et le malaise dans lequel je m'étais senti
depuis le début de notre rencontre, je m'autorise à penser
que quelque chose, dans cette histoire, pouvait faire un
quelconque écho à la mienne.

Parce que j'aurais dû alors convoquer, à cet effet, l'image
ou la stature de ma mère. Ce qui m'aurait été proprement
impossible. Non que j'eusse pu éprouver de la gêne à le
faire, à m'impliquer ou à nous impliquer elle et moi plus
avant. Cela venait de la certitude anticipée que toute forme
de mise en parallèle ou en perspective des situations était
inutile sinon inepte. J'ai toujours en effet vécu ma mère
comme tout à fait à part et foncièrement différente de
toutes les mères que j'avais eues ou que j'aurai l'occasion
d'approcher. La confidence peut faire sourire, dans la
mesure où elle est banale et qu'elle semble presque naïve,

puisque chacun pourrait la faire sienne. Malgré cela je continuerai de dire que ma mère était unique et surtout, en quelque point que ce soit, réellement comme aucune autre. Je l'aimais beaucoup, bien évidemment, mais je me suis souvent demandé si l'amour que je lui vouais n'était pas construit, pour sa plus grande part, autour d'un noyau de sympathie et de commisération.

Elle était vieille, très vieille, comme je l'ai toujours connue. Elle avait été usée, laminée, par une vie qui ne lui avait rien épargné. Elle était d'une autre langue, d'une autre culture, d'une autre civilisation, ou, pire encore, comme avaient presque réussi à m'en convaincre les termes méprisants que j'avais trop souvent entendus formuler à son endroit, elle n'était « pas civilisée ». Elle a longtemps porté les costumes de son pays d'origine – ce qui lui valait les regards avilissants qu'on peut imaginer. Elle était illettrée. Et elle est morte sans jamais avoir parlé la langue de son pays d'adoption, le français. J'étais son dernier enfant et j'ai longtemps été littéralement accroché à elle, comme – je ne m'en rendrai compte que beaucoup plus tard – elle l'avait été à moi. Dans notre environnement forcément étranger, nous avons eu une vie relationnelle d'une force rare dans laquelle a bien vite circulé un sentiment totalement inusité dans ce type de rapport, celui d'une véritable et formidable estime mutuelle. J'ai été le seul de ses enfants à avoir fait de longues études et j'aurais sans doute pu tirer plus tôt parti de toute la sagesse qu'elle avait essayé de me transmettre dans la masse énorme de ce qu'elle était parvenue à m'enseigner. Mais il aurait fallu, là encore, que j'eusse pu briser l'enfermement dans lequel nous remettaient sans cesse nos échanges et passer par-dessus les méfaits d'une transculturation dont, même – et surtout devrais-je dire – aujourd'hui, on ne mesure pas le redoutable pouvoir aliénant.

On imagine comment j'ai pu, dans un tel contexte, m'être fait la proie consentante de l'enseignement que je recevais. Livré à la toute jouissance prosaïque de mon état brillant et neuf, j'étais prêt à me défaire de mes oripeaux usés sans même leur être reconnaissant de la chaleur qu'ils m'avaient longtemps apportée. J'estimais avoir déjà eu une chance insolente en étant parvenu à quitter un univers dont je m'étais laissé persuader que rien ne pouvait en avoir cours dans l'espace nouveau qu'il me restait à conquérir. Je n'allais tout de même pas pousser l'impudence jusqu'à tenter de convertir en valeur du jour la monnaie que j'avais reçue en héritage et dont on était parvenu à me convaincre qu'elle n'était que monnaie de singe. J'adhérais donc, massivement, et dans un bonheur sans mélange, aux slogans simples et accessibles – qui continuent au demeurant de recruter autant d'adeptes. Ne suffit-il pas, en effet, de se fier à la Raison et à la Science pour se sortir de tous les mauvais pas ? Et si un terrain ou une conjoncture s'y avéraient par hasard rétifs, ne suffit-il pas, corollaire oblige, de les écarter en les couvrant du mépris dont la douloureuse expérience aura tenu lieu d'enseignement ?

Serais-je en train de me justifier ? De plaider les circonstances atténuantes ? Ou de caresser une nostalgie coquette et malvenue ?

Peut-être. Mais je ne crois pas que ce soit seulement cela. J'essaye plutôt de dessiner la genèse d'un mouvement qui a pris naissance dans cette voiture, auprès de cette mère et qui occupera le plus clair de ma réflexion ultérieure au point de m'amener à me définir, au fil du temps, plus encore comme le praticien de la famille tout entière que comme celui du seul enfant. Car, si par la suite, je prendrai des risques et mettrai toute mon énergie à tenter de dégager les invariants des figures parentales, je le dois à ce coup de tonnerre dans une vie qui, sans cela, se serait sans doute noyée dans le confort abrutissant prôné par des sociétés et une époque qui ont d'ailleurs fini – notre crise actuelle en témoigne – par s'y engloutir.

Ce n'est en effet que de longues années plus tard qu'il m'arrivera d'évoquer, dans le fil de mon analyse et dans une veine associative d'un tout autre ordre, un événement apparenté à celui qui venait de m'être conté.

L'image d'une couverture de laine aux bandes multicolores m'était revenue en rêve. Et mes associations m'ont conduit à l'évoquer dans ce moment premier où je me sou-

venais en avoir été recouvert. Je devais avoir dans les trois
ou quatre ans et j'étais sur l'épaule de ma mère. Elle devait
certainement me ramener à la maison. Nous habitions, à
quelques kilomètres de la ville, un hameau qui portait le
drôle de nom de Elithêmê dont je découvre la traduction
exacte – le mot veut dire : les orphelins – au moment même
où je l'écris, ici, pour la première fois. Preuve, s'il en était
besoin, qu'une analyse n'est, heureusement, jamais finie et
que, ce que l'on s'empresse de verser au compte du hasard,
n'est le plus souvent rien d'autre qu'un pied de nez du destin : nous étions en effet orphelins de père et, quand nous
avons cherché à nous mettre à l'abri des bombardements
incessants de la ville, c'est cet endroit, entre autres possibles, que nous avons choisi pour refuge. Nous ? Qui,
nous ? Je n'en sais rien, sauf que ce n'est certainement pas
moi. Mais ai-je pu être pour autant à l'abri des effets impli-
cites d'un tel choix ? C'est aujourd'hui seulement que le fait
me frappe et c'est hélas trop tard pour reprendre l'enquête.
Ma mère me ramenait donc – ce sont ses commentaires
ultérieurs qui fixeront mon souvenir – d'une visite chez le
médecin. Elle était essoufflée, hors d'elle et elle grommelait
sans arrêt. Il lui avait signifié que j'étais perdu et que mon
cas était au-dessus de toute ressource thérapeutique. « *E
peccato, signora, un tanto bello ragazzo* », aurait-il ajouté
pour lui signifier sa sympathie navrée. Elle me racontera
que, si le propos l'avait un moment abasourdie et terrifiée,
elle ne se l'était pas pour autant tenu pour dit. Elle a réagi
avec une sorte de rage en décidant de ne prêter aucune foi
à l'irrecevable parole de cet ignoble incompétent et d'aller
consulter sur-le-champ son plus redoutable concurrent, à
savoir... le guérisseur arabe du coin ! Ce qu'elle a fait dans
la foulée.

Je revois défiler, le long de cette route poussiéreuse écra-
sée de soleil, les convois militaires allemands qu'elle cherchait vainement à arrêter pour se faire faire un bout de
conduite. Je me sentais lourd et coupable de mon état
autant que de ma dépendance. Le guérisseur l'avait prise,
en tout cas, très au sérieux. Il lui avait distillé de fortes
paroles de réconfort et d'espoir. Il lui avait aussi prescrit

un traitement qu'elle n'était pas plus que moi prête à oublier. Elle devait se procurer une rate de mouton, l'embrocher d'un peigne à poux et la suspendre par un fil au-dessus de mon lit. Mon mal, avait-il prédit, disparaîtrait au fur et à mesure que la rate se dessécherait à l'air. Je ne sais si c'est une reconstruction ou un souvenir réel, mais je me revois scrutant, des heures durant, cet infâme bout de viande au-dessus de ma tête. Car elle avait suivi à la lettre les indications qui lui avaient été données. Et même les recommandations accessoires, puisqu'il lui avait été conseillé de m'éviter à vie la consommation de la rate de quelque animal que ce fût. Elle a jalousement veillé à ce que je ne transgresse jamais ce dont elle avait fait un tabou, me rappelant sans cesse ma dette et la vie que je devais à son obstination. On imagine combien de fois le récit m'aura été répété et quelle frustration, mêlée de ravissement, me procurait chaque repas qui comportait le fameux mets.

Je n'avais bien évidemment rien de tout cela en tête au moment où j'ai reçu le récit de la mère de Gwenael. Mais que je ne l'eusse pas eu clairement à la conscience ne l'empêchait pas d'être engrammé en moi et de conditionner l'éblouissement que j'éprouvais devant cette ténacité et cette farouche détermination, comme devant l'efficience de ces gestes auxquels j'étais prêt à reconnaître un pouvoir de résurrection.

Ce que ma mère avait fait n'avait concrètement rien à voir avec ce qui s'était passé dans le taxi. Mais tout comme cette mère avait refusé de se soumettre à la fatalité et de considérer son enfant comme perdu, la mienne avait décidé de faire échec à la funeste sentence du médecin et de m'extirper du champ pronostique de sa parole. Ce qui a dû me faire survivre, c'est probablement la violence avec laquelle elle avait adhéré aux propos du guérisseur et le message de vie qu'elle en avait tiré à mon intention. On pourra toujours gloser sur le procédé, il n'aura jamais été autre chose qu'une manière de symboliser et de présentifier sans relâche un rapport privilégié aux forces de vie.

Si le décorticage de ces exploits semble vouloir introduire le discours que je me propose de tenir sur la stature des mères en général et sur les liens réciproques particuliers qu'elles ont à leurs filles, il n'explique pas mon choix de narrer le cas d'une mère et de l'un de ses garçons, avec en référence de fond, traitée d'abondance, ma propre aventure de fils d'une mère. J'imagine aisément qu'à ce stade du développement de mon sujet, il se trouvera, bien évidemment et comme toujours, quelque esprit chagrin, brouillon, ou par trop angoissé, pour faire de ce paradoxe le stigmate d'une prétention excessive ou le reliquat de difficultés multiples et inavouables. Je ne perdrai pas de temps à le détromper puisqu'il s'empresserait de verser mon éventuelle dénégation au renforcement de sa certitude.

Tout comme j'ai plaidé la pertinence de mes implications, je dirai que, plus encore qu'à l'accoutumée, le sujet que je me propose de fouiller me semble ne pouvoir souffrir de la moindre négligence ou de la moindre approximation méthodologique. Il me faut bien prendre un point de départ. Et dans la mesure où j'ai choisi de raconter une histoire entièrement inscrite, comme on le verra, dans les préoccupations que j'ai esquissées et où j'ai pris le parti de ne pas taire la manière dont, moi, je l'ai vécue, puisqu'il me faut bien aller jusqu'au bout de mes associations, ne pas fuir autrement dit le message que m'envoie ma condition de mâle et de fils face à une relation mère-fils d'une force singulière. Je dois ajouter que les multiples options, que j'ai explorées pour élaborer cet écrit, se sont toutes progressivement estompées derrière cette construction et le choix de cette histoire, lesquels se sont imposés à moi sans que, longtemps, j'aie pu savoir pourquoi. Il aura fallu que j'avance passablement dans mon travail pour convenir que, comme à l'accoutumée, l'inconscient est toujours le maître et qu'il impose ses voies de manière toujours pertinente. J'aurai en effet à m'apercevoir, puis à montrer, que lorsque les relations des mères et de leurs filles pataugent dans l'insoluble, c'est toujours, à quelques rares exceptions près, un garçon qui en fera, peu ou prou, les frais à la génération suivante. Cela ne veut pas dire que les filles puissent être préservées des effets de ce type d'impasse. Il leur arrive bien évidemment d'écoper, elles aussi, quand elles ne parviennent pas à se débarrasser de leur fardeau sur la génération suivante. Mais elles le font en général plus tardivement, et sur un mode moins violent et moins dramatique. Cette conclusion qui pourrait paraître hâtive et un peu prématurée, loin de clore le débat, en constitue une intéressante prémisse dans la mesure où elle ne pourra pas faire faire l'économie de tout ce qui y conduit.

Et puis, est-il nécessaire de rappeler, qu'après tout, une mère de garçon et une mère de fille, si elles diffèrent dans le mode relationnel qu'elles instaurent et dont je chercherai à dégager l'originalité, ont tout de même en partage une quantité de points communs – à commencer par leur stature et la toute-puissance qui s'en dégage – qui méritent qu'on s'y attarde. Car c'est encore sur ce fond de similitude que les différences, dont je réserve le relevé à une étape ultérieure, pourront le mieux se détacher.

Sans compter, de surcroît, que si toute femme n'a pas forcément de fille, elle a forcément une mère dont elle est la fille. Et que, sur ce fond commun d'expérience partagée de maternité, les faits ne peuvent pas cesser de prendre signification.

Et n'est-ce pas déjà là un singulier mystère que cette distribution du sexe des enfants ? Il est des mères qui ne donnent naissance qu'à des garçons quand d'autres mettent au monde seulement des filles et que d'autres encore alternent ou varient sans difficulté apparente les plaisirs. Est-ce à mettre au seul compte du toujours bienvenu hasard, comme on serait prêt à le faire si on opte pour l'attitude bornée dont j'ai dénoncé les pièges en racontant le mal que j'ai eu à m'en dépêtrer ? Ou bien cela obéirait-il à une logique souterraine qui échapperait à une appréhension paresseuse et superficielle du problème ? À quoi, à quel(s) facteur(s) cela tiendrait-il alors ? Les sociétés, tout au long de l'histoire, ont cherché sans relâche à les repérer et à les maîtriser. Et il n'est pas jusqu'à notre médecine moderne qui n'ait tenté d'y apporter une réponse. N'y a-t-il pas un peu partout des consultations spécialisées qui

prescrivent et contrôlent des régimes alimentaires rigou-
reux susceptibles d'infléchir, dans le sens souhaité, la distribution naturelle ? Manière d'éviter la brutalité de certains procédés utilisés ailleurs : dans certaines régions de
l'Inde, le diagnostic précoce du sexe fœtal aboutit à la sélec-
tion des seules grossesses prometteuses de garçons, alors
que certains mouvements féministes britanniques prônent
et mettent en œuvre, l'option opposée.

La question ne laisse personne indifférent et pourtant
chacun s'empresse de l'évacuer en se réfugiant derrière le
fait que les hommes, étant les seuls détenteurs du
chromosome Y, seraient de ce fait au principe de la naissance de garçons. Comme si l'éjaculât pouvait procéder à
une quelconque discrimination dans la quantité strictement
équivalente de chromosomes X et Y qu'il contient ! L'oc-
cultation fréquente – même par les personnes bien infor-
mées et accoutumées à la réflexion – d'une évidence aussi
élémentaire ne peut s'expliquer que par la difficulté ou la
crainte que l'on ressent à conférer au seul corps féminin,
et à lui seul, le choix du sexe fœtal. Et ce n'est pas seulement parce que la mécanique intime du processus demeure
à ce jour encore passablement mystérieuse [1]. Car on pourrait au moins créditer de ce potentiel un appareil génital
féminin dont la chimie se révèle, de jour en jour, plus
complexe et plus performante. Ce que nous apprend à cet
égard la physiopathologie de la stérilité des couples est édifiant : blocage de l'ovulation, obstruction mécanique, glaire
cervicale assassine de spermatozoïdes, processus d'éclamp-
sie, etc. Il semble que le silence et l'absence d'analyse qui
entourent ces phénomènes relèvent encore, pour des raisons difficiles à recenser et surtout à élucider, d'une forme
d'inhibition qui fait obstacle à tout dévoilement.

Et puis – prudence et correction politique obligent ! – il

---

1. Encore que la question semble en passe de devenir actuelle, si
on en croit du moins un article récent, celui de Anne Atlan, « La guerre
froide des chromosomes sexuels », *La Recherche*, n° 306, février 1998,
p. 42, article relayé par un écho et un commentaire dans le
numéro 307, mars 1998, p. 19, de la même revue.

ne faudrait pas verser, en abordant les choses sous cet angle, dans des processus susceptibles de quelque façon que ce soit de culpabiliser des femmes déjà si affectées par les difficultés sans nombre que rencontre leur condition dans une société qui les maltraiterait d'abondance. Comme si, de les amener à réfléchir par elles-mêmes, en leur faisant tenir les unes aux autres les propos vrais qu'elles savent si bien exprimer, et de les édifier sur certaines voies possibles de leur aliénation, n'avait pas au moins le mérite de leur en faire prendre conscience, sinon de leur en permettre, à défaut de l'assomption, une éventuelle tentative de prise en charge.

Ce n'est pourtant pas à une confrontation de visions du monde opposées ou radicalement différentes que je procède.

Je tiens au contraire à dire que tout ce que j'avance aujourd'hui, toutes les questions que je soulève, toutes les hypothèses que je forme, toutes les réponses que j'esquisse, tout ce que, en un mot, je sais des mères, c'est ce qu'elles m'ont appris, elles, au long de ces années sur la part secrète de leur condition, sur l'insu de leur discours.

Or, qu'ai-je appris en tout premier lieu ?

Qu'il valait mieux d'abord ne pas les traiter comme si elles étaient débiles ou qu'elles étaient demeurées d'éternelles petites filles à chouchouter, à protéger ou à ménager. C'est porter en effet une grave atteinte à leur dignité et leur faire carrément insulte que d'opter pour le registre chichiteux, si courant et si prisé, exploité de nos jours par une certaine presse qui, s'adressant à elles sur ce mode, ne vise qu'à les maintenir dans un honteux état de sujétion. Et c'est plus hypocrite encore de redoubler ce type de conduite d'une forme imbécile d'incitation à une extrême revendication sexiste qui s'avère souvent sans fondement. Tout cela est déplorable. Mais aussi tellement courant que prendre le parti de traiter sereinement les femmes en adultes responsables produit un effet de rupture et vous fait en un rien de temps une réputation bien assise de misogynie. Or, si j'ai pris la peine de m'exposer et de décrire par le détail mon embarras, ma maladresse, mon incompétence, la naïveté et

l'aveuglement qui étaient les miens au début de mon parcours professionnel, c'est pour éviter de voir s'installer ce
type de malentendu. C'est pour permettre avant tout aux
mères d'affronter, sans pudeur malvenue, leur propre questionnement et de secouer la chape des discours aliénants
dont elles sont l'objet, tout comme l'ont été et continuent
de l'être les médecins auxquels elles s'adressent, en espérant
leur aide, alors qu'ils sont eux-mêmes, de par les carences
de leur formation, dans l'incapacité de formuler, d'entendre
ou de recevoir la moindre des vraies questions que pose la
vie.

Ici, je ne témoigne pas contre elles. Je témoigne pour
elles. Et je ne cesserai pas de le répéter.

Car c'est par l'observation de leurs exploits sans nombre
que j'en ai appris le plus sur elles comme sur moi-même.
C'est par le recueil de leur parole se cherchant que j'ai
réussi à m'interroger sur les points les plus communs de
leurs comportements. Ce sont elles qui, se confiant souvent
plus qu'elles ne pensaient le faire, m'ont amené à me pen-
cher sur le fond de leur condition commune et forger par
exemple cette notion barbare, et peut-être redondante pour
d'aucuns, de mère paradigmatique.

C'est en effet par centaines que je les ai vues se succéder
devant moi sans lasser ma fascination. De tous âges, de
toutes origines, de toutes apparences, de toutes couleurs,
de toutes statures, de toutes humeurs. Avec leurs traits
communs, leur spécificité, leur singularité et leurs différences. Avec leur histoire propre et la relation toujours surprenante à leur partenaire existant, présent ou absent, voire
parfois disparu. Elles ont ri, elles ont pleuré, elles se sont
parfois tues et elles ont souvent parlé. Je n'en ai jamais
rencontrée qui n'eût à son enfant, fille ou garçon, en toutes
circonstances et à tous les âges de la vie, de relation passionnelle et coupable à la fois.

Pourquoi cette force et par quoi s'explique-t-elle ? Pourquoi ces convictions et sur quoi reposent-elles ? Pourquoi
ces certitudes triomphantes et que tentent-elles de prouver
ou de promouvoir ? Pourquoi ces doutes taraudants et que
transitent-ils ? Pourquoi ces accents de vérité dans ce qui

est communément perçu comme l'expérience essentielle d'une vie ? N'est-ce pas cela même qui explique l'incroyable énergie que déploient les femmes stériles dans l'harassante course d'obstacles qui jalonne leur parcours ? Ou encore ce qui pousse d'autres, dont le nombre s'est accru d'une façon extraordinaire et inquiétante en deux décennies, à choisir ou à affronter le statut de mère célibataire ?

Me commettrai-je un peu plus avec le trivial en interrogeant, répétitivement émerveillé, leur accrochage littéral à leur progéniture ? Le lien est toujours en effet de cette nature et chacun en sait, peu ou prou et de par son expérience propre, l'exceptionnelle solidité. Impossible à ignorer, impossible à couper, requérant un perpétuel et épuisant remaniement parce qu'il s'avère difficile à aménager. Torturez-les, martyrisez-les, ôtez leur un membre, un organe, prenez-leur la vie, mais ne touchez pas – sagesse du jugement de Salomon ! – à un cheveu de leur enfant. Il est, à quelques exceptions près, leur première chose, leur premier souci, l'essentiel de leur vie, sinon leur vie tout court. Elles en conviennent d'ailleurs sans difficulté. Et quand il leur arrive parfois d'être amenées à le regretter, elles s'empressent d'ajouter que ça les dépasse, que « c'est plus fort » qu'elles.

Est-il leur tortionnaire, leur bourreau, un maître qu'elles auraient promu et auquel elles auraient consenti un tacite, perpétuel et inépuisable esclavage ? On verrait se profiler derrière cette hypothèse les classiques et fallacieuses protestations de sacrifice. Or, c'est de tout le contraire qu'il s'agit. Parce que cet enfant est, par-dessus tout, ce par quoi elles parviennent à faire l'expérience de vie la plus consistante et la plus revêtue de certitude. Il est surtout ce par quoi elles accèdent enfin, radieuses et soulagées, à la plénitude de leur être féminin. Êtres en creux, sexuées comme telles, ont-elles eu un autre choix que celui de leur comportement ? Servantes zélées de la vie qu'elles transmettent, ne sont-elles pas, après tout et à tous égards, des mères animales ? Et leurs attitudes sont-elles si éloignées de ces mères-là que nous voyons, dans les documentaires zoologiques, se préoccuper, d'abord et de toutes sortes de façons, de la sécurité et du confort de leur progéniture avant de s'occuper des leurs propres ?

Elles l'ont espéré, depuis les temps les plus reculés de leur mémoire, cet instant suprême où elles ont senti la vie prendre germe en elles. Elles l'avaient, enfin en elles, cet être pour lequel elles ont su depuis toujours être faites et à l'entretien duquel, de la manière la plus impeccable, elles allaient pouvoir enfin consacrer cette énergie donatrice dont elles subodoraient à peine la nature. Elles perçoivent que, pour la première fois de leur vie, elles peuvent entretenir une relation à l'abri de toute incohérence et que la manière d'être qu'elles en acquièrent est d'une logique si parfaite qu'elles s'en laissent gagner au point de l'ériger en toute circonstance comme modèle. Cette logique comportementale, que j'ai appelée logique de la grossesse [1], définira à jamais et au plus près chacune de leurs décisions, chacune de leurs pensées, chacune de leurs attitudes. Car cette vie qui pousse, loin des regards et même de ceux indiscrets et abusifs de l'échographie, leur vaut récompense en leur faisant sentir à chaque fraction de seconde leur puissance à donner... vie !

Et elles n'éprouvent ni n'éprouveront jamais le besoin de décomposer tout cela en images ou en mots. Que leur importent ce vain décorticage, ces explications ratiocinantes ou ces déductions trépignantes ? Que leur importe de savoir clairement que ce fameux être qu'elles portent en elles soit par définition un être de besoins ? Ne sont-elles pas, sereines, dans la certitude que leur corps saura le satisfaire sans la moindre anicroche ? Et que viennent donc leur dire la sollicitude et l'attendrissement dont elles glanent, dans leur environnement, quand ce n'est pas dans le moindre regard qu'elles croisent, une approbation unanime ? Elles arborent leur victoire, exécutantes parfaites d'un art à elles seules dévolu. Et les jours passent. Et le

---

1. Pour plus de détails sur cette notion, voir ma contribution : « Un inceste sans passage à l'acte, la relation mère-enfant » *in* Françoise Héritier, Boris Cyrulnik, Aldo Naouri, *De l'inceste*, Paris, Odile Jacob, « Opus », 1994.

corps prend des formes que le miroir renvoie quand le partenaire, envieux et innocemment indécent, ne s'obstine pas à vouloir les fixer pour la postérité. Rien ne saurait altérer leur humeur ou interroger la certitude acquise de la promesse enfin tenue.

Puis vient le jour du grand déchirement. Le jour craint et cependant tant attendu. Il est notoire que le spectre de la mort a été définitivement chassé des salles de travail – les assureurs, dont on sait la rapacité, s'en portent garants au point d'avoir accepté de prendre en charge la mort en couches au titre de faute professionnelle. Quant à la hantise de la douleur, elle a, elle aussi, été définitivement évacuée par la péridurale à laquelle plus aucune parturiente ne peut prétendre échapper. Tout cela n'est cependant pas parvenu à atténuer la sourde angoisse présente depuis toujours dans ces moments-là. Et la médecine a beau sans cesse marteler que l'étape se franchit toujours aisément et que l'enfant attendu est pratiquement « garanti contre tout vice de fabrication », cela ne parvient jamais, autant qu'elles sont, à les rassurer tout à fait.

Car ce qu'elles craignent par-dessus tout c'est d'avoir à affronter cet instant de vérité, celui de la rencontre avec cet être auquel leur imagination a consacré tant et tant de temps. Et ce n'est pas parce qu'elles attendraient de « voir pour enfin y croire ». Ça, c'est faux et abusif. Elles ne sont ni dupes ni sottes. Elles savent parfaitement au fond d'elles-mêmes que ce n'est pas du tout de cela qu'il s'agit. Elles ont toujours cru à ce qui leur arrive et elles savent par avance comment sera ce nouveau venu à la vie. Elles l'ont même parfois rêvé, identique à lui-même.

Ce qui les travaille est d'un ordre tout autre. D'un ordre dont il est difficile de rendre compte et qu'il est en principe indécent de dévoiler. De cet ordre qui bouscule la vie jusque-là protégée et placée sous le seul signe de la promesse accomplie. Il est du contraire de cette vie. Il est de ce contraire de la vie qui fait de la vie ce qu'elle est pour chacun : un temps donné et nécessairement fini, un temps compté qui se rappelle, brutalement et à cette occasion comme tel. Le temps. Ce temps impossible à appréhender ou à comprendre, ce temps qui signifie sèchement, aussi, qu'une mutation vient d'avoir lieu et que les images cèdent toujours le pas et meurent face à l'implacable réalité. Et cela, elles, elles le savent. Elles savent même qu'il n'y a qu'elles pour le savoir. Elles ne le savent pas dans leur tête, dans leur conscience ou par leurs pensées. Elles le savent de la façon la plus sûre parce que la plus intime, la moins distanciée. Elles le savent par leurs tripes. Leur corps, cet admirable auteur de l'exploit accompli, n'en a-t-il pas une expérience déjà ancienne et marquante au plus haut point ? Ne leur a-t-il pas appris, depuis qu'elles sont devenues femmes, l'inéluctable écoulement du temps chronologique ? Tous les vingt-six à trente-deux jours, elles ont perdu du sang. Et elles ont su, elles ont compris sans avoir à se le dire, que la vie qui ne demandait qu'à germer en elles n'a pas pris. Que la promesse de vie revient après chaque arrêt de mort qui a fait échec à la précédente et le fera peut-être encore à la prochaine. Que la vie et la mort sont unies en elles, dans leur corps, depuis la nuit des temps, comme l'avers et l'envers d'une médaille et dans un espace singulièrement étroit de ce même temps dont il leur est impossible d'appréhender l'étalement, l'étendue ou la durée. Elles savent que, détentrices de cette vie qu'elles peuvent donner, il leur arrive, sans jamais pouvoir en contrôler le mouvement, de distiller subrepticement une mort qui toujours les accable. L'extrême auquel elles poussent le côté vivifiant de leur fonction est à hauteur de ce qu'elles y perçoivent de mortifère. Comme si leur conscience se battait sans relâche avec ce qui les commande et dont elles savent le contrôle impossible. Elles adulent tant la vie dont elles sont porteuses que leur angoisse se focalise sur tout ce qui peut y porter ombre. La noirceur est exclue des atours dont elles rêvent. Et c'est du blanc de la probité et de la lumière qu'elles se voudraient – comme d'ailleurs on les veut – tout le temps revêtues. Et que peuvent-elles faire de leur savoir et de l'inéluctable de leur destin ? Que peuvent-elles faire de leur désir tout d'un bloc ? Sinon le mettre en œuvre et verser le reste, le refusé, l'innommable, dans ce réservoir de culpabilité dont chacun autour d'elles voudra, leur vie durant, obstinément les alléger. Voilà pourquoi ce temps, pendant lequel leur corps se travaille et les travaille au feu de ces confrontations, prend pour elles une si grande importance qu'il fera l'essentiel de leur discours.

Or, ce corps, le voilà à soudain lâcher prise. Il se vide. Il se vide comme il s'est vidé, d'une autre façon mais si souvent, auparavant. Il se vide en donnant la vie mais, somme toute, par les mêmes voies qu'il l'a fait tant d'autres fois quand il signait l'arrêt de la vie. Le voilà, désormais, à n'être plus à même de procéder, à l'endroit de cet être qu'elles ont nourri de ce même sang retenu tous ces longs mois, par le rassurant automatisme de ses propriétés. La promesse a brutalement cessé d'être promesse. Même si c'était en principe attendu, même si ce n'est là rien d'autre que le destin implicite de toute promesse, n'y a-t-il pas là quelque chose de l'ordre de la trahison ? Et est-ce, après tout, si bien que cela ? Car la vie, la vie réelle, charnélisée, la vie qui n'est pas seulement promesse de vie, cette vie n'est-elle pas vouée, par définition à cet inacceptable auquel les longs mois de la gestation auraient presque fini par ne plus laisser croire ? Ne vaudrait-il pas mieux rêver que ce temps béni où le corps a produit le miracle ne prendra jamais, jamais fin ? La tentation est si grande de s'installer dans l'illusion et disqualifier du même coup les multiples artifices et les innombrables médiations désormais nécessaires à la satisfaction des besoins de ce tiers. C'est si simple et ça allège tellement le poids de l'insupportable. Mais c'est aussi le début d'une insondable et pourtant bien commune folie.

Et voilà le sein qui soulage le premier pleur. Et la mort qui rôde semble du coup vouloir bien s'éloigner. Le mamelon perçoit la succion dans sa moindre nuance et il y répond avec une perfection qui tient du miracle !...

Me voilà à reprendre confiance dans mes potentialités, me voilà revisitant mes performances encore récentes et dont je garde, pardonnez-moi du peu, le souvenir ébloui. Sais-tu, délicieux chenapan/divine colombe, que mon sein a pris le relais de mon ventre et qu'il peut te fournir exactement ce dont ton corps a besoin au moment où tu le demandes ? Tu peux poursuivre longtemps, aussi long-temps que tu voudras, ta quête muette, tu ne recueilleras jamais de sa part une réponse qui n'y fût idoine. Ainsi auras-tu voulu me quitter, ainsi auras-tu prétexté de ton prétendu achèvement pour vouloir, imprudent(e), te lancer à la conquête d'un monde dont tu ne sais pas même combien il est hostile. Que nenni, je te reprends pour cet instant. Pour moi, près de moi, contre moi, comme en moi. Et tu es bien content(e). Je le sens et je le sais. Même si tu ne peux pas, même si tu ne sais pas comment l'avouer. Ne la reconnais-tu pas cette odeur ? Voyons ! Tu l'as encore, inscrite au fond de tes narines, depuis le temps que tu t'en régales. Et ma voix ? Ne la sais-tu pas par cœur tant elle a souvent bercé ton sommeil fœtal ? Et mon goût, et mes bras, et ma manière de te tenir, ma manière de te porter, ma manière de te transporter ? Tu sais tout cela depuis si longtemps. Et plus jamais, quel que doive être ton avenir, quelles que seront tes expériences et quelque long temps tu vivras, tu ne parviendras à l'oublier, à l'effacer ou à t'en défaire.

Parce que c'est l'alphabet élémentaire et indispensable que mon corps a généreusement dévolu à ta perception débutante. Parce que c'est le noyau indestructible autour duquel tu amasseras et tu organiseras tout ce que le monde portera jusqu'à toi. Tu pourras toujours enrichir, et tu enri-chiras, ton stock de millions et de millions de combinaisons et d'associations nouvelles. Ce que moi j'ai mis en toi, demeurera à jamais ton essentiel. C'est comme ces à peine quelques notes de musique avec lesquelles s'écrivent toutes les symphonies. Tu agenceras tout cela à ton goût, tu lui donneras ton estampille et tu le croiras être devenu défi-nitivement tien. Mais ce ne sera jamais que par le miracle de ce dépôt premier qui portera indéfectiblement ma trace même si, dans un élan bien improbable de renonciation, je décidais de ne rien en reconnaître, ou que par un travail de titan tu croiras pouvoir prétendre t'en être débarrassé. Je serai en quelque sorte, à jamais tapie en toi. Tout ce que tu percevras du vaste monde, tout au long de ta vie et dans quelque domaine que ce soit, tout ce que tu en penseras, tout ce que tu en concevras, sera, que tu le veuilles ou non, que tu l'admettes ou non, que tu le saches ou non, réfracté par le dépôt dont je te donne acte. Ce sera ta vérité première. Et comme cela vient de moi et que je ne suis pareille à aucune autre, tu auras une vérité qui te sera propre, à laquelle tu tiendras, que tu défendras et que tu voudras même imposer parce qu'elle te définira plus que toute autre chose. Nul ne pourra d'ailleurs y accéder pas plus que tu ne pourras l'y faire accéder ou accéder à la sienne. Originalité, singularité, personnalité. Différence par-delà les similitudes apparentes. Refus de l'altérité de l'autre, revendication de ta propre altérité. Malaise ? Confusion ? Malentendu ? Solitude ? Perception, par-delà tout cela, de toi comme étant toi, vivant(e). Pourquoi crois-tu que les enfants adoptés manifestent si souvent le désir de retrouver et de rencontrer leur génitrice ? Crois-tu que ce pourrait être en raison d'une défaillance de leur mère adoptante ? Certainement pas et bien au contraire. Car c'est le plus souvent quand ils prennent conscience de toute la tendresse et de toute la sollicitude dont ils ont été l'objet qu'ils se permettent ce brin de nostalgie. Comme si la greffe, qui avait si admirablement pris, avait tout de même laissé sur eux une zone de déhiscence qui finit par susciter leur curiosité. Ils veulent aller confronter ce qu'ils ont réussi à accumuler à l'origine de ce dépôt premier dont ils ont toujours eu l'intuition.

Tu comprends pourquoi notre lien est éternel ? Tu comprends pourquoi je prétends que moi, et moi seule, peux tout pour toi ? Tu comprends ? Alors, je vais te dire quelque chose d'important. Mais il faudra me promettre que tu le garderas soigneusement pour toi. Tu sais, nous ne sommes pas deux, nous sommes un, rien qu'un, un seul et même. Et, si rien ne vient troubler notre mutuelle présence, peut-être parviendrions-nous à le rester indéfiniment. Par moi tu as pris vie. Je veillerai à ce que tu puisses indéfiniment le sentir, t'en réjouir, t'en enorgueillir, en profiter sans pudeur et sans limite. Ainsi, par toi, serai-je assurée de continuer de vivre. À jamais, aussi. Puisque ce que je fais défie le temps et même cette foutue mort à laquelle je refuse de croire même si je sais qu'elle attend chacun et qu'on me dit, de toutes parts, qu'elle me prendra moi aussi un jour. Oui, ma chair, oui, mon sang, nous sommes et nous serons éternels et éternellement l'un à l'autre. Tu peux être tranquille, je ferai en sorte que, jamais, jamais, plus rien ne vienne une fois de plus nous séparer de quelque façon que ce soit.

Tiens, vois, regarde. Si je te donne mon sein, c'est pour prolonger le contact que nous avions et qui s'est trop tôt interrompu. C'est pour me donner encore plus à toi. Je me situe tellement dans le don, que tu ne peux pas même t'en apercevoir. Et rien ne te permettra de ramener sciemment à ma personne et à mes soins le profit que tu en tires. Ça, tu ne le sais pas. Mais, moi, je le sais. Je sais même de quelle ingratitude tu te mettras en tête un jour de payer mon dévouement. Triste tournure des choses. Faut-il vraiment s'y préparer ? Quel intérêt y a-t-il à déjà y penser ? Mieux vaut ne pas s'en préoccuper. Car, pour l'instant et pour quelque temps encore, nous évoluons ensemble dans cet automatisme qui a longtemps été le nôtre et dont la perfection laisse à tout un chacun et te laissera à jamais, à toi aussi, ce goût étrange et singulier dont l'évocation nourrira tes regrets. Vis pleinement donc cet instant et laisse mon corps se repaître du plaisir qui m'envahit jusqu'en ce lieu redevenu vide mais où je t'ai si amoureusement porté(e) qu'il en conserve une forme indicible de mémoire. Et dire que je croyais être devenue enfin femme parce que j'ai connu le plaisir amoureux et que j'ai senti mon corps m'échapper et se découvrir à moi dans un tremblement tout neuf ! C'était donc cela qui se mettait subrepticement en moi ? Ce dépôt fécondant dont une partie de moi voulait obstinément ignorer l'importance, quand une autre partie, enfouie, refoulée, interdite, balisée de toutes parts ne faisait, à chaque fois, que l'espérer. Même la pilule n'est pas parvenue à me faire sérieusement cliver le plaisir obtenu par mon sexe de l'espoir fou et tu d'une grossesse nouvelle. Il m'aura fallu te concevoir pour découvrir les voies de mon parachèvement. Il m'aura fallu te concevoir pour apprendre la plénitude. Je comprends maintenant qu'on dise de tout cela que c'est une histoire de femmes et que, de tout temps, c'est entre femmes que ce secret s'est perpétué.

Toi, mon pauvre chéri, tu ne comprendras jamais rien à tout cela. Tu en seras totalement exclu et tu te demanderas plus tard, quand viendra ton tour d'engendrer, ce qu'est le secret de l'enfantement. Et tu te souviendras de ces moments bénis que nous partageons ensemble en te demandant pourquoi la nature t'en a si cruellement écarté. Ton destin de mâle te prépare un autre parcours. Et j'en serai alors exclue. Et je l'admettrai. Parce que ce sera à sa mère qu'alors la mère de tes enfants recourra...

N'avons-nous pas convenu que c'était une histoire de femmes ? Même avec ta naissance qui ne constitue pourtant pas une stricte répétition, j'ai mesuré, moi, l'étendue de mon retour à ma mère. Même si par toi je possède désormais ce dont j'ai toujours souffert d'être privée. Je mesure la violence de l'emprise sans limite qu'elle a toujours voulu garder sur moi et contre laquelle, ingrate imbécile, je me suis évertuée à me défendre. Combien injuste j'ai été ! Et combien, même si différent de moi, tu me ramènes à elle ! Et je sais déjà que moi aussi je ne vais pas te laisser t'éloigner. Et je sais que je serai jalouse de chaque instant que tu vivras hors de l'air que je respire. Et je sais avec quel regard aigu je guetterai chacun de tes progrès, je surveillerai chacune de tes initiatives. Attentive à vérifier, en chaque chose, que je reste assez présente en toi pour te laisser aller ailleurs avec la certitude de ne jamais en être absente. Je serai fière de tes exploits et quand je surprendrai la tendresse ou la convoitise du regard des femmes sur toi, il me faudra me dire, pour n'en pas mourir, qu'aucune d'elles jamais ne me supplantera, qu'aucune d'elles jamais ne me détrônera et que, quelle que soit l'étendue de la collection que tu en feras, aucune d'elles ne sera à un meilleur rang que deuxième. Et si jamais ton choix doit se fixer sur l'une ou sur l'autre, je saurai que son odeur, sa voix, ses mimiques ou ses gestes ne sont là que pour m'évoquer, moi, évoquer ce temps que nous vivons ensemble en ce moment même et la trace ineffaçable que tu ne pourras pas ne pas en garder et que moi, encore moi, j'aurai laissée sur toi. Nous serons en quelque sorte, elle et moi, un peu apparentées. Et ton drame sera alors de savoir ou non nous distinguer, de pouvoir ou non nous scinder, de parvenir à trouver ta place entre la nostalgie d'une passion qui refuse de s'éteindre et la pression d'une vie qui t'appelle et que tu as à construire.

C'est toujours, et même jusque-là, une histoire de femmes. Une histoire de femmes qui se fabriquent les hommes destinés à leur accomplissement. Une histoire de femmes qui se donnent, l'une qui-l'a-fait à l'autre qui-en-a-besoin, cet indispensable sans lequel l'histoire prendrait en quelque sorte fin. Il n'y a que les hommes, les pauvres, pour ne pas s'en être aperçu et s'être si bien laissé berner par les apparences qu'ils en sont venus à forger le désormais fameux concept de l'« échange des femmes » ! Les sages ne disent-ils pas que si un homme émet une bonne idée sous l'arbre à palabres, c'est toujours sa femme qui la lui a soufflée dans la nuit. La nuit peut-elle porter conseil d'une autre façon ? Ne faut-il pas que nous veillions à tout cela, que nous soyons et que nous restions là, éternelles et indestructibles, nous, les folles gardiennes du bon, les prêtresses du concret, les dépositaires de la certitude ?

Oui, ma fille ! Concrète tu es, concrète tu resteras ! Parce que tu le connaîtras comme moi ce moment exquis, unique et fulgurant où tu auras accédé à la reproduction. Et tu sauras alors avoir ressenti ce que j'ai ressenti comme j'ai ressenti ce que ma mère a ressenti et qu'elle avait ressenti ce que sa mère... et ainsi de suite en remontant jusqu'à la toute première femme. Bienvenue ma fille dans la lignée de la certitude des actes et de la trace. Bienvenue dans cette histoire de femmes. Prends-y ta place, ne t'en écarte pas et ne la trahis jamais. Je serai là, toujours à tes côtés, prête à te la rappeler, prête à t'y soutenir, prête à te donner, à t'expliquer, à te transmettre. Tu verras comme nous serons bien. Je ferai avec toi comme ma maman a fait avec moi. Exactement. Non, mieux encore ! Mais peu importe d'ailleurs. Elle est là. Elle sera toujours là – comme je serai toujours là pour toi – pour nous dire si je fais, si nous faisons bien ou non. Elle sera, si tu veux bien et dis-moi que tu le veux, notre suprême référence. Rends-toi compte qu'elle est la représentante ultime, la mémoire vivante, de cette lignée de femmes dont nous sommes issues. Quelle chance pour nous de l'avoir, et de la savoir si disponible ! Songe au bonheur qu'elle nous apporte, puisque sans faille, du haut de cette lignée ininterrompue, elle est là pour nous introduire au savoir qui est le nôtre et que nous seules savons nous transmettre. Je te construirai à mon image à chaque instant de nos vies conjointes. Je te donnerai mes poupées. Je les ai toutes gardées pour toi. Mes autres jouets aussi. Et, le temps venu, je te montrerai mes propres photos d'enfant. Je veillerai à t'indiquer le chemin, à te montrer chaque pas que j'y ai tracé. Je te protégerai de tout ce que tu croiras avoir à craindre et je te hisserai au plus haut de l'ambition que j'ai pour toi. Je te montrerai comment parvenir à arrêter sur toi le regard qui a un jour glissé sur ton pubis lisse.

Tu auras ta revanche sur cet epsilon que tu n'auras pas reçu parce que tu n'étais pas porteuse de cette aspérité qui fait la différence. Je t'apprendrai à mettre de la convoitise dans tous les regards sans exception et je t'enseignerai à ne jamais t'en sentir débordée. Je ferai en sorte que ta beauté soit toujours remarquable et que nul ne puisse y rester indifférent. Et tu seras si belle, si belle qu'en te regardant, je me verrai en mieux, en épanouie, en réussie enfin. Tu seras ma plus implacable revanche. Et puis je te regarderai grandir et prendre ces formes qui sont les nôtres. Tu viendras me voir, un jour, émue et retournée de ton premier sang. Je t'introduirai aux mystères de notre sexe, à son rapport à la vie, et à la mort à laquelle nous sommes les seules à savoir faire un si beau pied de nez. Je te transmettrai ce que j'ai reçu en l'assortissant de ce que m'a apporté ma propre expérience. Je te préparerai à la toute-puissance qui te sera un jour dévolue et dont l'étendue devra être telle que même tes caprices ou tes erreurs devront passer pour des options frappées au coin du bon sens. Je veillerai sans relâche à ce qu'aucune rupture ne s'introduise entre ce que

nous percevons en ce moment et ce que nous percevrons
tout au long de notre vie commune.

Alors, laisse-moi, mon chéri/laisse-moi, ma douceur,
laisse-moi savourer ces minutes comme tu le fais toi-même.
Laisse-moi te rejoindre, me confondre avec toi, perdre la
notion de tout ce qui m'entoure et qui me torture à tant me
solliciter. Laisse-moi me sentir certaine, indispensable,
comptant enfin, totalement et sans le moindre doute, pour
un être. Laisse-moi me sentir enfin, enfin puissante. Puissante avec toi. Puissante par toi. Puissante pour toi. Toute,
toute-puissante. D'une puissance dont je ne veux pas
d'autre preuve que ce que nous serons désormais l'un pour
l'autre. Tu en seras l'instrument. J'en serai la détentrice.
Nous ferons une paire si unie que tu n'auras jamais à t'en
plaindre. Hâtons-nous ! Hâtons-nous vers cette communion
qui ne devrait jamais prendre fin et qui forge en nous les
idées conjointes de l'harmonie, de la beauté, de la perfection et de la justice. Ainsi as-tu voulu me quitter, impru-
dent(e) ! Je te retiens maintenant. Et c'est à mon gré et à
mon seul gré que je te sevrerai de moi et que je mettrai un
jour fin à cette forme de connivence que notre environnement unanime et jaloux applaudit sans réserve. Tu feras ce
que tu voudras, jamais moi je ne renoncerai à ce que je suis
devenue, à ce que tu as fait de moi, à ce que, par toi, enfin,
je sais pleinement... être !

Singulier discours tout de même que ce discours sans
guillemets qui réunit, en une seule pièce, mille et un propos
sus ou insus, entendus, déduits ou ébauchés ici ou là, au
détour d'une confidence ou d'une émotion inopinée et
débordante. Quelle mère pourrait dire s'y reconnaître ? Probablement aucune. Drôle d'idée, en effet, que de s'obstiner
encore et encore à vouloir mettre en mots, et à ordonner
pour leur donner sens, ce qui se déploie en réalité, tout au
long des mois et des années, comme fulgurances vite
oubliées, perceptions brutales et évanescentes, humeurs
changeantes et labiles, sensations bizarres et fugitives, états
d'âme passagers dont la nuance est la première des lois et
dont la raison n'est jamais accessible. Drôle d'idée de vou-

loir mettre à jour le dépôt hétéroclite qui gît au fond de l'inconscient de chacune. Il faut décidément être homme pour prétendre le concevoir, l'entreprendre et prendre le risque de sa laborieuse – et sans doute vaine et légitimement critiquable – mise en forme !

Et pourtant ! Tout construit et reconstruit qu'il soit, ce n'est qu'un discours rudimentaire, un discours de base tout simple, une sorte de tronc grossier d'un discours fabriqué avec seulement ce qui s'impose à un tout premier degré. Il y est volontairement fait silence sur quantité d'autres aspects de cette relation complexe comme si s'imposait pour l'instant un silence sur l'apport et le travail des racines forcément multiples, qui, après l'avoir constitué, nourrissent l'arbre de la sève d'une histoire qui ne cesse pas d'y circuler. Et cela pour privilégier l'examen des invariants premiers du processus, ceux-là mêmes que l'on retrouve sans exception dans tout échange mère-enfant.

Echange qui concerne chacune et chacun à qui il parle de cette trace troublante et encore douloureuse, enfouie au fond le plus ignoré de son être, évoquant ce paysage embrumé où, dans un lointain passé, a éclaté la toute première de ces longues batailles menées pour la conquête de l'identité.

Qui en effet console qui ? Qui arme qui ? Qui porte qui ? Qui est au pouvoir de qui ? L'enfant est-il au pouvoir de sa mère ? Incontestablement et pour longtemps. La mère est-elle au pouvoir de son enfant ? Incontestablement, et de son propre aveu, pour plus longtemps encore. On pourrait croire paradoxale cette singulière comptabilité. Elle ne l'est pas. Car si, sous l'effet de certaines conditions, l'enfant, quel que soit son sexe, s'affranchit peu ou prou de sa mère, elle, en revanche restera, d'une manière ou d'une autre, accrochée à lui jusqu'à sa propre mort. Comment parvenir à régler une relation aussi problématique et aussi passionnée quand, longtemps, très longtemps à l'échelle d'une vie, chacun des protagonistes y puise tant de force et en retire autant d'avantages.

Les corps sociaux, eux-mêmes, se sont exténués à la tâche sans parvenir à en pondérer, de quelque façon que ce soit, la violence. La revendication implicite de la condition maternelle ne laisse personne sourd ou insensible, tant il est vrai que nul d'entre nous ne peut échapper à l'émotion que suscitent ses accents hurlants ou muets. Nous tentons en vain de prendre quelque distance à son endroit. Nous rêvons d'y parvenir. Mais toute la clairvoyance que nous y appliquons, comme l'impeccable logique à laquelle nous nous efforçons de faire appel, butte immanquablement contre ce que la situation remue en nous et à quoi nous n'avons plus aucune possibilité d'accès immédiat.

Pourquoi donc nous concerne-t-elle à ce point, quels que soient notre sexe, notre âge ou notre condition ? Et pourquoi nous semble-t-elle procéder d'un discours qui affleure à une si grande justesse ?

Parce que nous savons, tous sans exception, qu'à notre heure nous nous y sommes laissé prendre. Et pour la simple et bonne raison que nous n'avions pas d'autre choix ! C'est pourquoi je ne me risquerai pas à traduire le vécu de l'enfant par un procédé similaire à celui dont j'ai usé pour dire l'émotion et l'enfermement de la mère. Chacun de nous sait, mieux qu'on ne pourrait le lui rappeler, avoir été enfant et n'avoir pas en quelque sorte cessé de l'être. Cela ne lui permettrait-il pas d'avoir au moins une idée de son enfermement constitutif ? Serait-ce alors lui faire insulte que de le renvoyer à sa propre condition ?

Ne sait-il pas, même s'il n'en a plus aucun souvenir, avoir été longtemps et profondément travaillé par les notions de vie et de mort que j'ai mises au premier plan de l'échange ? Ne sait-il pas, quels qu'aient été ou que puissent être sa détermination et ses efforts, qu'il n'est pas parvenu, et qu'il ne parviendra d'ailleurs pas, à se remémorer les conclusions auxquelles il avait abouti ni les raisons du chemin que le débat lui aura fait prendre dans la vie ? Il peut en avoir conçu ou en concevoir encore quelque irritation. Il devra néanmoins convenir que, quelque travail qu'il ait produit sur sa condition ou son histoire, il reste marqué à jamais par la nature et par l'intensité de ces fameux premiers liens. Il aura pu avoir passé une partie de sa vie, voire sa vie entière, à y réfléchir et à tenter d'effacer la trace de la détresse dans laquelle l'avait jadis mis son immaturité de tout-petit, ç'aura été peine perdue. Il sera tout au plus parvenu à revisiter plus ou moins correctement son histoire et, dans les meilleurs cas, à reconnaître aussi loin que sa mémoire le lui aura permis, ses moments de terreur et les fantasmes qu'ils auront suscités. Il aura peut-être réussi au passage à repérer la nature et l'intensité des conflits qu'il aura connus, et à baliser *a posteriori* son parcours d'autant de protections qu'il aura su ériger. Son travail, j'en conviens, aura été loin d'être négligeable, mais il lui faudra toujours, au bout du compte, faire un certain nombre de deuils, à commencer par celui de l'idée de perfection à laquelle le début de sa vie aura pu le faire croire et à laquelle il aura longtemps cru.

Le cas de figure que j'esquisse ainsi est tout de même le plus méritoire qui soit. Il n'est, hélas, pas la règle, loin s'en faut. Il connaît toutes sortes de contraires et compte à peu près autant de dénégations plus ou moins véhémentes qu'il y a d'individus. Car il est infiniment plus confortable de croupir dans l'estime de soi et dans la conviction de son autarcie et de son indépendance de jugement autant que dans celle de son inaliénable liberté. Cette monnaie est la plus courante et elle ne cesse pas en général de semer le malheur. Jusqu'au moment où un enfant, même conçu pour n'être qu'un banal colifichet, se met en tête, par la grâce qui est toujours la sienne, de l'interroger, espérant sans doute, en toute innocence et au nom des protestations d'amour dont on le saoule, pouvoir échapper à son pouvoir destructeur. Des symptômes alors s'inventent, persistent, insistent et s'obstinent dans l'attente d'une rencontre qui renonce à les bâillonner à coups de drogues, qui les respecte enfin, qui tente honnêtement de les extirper du timide balbutiement qu'ils constituent et qui leur donne droit de cité au même titre que n'importe quel langage.

Cela ne demande qu'à venir. Cela vient. Tôt ou tard.

Et c'est toujours la même aventure.

Et qu'y retrouve-t-on au tout premier plan ?

De la mère. Encore et toujours de la mère. Nantie de son dévouement et de ses protestations d'amour mais toujours

prise dans le maelström des histoires dont elle hérite,
qu'elle a charge de transmettre et auxquelles, qu'elle le
veuille ou non, qu'elle le reconnaisse ou non, elle participe
toujours pleinement.

... à l'autre...

Je ne suis pas tout à fait sûr d'être parvenu à faire comprendre pourquoi et comment j'ai pu me sentir sidéré, et quelque peu... interdit, face à cette mère. On aura néanmoins compris qu'elle était, et qu'elle reste, pour moi la mère la plus frappante qu'il m'aura été donné de rencontrer. Celle qui résume, dans sa seule personne, l'ensemble des qualités que chacun attend et qu'il est prêt, dans un mouvement de nostalgie endolorie, à exiger de ce personnage parental. Ne m'a-t-elle pas déclaré avoir réussi par deux fois à ressusciter son enfant mort ? Et la tranquillité avec laquelle elle m'a rapporté le fait autorisait-elle à penser qu'elle eût pu avoir le moindre doute sur la portée de ses gestes ou concevoir le moindre étonnement de leur résultat ? Pour on ne sait encore quelle raison, son enfant n'a plus voulu de la vie qu'elle lui avait un jour donnée et il a brutalement décidé de la lui laisser. Elle ne l'a pas entendu de cette oreille. Elle a récusé la décision. Elle a refusé le fait accompli. Et elle s'est débrouillée pour mettre, calmement mais activement, en œuvre son désaccord. Par deux fois, elle lui a littéralement insufflé son propre souffle. Apparemment comme un ordre, bien plus que comme une prière. Et par deux fois, il a obtempéré. Comme s'il avait compris qu'il ne lui était pas laissé d'autre choix.

J'ai eu beau fouiller ma mémoire, je ne trouve rien qui eût pu tempérer ce que me disait en substance son récit. Et, le plus extraordinaire, c'est que moi, médecin, qui suis censé savoir concrètement ce que c'est que la mort au point d'avoir en principe choisi de consacrer ma vie à la combattre, je n'ai pas mis un seul instant sa parole en doute. J'ai cru à son récit. J'ai adhéré à chacun de ses mots. Et je n'y ai pas plus entendu un excès de langage que le témoignage d'un miracle incompréhensible. Tout m'a paru s'inscrire, au contraire, dans le seul registre d'une lutte de volontés. Je n'avais, bien entendu, fait aucun lien – et comment l'aurais-je pu ? – entre ce que j'entendais et cet événement de la même eau que j'ai retrouvé, par la suite, gisant dans une zone inaccessible de mon vécu. Je m'étais seulement senti déborder par un étrange malaise qui s'est surajouté aux précédents et qui n'a pas cessé de me poursuivre tout au long de ma consultation de l'après-midi.

C'est dans cet état d'esprit que j'étais quand j'ai reçu un coup de téléphone de l'hôpital C.

La poursuite de l'exploration du cas avait conduit à en redresser le diagnostic. On avait découvert une profonde anémie – qui ne pouvait qu'être récente, puisqu'elle n'existait pas à la prise de sang du vendredi précédent. Le chiffre des globules rouges s'était donc effondré à un niveau alarmant. Mais ce n'était pas tout. Le taux sanguin de l'urée s'était révélé particulièrement élevé, témoignant d'une insuffisance rénale déjà avancée. Les désordres électrolytiques étaient considérables et le taux du potassium, à lui seul, mettait la vie immédiate en péril. Tout cela était incompatible avec le diagnostic initial qui se trouvait ainsi écarté et corrigé par celui, irrécusable au vu des examens, de syndrome de Moschowitz. On appelait ainsi, alors, ce qu'on désigne aujourd'hui par syndrome hémolytique-urémique en l'affublant, pour sacrifier à la mode des sigles, de celui de SHU. On me mettait au courant du fait en m'informant en même temps de la décision du transfert imminent de Gwenael à l'hôpital E., dans le service de néphrologie – celui-là même que je fréquentais assidûment.

On savait fort peu de choses à cette époque de ce fameux

syndrome. On savait néanmoins le reconnaître et j'en avais moi-même diagnostiqué un cas quelques mois auparavant. Sa description clinique comportait dans sa phase initiale tous les symptômes qu'avait présentés Gwenael, de la diarrhée à la toux en passant par les convulsions, à l'exception cependant de l'étranglement herniaire. Autant dire que j'aurais été trompé aussi bien par le diagnostic, que j'avais pourtant essayé de ne pas me laisser souffler, que par les résultats d'une numération sanguine ne révélant pas d'anémie et porteuse des stupides critères de coqueluche du moment. Ce qui ne sera évidemment pas pour rien, comme on le devine, dans la souffrance avec laquelle je vivrai la suite de l'histoire et dans la forme de remords que j'en garderai indéfiniment. C'est l'insuffisance rénale qui était génératrice des désordres électrolytiques ainsi que de l'hypertension artérielle, laquelle complétait le tableau et ne survenait, en général, que dans un second temps.

On savait la gravité extrême de la maladie et son issue alors souvent fatale. On avait remarqué que, bien que rare, elle survenait par petites vagues épidémiques que rien n'expliquait et on en ignorait bien évidemment la cause exacte. Si bien qu'on la traitait comme on le pouvait, à la petite semaine en quelque sorte, la réanimation n'étant alors qu'à son balbutiement et ne disposant que de moyens d'une indigence impossible à imaginer aujourd'hui. On pratiquait des séances de dialyse péritonéale qui consistaient à injecter dans l'abdomen – le péritoine palliant alors le rein bloqué – une solution liquidienne capable entre autres choses d'éliminer les œdèmes, protégeant de ce fait le cerveau, ainsi que l'urée et la créatinine. On administrait un échangeur d'ions pour abaisser le taux du potassium sanguin. On soumettait le malade à un régime alimentaire draconien, pesé et calculé au plus près, en particulier au niveau de l'apport liquidien. On veillait étroitement aux variations du poids, qui pouvaient traduire une rétention ou une élimination excessive de liquide, en attendant que le rein veuille bien se remettre à fonctionner et que l'urine puisse être éliminée dans des sacs branchés sur le sexe et dont on surveillait jalousement le contenu.

On sait, aujourd'hui, que cette maladie, dans sa forme la plus courante, est due le plus souvent à une intoxication alimentaire microbienne en particulier par une variété singulière de colibacille.

Le colibacille (dont le nom laisse entendre qu'il est le bacille le plus commun du côlon) est un hôte normal de l'intestin. Il est utile à l'organisme auquel il fournit certaines vitamines en plus de contribuer à diverses étapes de la digestion. Il est devenu plus utile encore depuis qu'on est parvenu à le domestiquer, à le cultiver à une large échelle et à lui faire fabriquer, à très faible prix et à un remarquable degré de pureté, quantité de médicaments d'une importance capitale (insuline, hormone de croissance, etc.). Il en existe un grand nombre de variétés et fort peu d'entre elles sont nuisibles. En tout cas, celles considérées comme telles sont depuis longtemps parfaitement répertoriées. On a très vite su par exemple le malin génie du 55:B5, du 126:B6, du 26:B6, du 75:B12 ou du 157:B7 à provoquer des épidémies de gastro-entérites infantiles parfois redoutables. On a mis au point des sérums pour les reconnaître et on a rapidement su lutter contre elles. Mais on ne savait encore rien, jusqu'à une date fort récente, de la variété responsable de la survenue du SHU. Le colibacille répondant au numéro 0157:H7 a toujours été connu pour être un hôte normal de l'intestin du bœuf – ce qui explique sa transmission potentielle par la viande mal cuite ou par les produits laitiers mal stérilisés. Ce qu'on sait depuis peu, c'est qu'il sécrète une toxine – appelée vérotoxine et dont il existe deux variétés – qui se répand dans la circulation générale et qui altère profondément la paroi des vaisseaux sanguins, consommant les plaquettes sanguines et créant la cascade de désordres observés dans la maladie. Des ponts de fibrine se produisent dans les petits vaisseaux, si bien que les globules rouges viennent s'y casser et meurent, libérant de l'hémoglobine dont l'élimination est dévolue au rein. On conçoit que lorsque les quantités à éliminer sont trop importantes les tubes rénaux s'obstruent à leur tour et que le rein cesse d'assurer ses fonctions. Les autres déchets s'accumulent alors en amont, occasionnant une série de troubles qui peuvent, associés à l'hypertension produite par la rétention de liquide, conduire à la mort. Les convulsions, dont la gravité et les conséquences sont imprévisibles, si elles ne sont pas consécutives à un œdème cérébral, le sont à un mécanisme de mauvaise irrigation, et donc d'oxygénation insuffisante, du cerveau du fait de la coagulation disséminée. Quant à la toux – toujours coqueluchoïde et qu'on ne retrouve d'ailleurs pas dans tous les tableaux –, elle semble être consécutive à une excitation directe du centre cérébral qui la commande par la toxine elle-même.

Si, aujourd'hui, le pronostic de cette maladie n'est pas forcément des plus mauvais, il l'était au plus haut point à l'époque. C'est dire l'effet que m'a produit le coup de fil du collègue hospitalier.

Le soir même, à la fin d'une consultation qui m'avait retenu très tard, je me suis rendu dans le service. J'y ai rencontré mon ami Pierre-Marie qui assurait la garde et qui avait reçu Gwenael. Nous avions été internes six mois dans le même service quelques années auparavant. Je l'aimais beaucoup et j'appréciais aussi bien sa rigueur que sa compétence, son calme et sa pugnacité dans toutes les situations y compris les plus graves.

Il m'a conduit au lit de notre patient désormais commun. Elle était là.

Assise dans le box. Avec le même regard droit et toujours confondant. Nous nous sommes salués et, de sa voix à nulle autre pareille, elle m'a tout de suite remercié d'être venu. Elle était au fait exact de la situation mais elle ne paraissait pas en être impressionnée outre mesure. J'ai mis cela sur le compte des événements de la journée. Et je n'ai fait aucun commentaire. J'ai préféré insister sur les liens que j'avais avec Pierre-Marie. À défaut de pouvoir lui apporter la moindre parole d'espoir, je lui offrais ce que je pouvais, n'eût-ce été que la perspective de la poursuite des soins dans une atmosphère chaleureuse et pleine d'attention. Tout cela semble aujourd'hui banal. Mais ça ne l'était pas du tout. Car les règlements draconiens des services de pédiatrie, sous prétexte du respect de l'asepsie, interdisaient formellement alors aux parents d'être présents auprès de leur enfant en dehors des maigres tranches horaires de visite. Je n'ai pas pensé un seul instant que la faveur dont elle était l'objet pouvait avoir un lien quelconque avec la perspective d'une issue rapidement fatale pour son enfant – les dispositions en vigueur n'en auraient pas en effet été changées. Je me suis dit, comme si cela était en passe de devenir naturel, que ce devait être son attitude, et elle seule, qui avait dû lui valoir ce traitement. Et je ne parvenais pas à en être surpris.

Une fois de plus je l'ai raccompagnée chez elle. Comme je l'ai fait presque tous les soirs par la suite et tout au long de l'hospitalisation.

Or, quelques jours plus tard, au cours d'un de ces retours, elle a tenu à me raconter quelque chose.

Elle a commencé à m'expliquer qu'avant la grossesse de Gwenael, elle avait avorté cinq fois. Son mari et elle étaient comblés par leurs trois garçons et ils ne voulaient plus d'enfants – il faut, là aussi, replacer le propos dans son contexte car on était très loin encore de la maîtrise de la fécondité. Quand elle s'est découverte de nouveau enceinte, elle a eu, cette fois-là encore, le projet d'avorter. Mais le gynécologue lui a déclaré qu'un avortement de plus risquait de lui coûter la vie – l'horreur et la dangerosité des avortements clandestins n'étaient pas non plus en effet une mince affaire. Le bébé était donc né et tout le monde en avait somme toute été content. Puis, après m'avoir méthodiquement expliqué tout cela, elle a ajouté après un temps d'arrêt : « Depuis que Gwenael est né, j'ai fait, tous les soirs sans exception, le même rêve. Ça se passe dans un cimetière et je suis là à contempler son cercueil porté en terre par son père et ses trois frères, tous les quatre vêtus de violet. Or, depuis qu'il est hospitalisé, ce rêve ne m'est plus revenu. »

J'ai perçu, comme chacun l'aurait fait à ma place, que ce propos devait avoir une importance considérable. Mais pas plus clairement que ça. Une fois de plus, elle me laissait sur placé et sans voix. Elle m'utilisait décidément comme elle l'entendait, à mon insu ou, mieux encore, en plein dans mon insu et sans que j'eusse pu savoir où et comment me

situer face à la demande qu'elle m'adressait. J'essayais en
vain, à toute vitesse, de relever ce que je pouvais dans cet
étonnant propos. De me dire que ce « violet » avait certainement quelque chose à voir avec « violée », avec autrement dit, la forme de « viol » qu'a peut-être constitué pour
elle le diktat de l'accoucheur. L'aventure de mon employée
de maison m'a effleuré. Mais je l'ai vite chassée pour me
perdre dans le « vêtu », dans le vêtement, dans la couleur
d'évêque, et que sais-je encore. J'étais surtout effrayé par ce
qui me semblait traduire le débat vie/mort qui avait probablement motivé son attitude dans le taxi : « S'il a fallu
que tu vives pour que je ne meure pas, il faut que tu conti-
nues de vivre pour ne pas que je meure et pour ne pas me
signifier que j'aurai affronté tout cela pour rien. » Bien sûr
qu'il n'y avait pas dû y avoir la moindre formulation ou la
moindre conscience de tout cela. Mais n'était-ce pas à
quelque chose d'équivalent que tout cela revenait ? À moins
que cela n'eût équivalu (mais comment ?) à un singulier et
authentique vœu de mort. Et quel vœu de mort ! Répété
tous les jours des mois durant ! L'hospitalisation venait-elle,
dans ce cas, en suspendre l'émission ? Ou bien en consti-
tuait-elle une forme de mise en acte suffisamment consistante et effrayante pour le faire taire ?

C'est alors qu'elle a encore ajouté avoir vu dans la disparition de ce rêve « comme un signe de la Providence pour
dire que les malheurs allaient enfin cesser ». Et comme
j'étais réduit au silence par la surprise dans laquelle me
mettait son propos, elle m'a alors raconté par le détail
comment elle avait perdu, cette même année, son père d'un
cancer de l'estomac, puis un de ses frères d'un cancer du
larynx, et comment elle les avait assistés l'un et l'autre jusqu'à la fin.

J'ai dû penser que c'en était vraiment trop. Si bien que je
n'ai rien dit. Je n'ai pas ouvert la bouche. Mais sans doute
ai-je dû, en même temps, soigneusement fermer les oreilles.
C'est encore aujourd'hui le reproche que je me fais. J'ai res-
sassé si souvent cette séquence, au fil des dizaines d'années
qui ont suivi, que je continue de me demander si je n'ai pas
vraiment et bêtement raté l'exploitation d'un rendez-vous

crucial auquel nous avait, elle et moi, convoqués cette histoire. Il est bien entendu trop tard pour revenir sur l'événement et épiloguer sur la direction qu'auraient prise les
choses si j'avais été à hauteur de la situation. Tout comme
il a été trop tard par la suite, quand ma formation m'a
rompu à la relance de ce type de propos. Elle, et elle seule,
cette mère, aurait pu éclairer par ses associations la teneur
du message insistant que son inconscient lui adressait par
l'intermédiaire de son rêve répétitif. Même ce que je pourrais reconstruire aujourd'hui à partir du matériel déposé
dans ma mémoire serait sujet à caution et ne pourrait
échapper à une dénaturation forcément suspecte.

J'imagine néanmoins que j'ai dû me faire un certain
nombre de réflexions terrifiantes et probablement hors de
propos.

J'ai dû me demander comment la sérénité que je n'avais
pas cessé d'observer chez cette femme pouvait cohabiter
avec l'inévitable trace des malheurs récents dont elle venait
de me faire état. J'avais vécu moi-même, à plusieurs
reprises, des épisodes de deuil. Et je m'en souvenais, même
si j'étais en bas âge au moment où se sont produits les
décès. Il n'y avait pas que l'atmosphère à être envahie d'une
tristesse qui finissait par en paraître choyée, implorée et
entretenue. Il y avait aussi quelque chose de menaçant et
de paralysant dans l'air. On évitait l'évocation même
conjoncturelle du malheur qui nous valait notre état. On se
taisait. On se terrait, terrifié. On se serrait les uns contre
les autres. On se manifestait le moins possible. On se regardait à peine. On s'évertuait à mettre une économie extrême
jusque dans les gestes les plus courants. Et ce n'était pas
tant pour s'associer au repos des défunts. On évoluait dans
la lenteur. Comme s'il ne fallait pas se faire remarquer en
tant que vivant de crainte de s'offrir comme cible par trop
repérable à une mort dont on croyait confusément sentir la
présence – ce n'est pas pour rien que les images de la
grande faucheuse en mouvement se sont imposées dans
maints folklores. On se commettait le moins possible dans
le monde commun des vivants, comme si on craignait de
porter inévitablement jusqu'à eux le malheur dont on

pensait qu'il devait inévitablement parasiter le moindre geste et la moindre entreprise. On n'entreprenait d'ailleurs rien de nouveau ou d'ostensible tant on était persuadé par avance de courir à l'échec. Il fallait se contenter de survivre. Suffisamment longtemps pour que la vie reprenne ses droits par l'effet conjugué de la discrétion et de l'écoulement du temps. Je ne prétends pas que ce que j'avais connu constituait ou devait constituer la norme. Un aphorisme de ma langue d'origine m'avait enseigné depuis longtemps la variabilité des situations en m'apprenant que « lorsque on adopte un pays, on se doit d'adopter ses rites funéraires ». Mais, alors qu'à la suite de son récit j'aurais dû m'attendre à trouver cette mère paralysée par la peur et réactive à l'excès à tous les coups du sort, elle demeurait impavide, sereine. Où trouvait-elle son énergie, et en particulier celle qu'il lui fallait pour affronter le malheur nouveau qui l'atteignait ?

Même dans ma regrettable inculture du moment, j'avais bien entendu parler de ces personnalités suspectes qui se complaisent dans le malheur et qui en chérissent chaque signe. Et il m'a d'ailleurs semblé parfois les reconnaître quand je les ai rencontrées. Le plaisir que ces personnes manifestent alors est cependant si odieusement évident qu'on ne peut pas ne pas en être automatiquement révulsé. Ce n'était pas du tout son cas. Ce que je rencontrais chez elle était si peu croyable, si peu imaginable et tellement admirable à la fois ! Je me suis même demandé, à un moment, si ma perception n'était pas hâtive et erronée et si je ne me trouvais pas plutôt en face d'un accablement si grand que, enveloppé d'une décence rare et de circonstance, il en imposait pour tout autre chose. Je ne crois cependant pas, quelles qu'eussent été ma jeunesse et mon inexpérience, que j'aurais pu me fourvoyer à ce point. Incapable de comprendre comment tout cela avait pu s'agencer, j'en ai conclu que je me retrouvais une fois de plus en porte à faux dans une communication, en raison probablement de ma culture d'origine qui s'y trouvait par trop sollicitée. Et cela n'a fait que m'enfoncer un peu plus dans mon mutisme.

Les jours ont succédé aux jours. Les faits ont succédé aux faits, futiles ou douloureux, remarquables ou étonnants. Toujours émouvants cependant. Je me levais en pensant à ce que m'apprendrait mon incursion du matin à l'hôpital et je traversais mon quotidien dans l'attente de ce que m'apporterait ma visite du soir. Était-ce seulement un de mes petits patients qui était malade et en danger de mort ? Était-ce l'enfant de cette femme dont je ne comprenais toujours pas pourquoi elle m'impressionnait tant ? Était-ce cette femme elle-même et ma relation personnelle à elle qui étaient en cause ? Je savais, pour m'être honnêtement posé la question, que je n'en étais d'aucune façon « amoureux » et qu'elle ne me touchait pas par des qualités que je pouvais rencontrer chez quantité d'autres femmes capables de m'émouvoir au plus haut point. Cet enfant était-il moi ? Et que revisitais-je alors ? Cette femme était-elle à ce point à l'image de ma mère ? Et que venais-je alors lui demander et qu'avais-je à attendre d'elle ? À quel mystère lui demandais-je de m'introduire en acceptant sans la moindre hésitation de me laisser guider par ce qu'elle dégageait et dont je rencontrais la teneur pour la première fois ?

Je n'étais cependant pas le seul dans cet état. Nul, autour d'elle, n'échappait à cette fascination. Que mon ami Pierre-Marie fût aux petits soins avec elle ne m'étonnait pas ; sa gentillesse exquise et son immense bonté naturelle allaient sans effort à chacun. Mais les autres collègues, les infirmières de toutes les équipes, les surveillantes et les laborantines, tous étaient dans le même état. Et le jour où je suis passé par-dessus ma réserve et où j'ai vaincu ma timidité au point d'aborder le patron pour lui demander ce qu'il pensait du pronostic du cas, il a éludé ma question comme si elle avait été inepte ou qu'il ne pouvait rien me dire que je ne savais déjà. Il en a cependant pris prétexte pour se lancer dans un monologue totalement inattendu et poignant. Prenant à témoin toute sa suite, il m'a déclaré sans retenue que cette mère le remuait à un point dont il ne savait pas être capable et qu'il n'en avait jamais rencontrée d'aussi bouleversante. Pour qui le connaissait, et qui connaissait sa violence et ses énormes colères devant la moindre vétille qui venait déranger un ordre des choses dont il était jaloux, il était clair que c'était lui l'auteur de cette grande première dans un service de pédiatrie : permettre à un petit patient d'avoir un de ses parents auprès de lui vingt-quatre heures sur vingt-quatre s'il le fallait. C'est sa confidence qui m'a permis d'ailleurs, quelques jours plus tard, à la présentation du cas de Gwenael au staff, de ne pas relever la violente attaque qu'il a eue indirectement à mon endroit quand un collègue lui demanda ce qu'on devait faire du diagnostic initial de coqueluche pourtant correctement posé selon ses propres critères : « Avec un médecin incompétent et un laboratoire complaisant, on peut toujours construire le diagnostic que l'on veut », a-t-il répondu. J'aurais pu prendre la parole, me défendre, protester ou me révolter, encore que cela ne se faisait jamais en ces temps de mandarinat. Je n'ai rien dit. Non que je me fusse senti atteint ou plus coupable que cela, mais par simple calcul. Pour éviter d'empoisonner l'environnement relationnel, ce qui aurait été préjudiciable en fin de compte aux soins que réclamait mon patient. Et j'ai bien fait. Car l'atmosphère qui régnait autour de lui était, à mon sens, de celles que l'on pourrait souhaiter en toutes circonstances.

Gwenael était devenu LE malade du service. Chacun était au fait de son état et s'en tenait régulièrement informé. Les courbes, les abaques et tous les paramètres étaient consultés et commentés par les uns et les autres qui ne manquaient pas de passer par le box et d'échanger un mot ou deux ou encore un sourire avec la mère. De la sympathie. Des bouts de messages de vie. Des bouts de vœux de vie. Multiples, disparates et informes et dont je me disais qu'ils réussiraient peut-être à faire pièce à ce vœu de mort – si tant est qu'il eût eu quelque consistance – que j'avais cru pouvoir repérer dans le récit du rêve de la mère. Les premières gouttes d'urine dans la poche de recueil furent littéralement fêtées. Et on ne fut pas plus étonné que cela de la reprise relativement rapide de la diurèse. On se disait qu'on tenait enfin le bon bout et qu'on approchait sûrement de la fin du cauchemar. La liesse semblait devoir durer. Et j'ai constaté combien elle pouvait être contagieuse : les médecins, quoi qu'on en pense – et ce n'est pas mal de le dire en ces temps où nos froids technocrates veulent inhumainement les assujettir à une basse logique comptable –, ne sont pas indifférents au sort de leurs patients. S'ils tentent de maîtriser leur émotion devant la catastrophe, ils libèrent en revanche sans pudeur leur joie devant le succès, et ce d'autant que les risques ont été importants. Le temps ne faisant d'ailleurs rien à l'affaire puisqu'il ne parvient pas à les vacciner contre cet enthousiasme. Comme si chaque mise en échec de la mort potentielle d'un patient entretenait leur illusion de pouvoir faire échec à la leur propre.

Singulier mystère donc que cette mobilisation unanime, que cette identité de perception des événements, que ce chorus de louanges. Si j'en étais à m'interroger sur cette rencontre, d'autres que moi, tous les acteurs de cette histoire sans exception, la vivaient dans un touchant enthousiasme et semblaient s'y commettre dans l'attente, émouvante mais difficile à comprendre, d'un bout de bonheur à en recueillir.

Si je voulais, avec le recul du temps, saisir quelque chose de ce phénomène, il me faudrait faire appel à des mécanismes étroitement mêlés d'identification et de projection. Mais il me faudrait aussi tenir compte de leur multiplicité et de leur variété. Il n'y avait pas de raison de croire par exemple que c'était Gwenael qui en était la cible. Il y avait bien d'autres enfants malades, et aussi malades sinon plus encore que lui, dans le service. Devrais-je dès lors en conclure que c'était sa mère qui attirait ainsi à elle toutes les sympathies ? Il devait certainement y avoir un peu de cela : l'hypothèse permettrait en effet de comprendre comment le processus avait pu aboutir à la décision historique du patron à son endroit. Mais cela aurait-il dû pour autant concerner l'équipe soignante dont chaque protagoniste aurait pu, comme il le fait en général, se substituer à elle dans la relation à l'enfant et faire pour lui ce qu'elle aurait fait elle-même ? On ne peut donc pas retenir cette explication comme la seule à l'œuvre et il faut aller en chercher une autre ailleurs. Il est vrai que les pédiatres sont ces médecins singuliers, et pratiquement les seuls, à être capables d'opérer à leur insu des identifications et des projections multiples. Ils peuvent être tantôt l'enfant et tantôt le parent, sans jamais éprouver de gêne ou de fatigue à une gymnastique qui leur serait en quelque sorte naturelle.

On pourrait croire que c'est de cela qu'il s'agit ici, et que les projections et les identifications ne visaient pas isolément Gwenael ou sa mère, mais l'un et l'autre à la fois. Cette hypothèse, pour séduisante qu'elle soit, se heurte cependant, elle aussi, à deux critiques au moins. Elle n'explique pas plus la singularité et le caractère exceptionnel du choix de ce couple enfant-mère que l'égale implication émotionnelle du reste du personnel soignant, jusques et y compris les garçons et les filles de salle. On ne peut donc imaginer qu'une solution et une seule : ce n'est pas l'enfant seul ni son cas qui attiraient les sympathies, ce n'est pas la mère seule et son comportement, ce n'est pas non plus le couple enfant-mère à lui seul et en tant que tel, c'est ce couple enfant-mère, celui-là et pas un autre, avec surtout ce qui s'y jouait, que personne ne pouvait saisir en conscience, mais dans lequel chacun se laissait tracter parce qu'il s'y sentait violemment impliqué sans trop savoir pourquoi. Comme si ce qui s'en dégageait était reconnaissable de manière univoque pour chacun. Non pas tant qu'il pût le reconnaître avec certitude, comme cela se passe d'un événement dont il aurait gardé le souvenir précis. Mais qu'il le reconnût, avec un indicible bonheur, parce qu'il savait, avec une certitude aussi grande, ne l'avoir jamais connu auparavant alors même qu'il a toujours rêvé le connaître.

Une vieille, très vieille affaire que tout cela !

On ne s'en trouve pas renvoyé à l'enfance grande ou petite, ou encore au petit âge et à ses terreurs. On se trouve renvoyé à de « l'encore bien avant ». À cet avant de l'avant. À ce moment de bien avant le langage et de bien avant l'organisation de la perception. À ce moment où les faits, impossibles à décrypter ou à reconnaître, s'inscrivent profondément dans l'être avec une acuité confondante, comme des sensations pures et brutes dont la trace demeurera à jamais ineffaçable. C'est le temps de toutes les paniques archaïques et de ces cris déchirants qui nous ont fait espé-

rer, à nous tous autant que nous sommes et qui avons
immanquablement traversé cette étape, le secours urgent
dont nous aurons à convenir, dans la douleur, qu'il n'est
jamais survenu à temps. Du fond de nous, nous avons jeté
notre appel qui portait, jusqu'à l'extrême bout de sa stri-
dence, notre espoir. Et tout le temps que nous avons
attendu, nous avons espéré être perçus. Et toutes les fois
que nous avons attendu, nous avons incorrigiblement
espéré la réponse idoine. Il nous est arrivé tant et tant de
fois de ne pas la voir venir ! Nous nous sommes crus si
souvent, si souvent, au bord extrême de la mort, que nous
avons été réduits à apprendre besogneusement à en tromper la crainte en hallucinant la présence de l'être qui nous
manquait. Le pouce ou le doudou, ou bien encore l'inef-
fable goût de la larme dans la bouche ! Tout ce qui pouvait
suspendre le temps, faire utile distraction, tracter vers un
ailleurs moins pénible, sans jamais parvenir à chasser la
menace ou à faire taire un espoir toujours prêt à revenir à
la charge.

Voilà ce que nous avons connu.

Mais ce que nous n'avons jamais connu, et que nous
sommes pourtant capable de reconnaître parce que nous
avons gardé en nous le regret de son absence, c'est une
disponibilité totale, efficiente, sereine et sans faille, susceptible de nous mettre à l'abri de la souffrance. Un amour
immense, débordant et enveloppant. Un amour qui n'aurait
pas connu la rupture. Un amour pur, monochrome, tourné
vers le seul avenir. Un amour tranquille, désintéressé,
inconditionnel et profondément vivifiant comme il l'a été
aux tout premiers instants de la vie à peine bourgeonnante.

Le couple Gwenael et sa mère dégageait tout cela. Et il
était impensable que quiconque demeurât indifférent à ce
spectacle et ne vienne y faire une forme de pèlerinage –
manière de revisiter à son insu les voies de sa propre aliénation, de jauger le gâchis dont il a été l'objet et de puiser,
dans l'émotion fugace cueillie au fil d'un regard, la certitude
de son innocence et un brin de commisération pour son
propre destin.

Et chacun donc de vouloir se repaître, sans le savoir, de

cette réussite rarissime, de cette mise en acte offerte à sa vue d'un fantasme universel qui l'habitait et dont il savait désespérément la nature. Était-il étonnant qu'on voulût croire au miracle et qu'on le souhaitât au point de se persuader qu'il allait nécessairement se produire ?

La seule ombre qui venait ternir le tableau était de l'ordre regrettable d'une réalité rétive aux vœux unanimes : des épisodes récidivants de diarrhée bridaient en effet un enthousiasme qui ne demandait pourtant qu'à se déchaîner. On les savait témoins de la persistance de la maladie et ils en faisaient légitimement craindre la reprise. Ce qui ne tarda d'ailleurs pas et qui survint sous la forme de convulsions. On fit alors ce que l'on faisait à l'époque – et dont on sait aujourd'hui l'inanité ! Elles se répétèrent plusieurs jours de suite sans que rien n'expliquât leur survenue. Le fait était d'autant plus étonnant que l'ensemble des autres paramètres ne cessait pas de s'améliorer. La multiplication des électroencéphalogrammes dans laquelle on s'était lancé ne semblait avoir d'autre utilité que celle de nourrir l'activisme des médecins totalement impuissants et qui espéraient toujours trouver, par un effet de hasard, un indice susceptible de les aider dans leur entreprise.

Il n'est pas difficile, depuis que la télévision a fait rentrer chacun dans les services de réanimation, de se faire une idée du tableau. Il y avait toujours dans le box deux ou trois personnes qui s'affairaient à telle ou telle autre tâche. Gwenael était, le plus souvent, plus ou moins immobilisé. Il avait une poche de recueil des urines et la classique perfusion au bras ou au pied, mais il était aussi pourvu en permanence d'une quantité d'électrodes nécessaires aux enregistrements électrocardiographiques et encéphalographiques. Un animal de laboratoire ! Or, sa mère était là, toujours. Indifférente aux éléments qui auraient impressionné n'importe quel parent, totalement intégrée, comme je l'ai dit, à l'équipe soignante, laquelle n'hésitait d'ailleurs pas à lui confier nombre de tâches et à recueillir son avis en maints domaines.

On en était là encore à la veille de Noël.

Le matin du 25 décembre qui était un dimanche, je me suis rendu à l'hôpital un peu plus tard que d'habitude.

Je montais l'escalier qui menait au service quand, à mi-parcours, j'ai vu sur le palier désert, les parents de Gwenael de profil et étroitement enlacés. Je me suis arrêté un instant pour ne pas rompre ce que j'ai pris pour un émouvant moment d'intimité. Mais j'ai repris doucement mon ascension parce que j'ai entendu les sanglots étouffés du père et les chuchotements de la mère. Je me suis avancé prudemment. Elle était hissée, toute petite, sur la pointe de ses pieds. Littéralement moulée au corps de son géant d'époux, dans une attitude qui frôlait l'érotique, elle lui avait passé les bras sous les aisselles et je voyais ses mains largement ouvertes sur le dos du blouson de cuir marron. Lui, plié en deux et la tête cachée dans les longs cheveux noirs, était secoué de sanglots. Elle lui disait : « N'aie pas peur, je t'assure, il vivra notre enfant. Il vivra, crois-moi. Je le sens, je le sais. N'aie pas peur. Ressaisis-toi. Nous n'avons pas le droit de lâcher pied si près du but. Tu verras que j'ai raison. J'ai raison. Forcément. Il ne peut pas en être autrement. » J'en ai eu la gorge nouée. Je suis resté en retrait à quelques marches de l'étage, sans oser avancer, sans oser me montrer, sans rien oser dire, constatant combien mon intrusion avait quelque chose d'inconvenant et me demandant ce qui avait pu se produire. Ils ne m'ont pas vu. Elle continuait de répéter les mêmes choses. Il continuait de pleurer. De longues minutes se sont écoulées. Puis la porte de la seule pièce à cet endroit de l'étage s'ouvrit. Pierre-Marie en est sorti avec un chef de clinique que je connaissais. Ils se sont écartés pour aller à sa rencontre. J'ai gravi les dernières marches et je les ai rejoints. Pierre-Marie, bouleversé, leur a déclaré : « Il est mort. » Puis il a ajouté, le regard embué : « Son cœur n'a pas repris et l'électroencéphalogramme est devenu plat. Tous nos efforts ont été vains. Nous n'avons pu rien faire. Je suis désolé, sincèrement désolé. »

Je n'ai réussi qu'à grand-peine à réprimer les sanglots qui montaient en moi. Le père, lui, redoubla les siens, manquant de tomber, ce qui nous fit nous précipiter vers lui pour le soutenir. Elle, elle est restée droite. Elle a regardé tour à tour Pierre-Marie et le chef de clinique, puis avec le sourire indéfinissable qui était le sien, en détachant les mots, elle leur a dit : « Non, il n'est pas mort mon enfant. Non. Je le sais. Il n'est pas mort. Retournez-y. Recommencez ce que vous avez fait. Vous verrez, il va vivre. J'en suis sûre. Je le sais. » Pierre-Marie n'a pas desserré les dents. Il a eu vers moi un regard qui traduisait toute sa peine et son désarroi. Puis il a regardé son collègue en esquissant un mouvement vers la porte restée entrouverte. Ils l'ont franchie et ils se sont enfermés de nouveau.

J'étais effondré. Muet. Me sentant inutile. Ne sachant que dire. Ne sachant quelle attitude avoir. Le père, la tête en arrière et le dos collé au mur, pleurait à chaudes larmes. Elle m'a regardé. Comme pour me dire que j'étais assez grand, moi, pour supporter l'épreuve et qu'elle devait s'occuper de lui. Elle l'a repris dans ses bras. Elle s'est de nouveau collée à lui, lui redisant les mêmes choses en les chantonnant presque comme elle l'aurait fait en une berceuse. Je me suis demandé ce qui avait pu se jouer. À n'importe quelle mère on aurait signifié, d'une manière ou d'une autre, que sa douleur l'aveuglait et qu'il lui fallait se rendre à la réalité. J'ai vu annoncer des morts et j'en ai annoncées moi-même, d'effectives comme d'imminentes. Je n'avais jamais rien vu de pareil. Et je me sentais envahi d'une infinie tendresse pour cet excellent Pierre-Marie. Quelle délicatesse que la sienne : avoir compris que cette mère avait besoin de ce long cheminement pour se faire à l'idée de l'irréparable, avoir cédé à ses injonctions pour lui faire quitter une attitude qui aurait été perçue, chez toute autre qu'elle, proprement délirante. À la douceur qu'elle avait déployée, il avait répondu par la même douceur.

De longues, de très longues minutes se sont écoulées. Dix, quinze ? Peut-être vingt, même. On se sent hors du temps et peut-être aussi en plein dans le temps dans ce genre de circonstance. Chaque pensée, chaque émotion prend une telle épaisseur. Effet de vérité que produit toute proximité de la mort. On ne triche plus. On se sent lourd de sa propre vie, comme on en sent la précarité. Ils n'ont pas bougé de leur place. Tout au plus se balançaient-ils doucement. Elle avait dû prendre l'initiative de ce mouvement pour accentuer l'effet berceur de son propos. Les sanglots avaient recouvré la même régularité que celle que je leur avais trouvée quand j'étais arrivé.

Puis la porte s'ouvrit.

Pierre-Marie arborait un sourire qui illuminait son visage transmué par la joie. On l'a regardé tous les trois sans oser y croire. Même elle n'a rien dit. Toute tendue vers une parole susceptible d'annuler l'abominable verdict précédent. Ce fut le cas. Pierre-Marie nous expliqua que son collègue et lui avaient repris la réanimation par massage cardiaque et bouche-à-bouche et qu'au bout de quelques minutes ils ont assisté d'abord à la reprise de l'activité cardiaque avant celle de l'activité électrique du cerveau. Gwenael avait ouvert les yeux. Il était revenu à lui. Il y avait eu un échange de regard entre eux et, depuis, son état se maintenait stable et satisfaisant.

Résurrection.

La troisième, pensais-je.

« Un véritable miracle de Noël », m'écrira Pierre-Marie, le lendemain, dans une lettre où il me confirmait que Gwenael n'avait gardé aucune séquelle, en particulier neurologique, de cette « mort traversée ». Cela m'a conforté dans ma certitude qu'il n'avait pas eu vent des deux épisodes du taxi : je ne les lui avais pas rapportés et elle non plus n'en avait donc pas fait état.

Combien de fois ai-je lu et relu cette lettre au fil de ces années ? Comme s'il me fallait répétitivement me référer à cette preuve écrite pour être sûr d'avoir vraiment vécu cela, de ne l'avoir pas inventé, de ne l'avoir pas rêvé, de n'avoir pas simplement déliré. J'ai dû d'ailleurs probablement en avoir honte quelque part puisque je n'ai jamais fait état de cette observation, de quelque façon que ce soit ou à quiconque. Il m'a fallu une lecture d'un numéro du quotidien *Le Monde* de l'automne 1996 – alors que j'étais en pleine élaboration de cet écrit – pour me libérer. On y rapportait que la nouvelle définition légale de la mort exigeait la production successive de deux électrocardiogrammes et de deux électroencéphalogrammes plats effectués à quatre heures d'intervalle. Si l'aventure de ce Noël-là confinait effectivement du coup au « miracle », elle cessait d'être parasitée, chez moi, par cette forme de gêne qui lui assignait, peu ou prou et bien que je l'eusse vécue, le statut d'une illusion.

Mais peut-on se contenter sans autre forme d'interrogation de cette notion de « miracle » ? Car, qu'on le veuille ou non, le dit « miracle » n'a pu se produire que parce que Pierre-Marie a accédé à la demande de la mère et qu'il a mis au service de cette demande toute sa probité et l'efficience de ses gestes. Les choses se seraient-elles déroulées ainsi si la mère n'avait pas eu l'attitude qu'elle a eue ? Si bien qu'on peut, comme je l'ai immédiatement pensé, la créditer, elle et elle encore, de cette troisième résurrection survenue par simple personne interposée. Si sa toute-puissance a produit cette fois-là ses effets par l'intermédiaire d'un tiers c'est tout de même elle qui a renvoyé ce tiers, qui n'y croyait plus et qui était censé avoir assez d'autorité pour imposer son avis, officier à nouveau auprès de son enfant. Elle restait sans conteste maîtresse du jeu, générant chez ses interlocuteurs ce sentiment aussi puissant qu'impossible à qualifier, bouleversant chacun d'eux sans exception sur son passage, comme si, évoluant sans mal sur le fil du rasoir, elle avait décidément porté sur elle la marque de cet universel que j'évoquais et dont je disais que chacun croyait pouvoir le reconnaître tout en regrettant ne l'avoir, hélas, jamais connu.

Une mère contre la mort.
Elle était cela.
Ce que, autrement dit, toute mère rêve d'être, tout en étant désespérée de savoir par avance qu'elle ne pourra jamais y parvenir. Tu ne mourras pas parce que je suis ta mère et que je suis là pour t'interdire cette issue. Répète après moi : « Je ne mourrai pas puisque j'ai ma mère... Je L'ai. Elle M'a. Je ne mourrai pas parce que, elle et moi, nous unissons nos forces : tant que nous serons ainsi l'un(e) avec l'autre, l'un(e) à l'autre, réciproquement, rien ne pourra jamais nous arriver. Pas plus à elle qu'à moi. Entre elle et

moi, entre moi et elle, n'est-ce pas " l'amour à mort " ? »
Curieuse expression, soit dit en passant, que ce voisinage
forcé des contraires ? À moins qu'on ne dise cela comme
on dirait « la cuiller à soupe » – la soupe spécifiant la fonction de la cuiller comme la mort spécifierait celle de cet
amour, matrice première de tout amour.

Il n'est pas une mère qui ne sache tout cela et qui ne
fasse, de cet encombrant savoir sur la mort, qu'elle donne
en même temps que la vie, le prétexte de la folie qui sera
désormais la sienne et à laquelle, quoi qu'elle fasse ou
veuille, elle ne pourra plus jamais se soustraire.

C'est d'ailleurs cette folie qui, sans qu'elle s'en aperçoive,
l'incite à fuir la réalité et à entretenir méticuleusement le
fantasme que son enfant ne serait jamais sorti d'elle. Se
conformant à la logique comportementale que sa grossesse
a greffée sur elle, elle s'évertuera à maintenir fébrilement
cet enfant dans la même illusion, guettant l'éclosion du
moindre de ses besoins et se précipitant, au plus petit de
ses cris, pour le satisfaire sans retard. Elle s'évertuera à le
deviner et à le combler au-delà du possible pour lui éviter
de percevoir le moindre inconfort ou de souffrir de la
moindre attente, lesquels leur signifieraient alors à tous
deux qu'ils ne sont plus, hélas, dans l'emboîtement mer-
veilleux qui a prévalu de si longs mois et qui aura eu ainsi
la malencontreuse idée de prendre fin. Est-il nécessaire de
préciser que ces violentes et surtout très naturelles pulsions
incestueuses [1] visent tout enfant sans distinction de sexe.
Rien que de très louable, somme toute ! *Incestus*, le mot
latin, signifie « non manquant ». Et n'importe-t-il pas –
notre environnement sociétal qui prône l'éphémère (l'effet-
mère) ne cessant pas de nous y encourager – qu'un enfant
ne manque de rien ? Le fantasme prend d'ailleurs plus de
force encore aujourd'hui que la généralisation de la péridurale est parvenue à effacer dans la mémoire jusqu'à la
trace de cette douleur par laquelle une mère était censée

---

1. Voir *De l'inceste, op. cit.*

être invitée à se plier, tôt ou tard, aux conséquences les plus bénéfiques de la séparation très réelle des corps.

Cela ne doit pas pour autant faire conclure à la dangerosité ou à la nocivité extrême de ce fantasme incestueux. Car il est indispensable. Et, tant qu'il demeure dans des limites raisonnables et gérables, tant qu'il reste perceptible comme fantasme et qu'il ne se confond pas avec une conviction délirante, il a pour vertu incontestable de servir de point d'appui à l'impulsion des forces de vie qui peuvent répétitivement s'alimenter aux intentions qu'il promeut. L'assurance d'avoir été aimé par une mère correctement maternante confère, pour la vie entière et à un homme comme à une femme, un solide sentiment de sécurité. Le bridage excessif de ce fantasme, tout comme son absence radicale – effets, l'un et l'autre, de l'histoire de la mère –, loin d'être souhaitables ou rassurants, compromettent en revanche de la façon la plus fâcheuse la suite de l'aventure. Le vœu de vie radical fou, hurlant et violent jusqu'à l'excès cède le pas alors, en effet, aux seules forces de mort qui envahissent le terrain et qui peuvent conduire directement à la disparition physique de la mère ou de l'enfant ou aux pires dégâts psychiques chez l'un et/ou l'autre.

Si une mère, sidérée par ce que lui commande son aventure de maternité, s'adonne, mécaniquement et dans une forme d'autisme impassible et formel, à ses tâches, elle n'apportera à son enfant rien de plus que des éléments de réalité dont elle se fait une pourvoyeuse souvent certes attentive mais toujours dénuée d'émotions et quasi anonyme. L'enfant ne sera qu'à grand-peine introduit au langage. Et rien de l'aventure, qui a procédé à sa conception ou à sa venue au monde, ne revêtira la moindre importance ou ne sera transmis de quelque façon que ce soit. L'allusion à une telle perspective ou l'invitation, voire l'incitation qui pourraient être faites à une telle mère de modifier sa conduite ne seraient pas rejetées ou jugées inutiles, elles seraient tout simplement non entendues. Ç'aura été comme si, réduit à son seul corps biologique – au demeurant correctement voire méticuleusement entretenu –, l'enfant se voyait tout simplement interdire l'accès au moindre élément de son humanisation : sa mère, à peine présente elle-même à ce qu'elle vit, n'éprouverait aucun besoin, et trouverait même inutile, stupide et inconvenant, de le référer à une quelconque instance extérieure à elle et qui pourrait, de ce fait, avoir un statut tiers adjuvant.

Ce n'est pas seulement de son père que l'enfant serait ainsi mis à l'écart, mais de toute autre personne ou de toute instance qui pourrait de quelque façon que ce soit s'y substituer ou en faire office. Et cette carence lui fera défaut la vie durant. Au point que lorsque les circonstances la révéleront en lui imposant de l'affronter il se réfugiera dans une hallucination ou un délire. À moins que, croyant percevoir, certaines circonstances aidant, l'imminence de sa propre disparition, il ne se lance dans un violent investissement homosexuel, croyant pouvoir se raccrocher ainsi à quelque chose qui évoque pour lui sa propre personne. Son développement psychique prend une voie dont les sous-variétés comportementales ne traduisent rien de plus que la coloration singulière que revêt parfois, au fil du temps, la relation demeurée à jamais duelle. Il ne s'éprouvera de fait jamais autrement que comme un mort en problématique sursis, résumant sa survie à l'acquisition d'un certain nombre d'automatismes psychiques et mentaux susceptibles de le maintenir au moins dans son état. Ce n'est pas lui qu'on verra répétitivement fébrile ou malade. Il est en effet exclu qu'il puisse laisser imprudemment son corps flirter avec la maladie qui, de quelque ordre qu'elle soit, demeure toujours de l'ordre du langage et donc de l'expression subjective, laquelle, bien entendu et on l'aura compris, lui fait foncièrement défaut. C'est pourquoi les psychanalystes, qui prennent en charge son difficile traitement, accueillent toujours avec enthousiasme les manifestations somatiques qu'il s'autorise dans la cure et aussi grâce à elle.

Il n'est pas toujours facile, derrière des attitudes qui donnent longtemps le change, de repérer l'installation de tels tableaux dans le tout petit âge. Et il est plus rare encore, sinon exceptionnel, de parvenir à intervenir un tant soit peu sur leur évolution. Cela m'est cependant arrivé. Mais je n'en tire aucune gloire car on verra que l'évolution favorable à laquelle j'ai pu assister a plus été le fait d'une cascade de coïncidences que d'une action clairement définie et programmée.

J'ai vu pour la première fois Léa à l'âge de trois semaines et j'ai tout de suite été frappé par son indifférence totale et son extrême hypotonie. Elle était molle de partout et aussi réactive qu'une poupée de chiffon, alors qu'elle ne souffrait d'aucune maladie physique repérable. Elle est restée ainsi tout au long des semaines qui ont suivi et on imagine avec quelle inquiétude j'ai guetté l'éclosion d'une réactivité qui ne venait décidément pas. Elle était la seconde enfant d'une mère dont je suivais depuis trois ans la fille aînée et qui avait ceci de particulier que je l'ai toujours connue quasi mutique. Je n'ai en effet jamais pu entamer avec elle le moindre bout de dialogue. Elle n'a jamais répondu à mes questions, discours ou commentaires autrement que par de chiches monosyllabes. Au point que je me suis souvent interrogé sur son attitude et en particulier sur ce qui pouvait, derrière cette réserve extrême, motiver sa fidélité à mon endroit.

Après cette seconde naissance, je l'ai trouvée un peu plus éteinte que d'habitude. Mais j'ai cru pouvoir mettre son état sur le compte d'une fatigue éventuelle occasionnée par les suites de couches et le toujours inattendu surcroît de travail que procure une nouvelle naissance. À deux mois et demi de vie, la persistance de l'indifférence totale de Léa m'est cependant devenue insupportable. Et j'ai imaginé pouvoir la mettre sur le compte d'une surdité congénitale que je me suis alors employé à rechercher en recourant aux services d'un circuit hospitalier idoine. Par un hasard des plus curieux, j'ai reçu, un jour, un coup de fil d'une orthophoniste qui m'a dit avoir, sans trop savoir pourquoi ni comment, Léa et sa mère en face d'elle et n'avoir évidemment pas la moindre idée de ce qu'elle pouvait leur apporter. Une compétence orthophonique appliquée à un bébé de cet âge est en effet proprement inconcevable. Sous l'effet subit de je ne sais quelle intuition, au lieu de reconnaître ou de dénoncer la fausse manœuvre, j'ai demandé à cette dame comment la mère se comportait avec elle. Elle m'a appris que leur relation semblait s'être bien nouée et que leur dialogue était agréable, détendu et fourni. Je lui ai alors succinctement confié la nature de mon malaise et je lui ai demandé de continuer de revoir cette mère et son enfant, lui proposant de lui adresser à cet effet une ordonnance de trente séances de rééducation. Ce qui fut fait. Je n'ai pas eu à relever par la suite de grands changements dans l'attitude de la maman de Léa à mon égard. En revanche, j'ai vu la petite littéralement éclore sous mon regard, émerger peu à peu de son indifférence et recouvrer de plus en plus vite les comportements rassurants de son âge.

Le plus amusant, et probablement le plus édifiant dans cette histoire, c'est que, quelques mois plus tard, la Sécurité sociale, requise de rembourser les soins que j'avais prescrits, a refusé de s'exécuter laissant entendre – à juste titre, d'ailleurs – que ma prescription était à tout le moins farfelue. J'ai néanmoins pris la peine de plaider minutieusement le dossier auprès des services médicaux en montrant que les soins en question, s'ils sortaient de l'ordinaire, avaient tout de même eu pour mérite, compte tenu du contexte, d'avoir évité à l'enfant une orientation psychotique quasi certaine et que c'était payer fort peu cher un tel résultat. Fait exceptionnel de la part d'une administration généralement sourcilleuse, mon argumentation a été entendue et la prise en charge acceptée.

C'est seulement onze années plus tard, alors que Léa était une préadolescente en excellente santé, que je parviendrai à comprendre quelque chose à ce qui est intervenu dans cette histoire. Sa mère m'a en effet appelé un jour pour me demander l'adresse d'un psychiatre pour son propre père, lequel avait tenté de se suicider quelques jours auparavant. Nous avons eu à cette occasion, au téléphone, la plus longue conversation de notre relation. Elle a réussi à me raconter qu'au troisième mois de sa grossesse de Léa, elle avait appris au cours d'un épisode orageux et dramatique, de la bouche de sa mère dont elle était la deuxième fille (tout comme Léa était sa seconde), que son père n'était pas son géniteur. On imagine que l'incident ait pu être suffisamment bouleversant pour l'avoir amenée à brutalement désinvestir sa grossesse et à s'absenter en quelque sorte de la naissance et du devenir de son enfant – la profonde indifférence de Léa n'avait somme toute été que le reflet de la sienne propre. De tout cela, elle ne pouvait évidemment pas me souffler mot. J'étais un homme et cela suffisait à me disqualifier. Il est somme toute heureux qu'elle ait rencontré cette femme orthophoniste et qu'elle soit parvenue à la mettre en place d'une mère plus bienveillante que n'avait été la sienne à cette étape cruciale de son existence et de celle de l'enfant qu'elle portait. C'est en effet grâce à la relation qu'elle a nouée à cette praticienne providentielle qu'elle a réussi à sortir de son apathie, habiter de nouveau la vie et délivrer à Léa les messages qui lui étaient indispensables.

À l'opposé de ce cas de figure, on trouve une mère autrement plus concernée mais qui a pris conscience depuis longtemps du tragique de la vie et plus encore du tragique de toute aventure de procréation. Elle en a d'ailleurs été suffisamment effrayée pour avoir hésité longtemps à s'y commettre, ne s'y résolvant souvent que sous la pression du temps qui passe – ce qui permet de comprendre comment et pourquoi l'âge des premières maternités, dans nos sociétés surnanties, ne cesse pas de s'élever. Elle aura donc franchi le pas à reculons et seulement après avoir élaboré un plan de protection soigneux contre un bouleversement dont elle subodore l'ampleur. C'est, de fait, son expérience personnelle de vie qui aura conduit de bout en bout sa réflexion. Entretenue dans une obsédante terreur de la mort, elle veillera à éviter de se trouver confrontée à l'inéluctable et elle pensera pouvoir le contourner en multipliant les protections autour de son enfant. À l'inverse de la mère précédente, c'est dans un souci extrême d'efficience qu'elle s'adonnera sans réserve à sa propension incestueuse.

On la verra multiplier ses sources d'informations pour être sûre de tout comprendre, de tout maîtriser, d'avoir les

bons gestes et les conduites appropriées. Elle aura à cœur
de repérer dans tous les domaines ce qui est le mieux pour
son enfant et elle s'évertuera à le combler dans toutes les
directions, à tout moment et de toutes les façons possibles.
Ce n'est pas elle qu'on verra exécuter mécaniquement sa
tâche. Elle l'accomplira, bien au contraire, dans une sorte
de fébrilité et avec un certain bonheur, lequel serait efficient voire idéal s'il n'était constamment mêlé d'une forme
muette, mais impressionnante, immaîtrisable et quasi pal-
pable, de désespoir. Exactement comme si elle n'entretenait
en réalité aucune illusion sur la portée du discours –
auquel, pourtant, son formalisme pourrait laisser croire
qu'elle adhère – que l'environnement entretient autour de
la mère, de la maternité et de l'enfant. Et que, par-delà
l'assomption parfaite de sa mission, elle était intimement
pénétrée de l'inanité ultime de ce qu'elle fait, de ce qu'elle
apporte ou de ce qu'elle donne. N'ayant jamais réussi à percevoir, pour son propre destin, la moindre importance de
la place de son propre père, elle ne peut en aucune manière
se résoudre à investir de manière consistante celle de son
partenaire pour leur enfant commun. Elle est cependant
suffisamment au fait de la souffrance que cette carence lui
a infligée pour ne pas totalement rejeter le recours à toute
instance tierce. N'ayant pas plus que quiconque la possibilité de s'inspirer d'un autre modèle que celui qu'elle a
connu et néanmoins soucieuse, sous la pression de son
entreprise et au nom de l'amour authentique qu'elle porte
à son enfant, de s'en écarter un tant soit peu, elle croira
pouvoir résoudre son dilemme en investissant comme elle
le pourra un être tiers de son entourage auquel son enfant
sera en quelque sorte dévolu. Ce pourra être sa mère, son
père, son beau-père, un oncle, une tante, une amie, voire
son confesseur, son (ou sa) psychanalyste, si ce n'est tout
simplement le médecin qu'elle consulte pour son enfant. Ce
sera tout comme, d'ailleurs, puisque, autant qu'ils sont, ces
personnages ne servent qu'à suppléer la fonction d'un partenaire qu'elle ne juge pas à la hauteur de la tragédie qu'elle
traverse en déployant des efforts louables pour ne pas y
penser. Bardée dans sa culpabilité et seulement préoccupée

d'en alléger le poids, elle n'aura transmis à son enfant que la conscience aiguë de la permanence de la menace en l'invitant à veiller sans relâche à s'en défier, à s'y soustraire autant qu'à s'y soumettre comme à un maître infaillible. C'est cette obsession, mère de toutes les autres, qui mettra en place chez lui ces mécanismes qui lui interdiront d'occuper de plain-pied une place de vivant parce qu'ils doivent essentiellement lui permettre de se terrer pour échapper à une mort omniprésente dont la seule évocation le trempe dans l'effroi et la paralysie. C'est cette même obsession qui générera chez lui le constant souci de briller aux yeux de sa mère, de la rassurer de toutes sortes de manière et à toute occasion, et de tout faire enfin pour tenter, vainement hélas, de la satisfaire et de la distraire de sa fascination pour le spectre qui la hante indéfiniment.

On imagine comment, sur un terrain miné à ce point, l'énergie ne pourra se déployer qu'au service d'une préoccupation exclusive de soi et d'une auto-réassurance tous azimuts, lesquelles contraindront à de longues hésitations devant le moindre choix, au développement d'un doute continuel contre lequel seront dressées, entre autres barrières, la multiplication des précautions, la méticulosité appliquée à toute entreprise et la rigidité de l'ensemble des comportements, le tout parvenant à donner le change et à se dédouaner grâce à une rigueur apparente – mais seulement apparente, car la rigidité est loin d'en être exclue – de la pensée.

C'est parce qu'elle a pris très tôt le parti de préférer la réalité de la procréation à la supputation de ses conséquences, qu'une autre mère, de la troisième catégorie en quelque sorte, décidera avec une violence à hauteur de sa détermination de ne pas s'en laisser conter et de prendre le problème comme elle estime, elle, qu'il doit être pris, c'est-à-dire à bras-le-corps. Assumant seule l'inévitable culpabilité que met en elle son aventure, elle entreprend sans la moindre hésitation de relever, à sa manière, ce qu'elle perçoit comme un insupportable défi. Sans rien nier des données objectives et subjectives d'un projet qu'elle a, en conscience et pour quantité de raisons différentes, investi voire surinvesti, elle résoudra son débat en se considérant comme à jamais responsable exclusive de l'être et du devenir de son enfant. Nul n'aura donc sa confiance en quelque secteur que ce soit et elle aura toujours beaucoup d'arguments à fournir pour écarter les critiques sur sa conduite ou ses manières de faire. Aucun raisonnement ne pourra la convaincre de vivre son quotidien d'une manière autre ou plus détendue. Elle récusera en effet toute éventuelle intervention sur le caractère angoissé de ses conduites et elle réagira aux conseils et aux propos avec une forme de conviction qui lui conféreront une attitude qui sera jugée insupportable parce qu'on n'en aura pas perçu le versant phobique.

Elle a, en effet et à tous égards, un comportement de phobique. À ceci près que sa phobie ne peut pas être matériellement assignée et encore moins dénoncée. On sourit éventuellement de celui qui ne peut pas prendre l'ascenseur, sortir de chez lui, ou approcher des chiens. On le supporte et on se montre compréhensif à son endroit, allant parfois jusqu'à quitter le registre de la condescendance qu'il suscite pour s'apitoyer sur son sort. Ses craintes sont tellement étrangères à nos propres perceptions qu'elles ne trouvent en nous aucune résonance. Mais qui serait assez fou pour se ficher de la mort ou pour dire ne pas s'en sentir concerné ? C'est pourquoi nul ne peut demeurer indifférent à l'attitude de cette mère-là et ne peut sans réagir la laisser lui rappeler en toutes circonstances l'identité de l'ennemi juré commun en se payant de surcroît le luxe de lui infliger une insupportable leçon de courage. Or, c'est cela, c'est tout cela, qui va orienter de façon toujours autarcique l'intégralité de ses choix. Le père de l'enfant peut toujours donner son avis, cela ne sera que rarement suivi d'effet. Non qu'elle n'en ait cure ou qu'elle n'éprouve pas de sentiment à son endroit. Mais que sait-il et que peut-il même savoir ou comprendre, lui, homme, d'un débat qui lui est par définition totalement étranger ?

S'il arrive parfois que des propos tiers, essentiellement féminins d'ailleurs, puissent être entendus voire agréés, c'est seulement dans la mesure où ils confortent sans réserve la position de principe. Les prises de décision, en quelque domaine qu'elles interviennent seront donc toujours hiérarchisées. Celle du mode de garde par exemple s'imposera dans un ordre dont il sera difficile de s'écarter, même si les circonstances l'imposent. À l'opposé de la mère précédente qui est prête à les déléguer à qui en veut, c'est à elle, et à elle seule, que celle-ci pense dévolus la garde et l'élevage de son enfant. Et elle est d'ailleurs prête à quantité de renoncements pour y parvenir. À défaut de satisfaire cette exigence, c'est à une employée à la maison, quand la chose est possible, qu'irait sa préférence, laquelle privilégierait, autrement et dans l'ordre, une assistante maternelle à une crèche familiale et une crèche familiale à une crèche collective. Elle ne confiera jamais en outre, de gaieté de cœur ou dans la détente, le moindre soin de son enfant à qui que ce soit. Si elle est néanmoins contrainte de le faire, ce ne sera que la main forcée et en gardant sans relâche un œil jaloux sur tout ce qui risque de se passer. Ses éventuels substituts auront droit à une longue série de consignes écrites et seront fréquemment invités à consigner sur un carnet *ad hoc* le moindre événement qui se sera produit. L'environnement immédiat de l'enfant comportera, de la façon la plus repérable, la plus claire et la plus détaillée, toutes les indications sur les lieux où la joindre ainsi que sur les manières de procéder pour le faire. Elle concédera en second plan, et en général en bien plus petits caractères, une série de numéros de téléphone où viennent en premier lieu les seuls substituts qu'elle consent à se reconnaître comme autant d'instruments de ses prérogatives et de son pouvoir, à savoir le SAMU et le centre antipoison, ainsi que, parfois et dans l'ordre, l'urgentiste, le pédiatre (femme, de préférence) et le médecin généraliste. C'est seulement ensuite, en général en bien plus petit encore et dans un ordre lui aussi précis, que viendront les numéros du père de l'enfant et celui des grands-parents, en général maternels.

C'est trois ou quatre fois au moins qu'au cours d'une soirée, sous prétexte de savoir si tout se passe bien, elle appellera au téléphone la baby-sitter dont la présence lui avait en principe ôté tout motif raisonnable de refuser une sortie dont elle était prête de se passer. C'est plusieurs fois par jour qu'elle appellera ses parents, voire son partenaire, quand elle aura par hasard ou par nécessité accepté, la mort dans l'âme (c'est vraiment le cas de le dire !), de s'absenter un ou plusieurs jours. Même sa relation aux soins médicaux de son enfant porte la trace de sa préoccupation première. Elle voudra tout savoir, tout contrôler, tout gérer : du régime alimentaire aux traitements médicamenteux, tout devra en passer par ses choix et ses vues et elle n'aura de cesse que de se trouver le praticien qui ira exactement dans son sens, l'investissant d'autant qu'elle aura cru en avoir été devinée. On la retrouve souvent de ce fait dans la salle d'attente des homéopathes. Voilà des praticiens délicats et compétents qui savent la soutenir et excellent à la narcissiser en lui posant une foule de questions sur les manifestations les plus anodines du comportement de son enfant, la confortant ainsi dans le soin méticuleux du recueil qu'elle en fait et la rassurant du même coup sur la qualité de sa vigilance. Et puis n'est-il pas notoire que les médications qu'ils prescrivent agissent avec beaucoup de douceur, conférant au corps de l'enfant de meilleures défenses en lui faisant fourbir ses propres armes, alors que les autres médications, par trop brutales, ne s'adressent, elles, qu'à la seule maladie qu'ils sont censés combattre ?

La prétention à une telle maîtrise n'apparaît comme telle ou excessive que relativisée par rapport à d'autres modes de comportement et encore pour le seul observateur extérieur de la situation. Mais elle n'est jamais mise en doute ni dans sa pertinence ni dans son efficacité et encore moins dans sa nécessité par l'enfant qui l'intériorisera au fil des jours et des mois et qui s'en trouvera marqué pour la vie d'une façon indélébile. Toutes les relations qu'il investira en seront en effet affectées et les « maîtres » qu'il cherchera et qu'il se choisira le seront pour lui avoir paru les seuls capables de partager avec lui la véritable haine de la mort qui impulse chacune de ses actions parce que son statut dans le désir de sa mère la lui aura fait concevoir. Les ayant rencontrés, ces maîtres, il tentera de recréer avec eux la même relation – rassurante – qu'il avait avec sa mère sur laquelle tout le laissait croire, y compris les soins sans nombre dont il a été l'objet, qu'il régnait.

Si j'ai regroupé ces trois grands modèles de mère, c'est parce qu'en dehors de leur distribution statistique variable en fonction des cultures, ils ont en commun de produire sur l'enfant des effets sensiblement similaires d'un sexe à l'autre. Léa dont j'ai minutieusement rapporté le cas était, certes, une petite fille ; mais j'aurais pu tout aussi bien raconter l'histoire d'un garçon qui eût été voué au même sort. On sait par ailleurs que les hommes ne sont pas seuls à vivre les affres de l'incertitude et à s'adonner pour la combattre aux ritualisations, collections, vérifications compulsives et autres stratagèmes de camouflage. Quant aux candidats à faire le bonheur des autres et à sauver une humanité qui leur serait alors reconnaissante, on retrouve leur atavisme dans l'un comme dans l'autre sexe.

La particularité du quatrième grand modèle, qui prend ici sa place, tient au fait qu'il affecte de manière patente et repérable sa seule descendance masculine. C'est, poussée à l'extrême, l'illustration de ce que j'ai déjà clairement énoncé sans toutefois l'avoir encore démontré, à savoir que, lorsque la relation des mères et des filles sombre dans le marasme, c'est, toujours et quels que soient le type, la nature ou le contenu de ce marasme, un garçon qui écope de façon patente et bruyante à la génération suivante. Aux dires des professionnels qui en auraient beaucoup vus, ce modèle ne serait statistiquement guère plus rare que les précédents. J'avoue, pour ma part, ne pas pouvoir en juger et encore moins en témoigner. Car, même si les écrits théoriques auxquels j'ai eu accès, voire les quelques rares récits de patients, m'en ont enseigné le tableau, je n'en ai pas eu d'expérience directe concluante. Ce qui s'explique au demeurant sans grande difficulté. Mon recrutement qui procède par le bouche à oreille n'aura pas pu en effet conduire de telles mères jusqu'à moi. Et s'il est jamais arrivé à d'aucunes d'entre elles de franchir accidentellement la porte de mon cabinet, elles se seront sans doute empressées, compte tenu de ce que dégage mon contact, de ne plus y revenir. Ce qui m'aura privé, à mon insu et à mon grand regret, de la possibilité de les reconnaître et d'approfondir leur observation. Il m'est néanmoins arrivé de subodorer quelquefois leurs particularités dans le récit que m'ont parfois rapporté leurs filles devenues mères à leur tour.

Ces mères sont en effet des mères imposantes mais hantées, captives et quasi composites parce qu'elles sont porteuses de tout le poids et de la présence inévacuable des générations d'ascendance féminine qui se sont succédé au-dessus d'elles et dont elles ont gardé une mémoire quasi idolâtre. Le plus souvent faite de mères de l'un et/ou de l'autre des trois premiers modèles, cette généalogie a comme particularité d'avoir peu à peu voué une sorte de culte exclusif au féminin, non seulement dans le rapport au corps mais dans les modalités de perception, dans la manière de penser et de sentir et jusque dans la manière de recevoir et d'appréhender le monde. La pensée qui y a circulé s'avère en effet avoir toujours été incapable de prendre en compte ou en considération l'autre sexe, le masculin n'ayant jamais revêtu, dans ce contexte, d'autre statut que celui d'hélas inévitable pourvoyeur de semence. Le cas extrême de ce type de disposition ayant été fourni, ces dernières années, par cette jeune Anglaise vierge qui a défrayé la chronique en revendiquant, de façon retentissante et par voie de justice, le droit de se faire inséminer de manière artificielle. Un tel résultat n'est pas l'effet d'une mutation brutale, instantanée ou fortuite. Il est l'aboutissement d'un processus progressif mais inéluctable. Il s'est en effet produit, au fil des générations, une forme de traversée du fantasme le plus banal qui soit.

Si toute mère caresse, comme on l'a vu, d'une façon naturelle et au demeurant salutaire, celui de l'immortalité de son enfant et en conséquence de la sienne, elle finit tôt ou tard par le reconnaître comme tel, s'en déprendre et le vider de son contenu. Là, par un effet de sommation et de radicalisation, le fantasme s'est renforcé à chaque génération au point de ne plus pouvoir être reconnu. Une première fille commence par garder une foi inébranlable dans la toute-puissance de sa mère. Sa fille héritera du même sentiment qu'elle renforcera un peu plus au point de renoncer à interroger le pouvoir de donner vie et mort. À la génération suivante cela ira encore plus loin pour aller plus loin encore à la génération d'après. Jusqu'à ce qu'il y en ait une qui parvienne enfin à adhérer intimement au désir d'immortalité que sa mère a eu pour elle aussi bien qu'à la croyance que sa mère est immortelle. La mort n'aura plus alors, au fil des générations, aucun statut dans la vie commune des mères et des filles. Sa réalité, son existence – qui ne peut bien entendu pas être récusée, nous ne sommes pas dans le registre du délire ! – sera dévolue aux autres, à tous les autres, mais aux autres seulement. Un certain nombre de générations se seront ainsi succédé sans que jamais les deuils commandés par la mort réelle n'aient été entrepris. Au bout d'un enchaînement d'un ordre indéterminé, la notion aberrante de cette double immortalité aura acquis le statut d'une évidence telle que chacun serait invité à s'y rallier, sauf bien sûr à vouloir rester stupidement croupir dans sa dénégation. Il ne s'agit cependant pas là non plus, comme on pourrait le croire, d'une conviction délirante commandée par le culte implicite de l'ascendance. L'évidence est posée comme telle. Elle est, par définition, intangible et elle ne se discute pas.

La mère d'une fillette de quelques mois me confie un jour le ravissement dans lequel l'a mise sa maternité, ajoutant qu'elle souhaite voir leur relation ultérieure prendre l'exact chemin de celle qu'elle entretient à sa mère, laquelle vit en province et lui manque terriblement malgré leurs trois coups de fil quotidiens et les lettres de dizaines de pages qu'elles s'écrivent tous les jours. Comme je n'ai pas pu m'empêcher de hausser un sourcil, elle s'est sentie heurtée par mon étonnement et m'a demandé ce que je pouvais avoir à redire d'une relation d'amitié, somme toute la plus fiable qui pût être.

Le déni de la mort – à l'origine de tous les autres dénis et en particulier de celui de la différence des sexes –, qui court ainsi en se renforçant tout au long de l'histoire, fait de la vie une forme de survie étriquée et souvent revendicative.

Il n'engendre ni accablement ni passivité mais une forme de froideur, de dureté et d'autoritarisme hors du commun. Ce qui fait parfois le lit d'une adhésion opportune à une idéologie où se côtoient la notion de mortification et la croyance dans la vie éternelle. La chair, vécue dans la honte sinon dans la haine, trouve alors les meilleures conditions pour s'emparer de l'idée de péché capital qui le restera jusque dans son évocation. La pruderie, la pudibonderie et la psychorigidité se mettent elles aussi de la partie, risquant de faire passer à tort une homophilie féroce – autre manière de nommer ici une allégeance exclusive aux seules et mêmes valeurs féminines – pour une homosexualité refoulée. Ce qui se passe en réalité c'est qu'une telle femme n'ôte jamais sa culotte. Elle « porte la culotte » sans relâche, en tout lieu et en toute circonstance. Et ce n'est pas une culotte simple ! C'est une culotte d'acier inaltérable, à la fois instrument de puissance, ceinture de chasteté et blason de reproche infini qui signale l'absence totale d'investissement du partenaire. Le père de l'enfant n'est pas seulement inexistant. Exclu du panthéon des immortelles, il est tout simplement mort, mort réel ou mort-vivant, ce qui ne fait pas grande différence. On comprend dans ce contexte l'étendue du désert affectif dans lequel la venue de l'enfant opère une diversion passagère mais fondamentale puisque ce sera une génération de plus à vouer au culte de l'antériorité.

Si l'enfant est une fille, elle a toutes les chances d'avoir à faire sien un credo auquel elle est fermement invitée à souscrire. Si c'est un garçon, il aura les pires difficultés à simplement se faire une place de vivant. Percevant en effet très tôt que son premier objet d'amour, sa mère, se comporte comme si elle était immortelle il est tenté de s'identifier étroitement à elle – ce qui est une option tout de même plus attractive que celle qui consiste à s'engager sur la voie d'un père déjà mort ! Mais il sait aussi qu'il est un garçon, qu'il est fait comme tous les garçons, comme tous les hommes, comme son fameux père et, hélas, pas comme sa mère. On conçoit que la contradiction à laquelle il se trouve confronté puisse lui apparaître longtemps insurmontable. Il finit cependant par trouver un tour de passe-passe, une entourloupe, qui lui permet de la dépasser – pourquoi ne se permettrait-il pas d'ailleurs une telle tricherie, alors qu'au-dessus de lui la tricherie a été hissée au statut de philosophie de vie ? Il aura la possibilité de vivre, et même de pouvoir échapper à sa mère, à partir du moment où il la prendra tout simplement, elle, comme référence, sans se laisser arrêter par leur différence sexuelle. Puisque tout semble lui dire qu'il n'est pas fait comme elle et qu'il serait même prêt à en convenir, il lui suffit, pour résoudre le dilemme, de décréter en même temps qu'elle est faite, elle, en tout cas, exactement comme lui. Il est désormais prêt à professer qu'elle est la seule femme de la création à être ainsi pourvue de pénis. La certitude qu'il se forge ainsi le pacifie et lui fait clore un certain temps le douloureux débat. Mais quand il aura à confronter à la réalité l'aberration dont il a été l'auteur ingénieux, innocent et téléguidé, pour ne pas être contraint de voir ce qu'il y a sous la fameuse « culotte », il investira le fétiche accourable qui aura été à portée de main ou de regard quand il ne se résignera pas à opter pour une homosexualité destinée à le préserver de la déflagration qu'il craint de voir survenir sous l'effet de la confrontation à une vérité qui le ravalerait au rang de son père mort.

Cet inventaire achevé, disons tout de suite que ces modèles de mères très tranchés et à la limite de la caricature ne sont pas les seuls. Il en existe quantité de nuances et de sous-variétés avec, bien évidemment, autant de nuances et de sous-variétés comportementales des enfants. D'autant que les données initiales susceptibles d'influer sur le devenir de ces mêmes enfants peuvent être atténuées ou radicalisées par toute une série de facteurs familiaux, relationnels, historiques ou environnementaux. Les figures paternelles, en particulier, peuvent y être moins estompées qu'il n'a été dit – et nous aurons à y revenir. Mais ce qu'il importe par-dessus tout de souligner – et la clinique pédiatrique le montre mieux que toute autre –, c'est que de tels modèles ne sont pas exclusifs les uns des autres et qu'ils peuvent cohabiter chez la mère unique de plusieurs enfants, sans pour autant lui faire ressentir le moindre inconfort ni lui faire percevoir la moindre contradiction dans des conduites parfois radicalement différentes. Il n'y a d'ailleurs pas que l'observation qui en atteste. Tous les discours que l'on peut entendre témoignent en effet pour l'existence de telles différences. Et tout individu ayant vécu dans une fratrie est à même de décrire et de caractériser, avec une précision toujours confondante, la relation de sa mère à ses frères et sœurs – nécessairement autre que celle qu'il a connue et dont il se plaint. Il arrive d'ailleurs parfois, à l'écoute de certains récits, qu'on doive prendre acte de la légitimité de certains sentiments de jalousie. Ce n'est donc pas faux, et c'est même bon, de dire à un enfant, ou à chacun dans une fratrie, qu'il a, ou qu'il a eu, une mère qui était la sienne et seulement la sienne et qu'elle cohabitait dans le même corps que celles de ses frères et/ou sœurs.

C'est ainsi en tout cas, et pas autrement, que se dessine le paysage dans lequel évoluent nos semblables. Nul ne pouvant échapper au destin que sa mère aura forgé pour lui au moyen de la relation subtile qu'elle entretient aux forces de vie et de mort. Car c'est à cet âge et par ce type subtil d'échanges que se met en place, chez chaque individu, l'ébauche – qui se renforcera et se fixera ultérieurement dans la traversée de l'étape œdipienne – de ce que l'on appelle sa structure et dont on est généralement porté à croire qu'elle lui serait échue par un effet de hasard ou par une quantité incomptable de facteurs auxquels on donne le nom d'« histoire ». Si l'histoire intervient – et je ne nie pas qu'elle le fasse, loin de là ! – c'est toujours en amont de cette étape, c'est-à-dire en intervenant et en fabriquant la relation que la mère entretient à sa maternité.

Ainsi peut-on comprendre que la structure qui échoit à un individu ne puisse jamais, quels que soient son parcours, sa trajectoire ou sa durée de vie, être changée ou profondément modifiée. Elle ne peut éventuellement qu'être allégée, aménagée en quelque sorte, ce qui peut tout de même passablement amender les effets de ses données brutes et rendre le quotidien plus vivable pour le sujet lui-même comme pour son entourage. Il est néanmoins impératif que cela soit dit clairement et sans la moindre ambiguïté. Si le premier âge, avec l'ampleur de ses moissons, le déficit de son pouvoir discriminatoire et la violence de sa réactivité, établit quelques passerelles entre les ébauches des différentes structures qu'il aura cru devoir construire avant de se choisir celle que les messages répétés de sa mère lui imposeront, il leur donne en même temps leur conformation et leur statut définitifs. Ce n'est pas parce que le psychisme de chaque individu recèle un noyau psychotique ou que certains obsessionnels empruntent des traits d'hystériques, et inversement d'ailleurs, qu'on peut imaginer, par quelque procédé thérapeutique que ce soit, faire changer un individu de structure. La structure n'est en effet rien d'autre qu'un appareil, aux caractéristiques précises forgées à un âge très précoce et parachevé à peine plus tard, qui permet au psychisme de filtrer et de coder toute information en termes de vie et de mort puisés, entre autres éléments concourants, dans la relation à la mère en fonction directe de l'étalonnage de cette relation. Les éléments organisateurs fondamentaux qui s'y sont inscrits n'ont pu le faire que très profondément et d'autant que le substratum qui les recevait était encore passablement vierge et éminemment réceptif. Le recueil des informations, des injonctions ou des ordres, celui de toutes les dispositions de la mère à l'endroit de chaque événement, façonne un cerveau en plein développement qui recueille et emmagasine, de façon inatteignable et donc inexpugnable, le discours insu et informulé, parce que spontanément informulable, d'une mère qui a toute latitude au demeurant de le transmettre par chacun de ses gestes [1].

---

1. L'affirmation peut paraître surprenante, et quelque peu excessive. Et comment d'ailleurs ne le serait-elle pas, venant comme elle vient, inopinément et à cette place ? Elle est cependant tout à fait fondée et j'en ai démonté le mécanisme dans certains de mes ouvrages précédents, en particulier : *Une place pour le père*, Paris, Seuil, 1985 ; « Points-Seuil », 1992, ainsi que *L'Enfant bien portant*, Paris, Seuil, 1993 et 1997. On pourra y vérifier ma démonstration que la gestuelle d'une mère ne procède de rien d'autre que d'une mise en acte de son inconscient.

Or, l'intensité de ces échanges et de l'inscription qui en découle n'est imaginable que si nous gardons en mémoire que l'être immature et inachevé des premiers temps de la vie va se parfaire sans relâche en enrichissant son système perceptuel d'une manière radicale et sans jamais y introduire la moindre nuance. Le message d'appel dont il fait usage, pour ne prendre que cet exemple, est en effet univoque. Sous toutes les latitudes et dans toutes sortes de situations, c'est, jusqu'à l'accession au langage articulé, par le pleur et par le pleur seulement qu'il traduit son désarroi et son besoin. Or, ce pleur, il va falloir au parent – et le plus souvent à la mère – l'entendre et tenter de l'interpréter, correctement autant que possible, ne serait-ce que pour le faire cesser. Et cela, ce n'est pas toujours une mince affaire ! Un témoignage personnel en fournira une illustration.

Je passais une partie de l'après-midi en présence de l'un de mes enfants et de son bébé de treize mois qui s'est soudain mis à pleurer. Il ne s'agissait donc pas d'un tout-petit, mais d'un bébé qui marchait déjà seul, qui était capable de manipuler des objets et qui avait toute une panoplie de signes et de mimiques pour communiquer et dire ses rédhibitions ou ses préférences. Or, les pleurs ont duré près d'une demi-heure, résistant aux manœuvres entreprises dans les directions les plus diverses selon l'intuition statistiquement fondée de ses parents. La prise dans les bras n'a rien donné, le biberon d'eau non plus, la balade dehors a été, elle aussi, un retentissant échec, tout comme l'ont été les paroles rassurantes de la mère ou la grosse voix du père. La couche avait bien sûr été vérifiée pour ne pas méconnaître l'inconfort éventuel d'une selle récemment émise. Puis, comme rien n'y faisait, ce fut le bercement et la tentative de mise au lit. Tout cela en vain ! Jusqu'au moment où les pas du parent qui le portait ont mis le bébé en présence des gâteaux à la noix de coco qu'on avait rangés un moment auparavant sur le buffet et dont il s'était littéralement goinfré au point de finir lui-même par les repousser quelques dizaines de minutes auparavant. Les pleurs se sont immédiatement arrêtés laissant place à une mine réjouie et victorieuse et à un doigt impérativement pointé vers l'objet convoité. Il n'y a eu pour cet enfant aucune expression intermédiaire entre les hurlements et les larmes d'une part et la jubilation massive d'autre part. Il ne peut et il ne pouvait d'ailleurs pas y en avoir.

Cette dimension hectique, qui navigue d'un extrême à l'autre, a été depuis toujours et reste longtemps la seule à l'œuvre dans la perception et dans les modalités d'expression de cet âge. Confronté au désarroi dans lequel le met immédiatement l'impériosité de son besoin, le bébé confère volontiers à la personne qui le satisfait une dimension de puissance si grande qu'il mettra longtemps, très longtemps à s'en déprendre. Mais sa confiance n'est pas donnée en pure perte puisqu'elle lui permettra, par une série d'expériences répétées, de forger sa vision du monde et ce qui fonctionnera pour lui à son insu comme un système de sécurité plus ou moins bien adapté. Si des soins attentifs, sereins, intelligents et équilibrés viennent répondre adéquatement à l'expression de ses multiples besoins, il se sentira dans une sécurité satisfaisante avec la personne ou l'environnement qui les lui aura dispensés. On peut comprendre par ce biais le succès ou les difficultés rencontrés au cours des élevages mercenaires. Et on comprend encore mieux qu'un tout-petit, qui aura passé le plus clair de son temps de veille avec une nounou, puisse cependant retrouver sa mère avec la joie que l'on sait, alors même qu'il ne passera à peine avec elle que quelques demi-heures de fin de journée. Si les soins de la nounou lui offrent une sécurité certaine, ce n'est pas autrement qu'en référence à l'étalonnage de sécurité et inégalable que lui apporte une mère dont il garde sur lui une trace physique qui ne s'effacera jamais.

Rien n'est de ce fait plus facilement imaginable que la richesse, prodigieuse, de l'univers dans lequel évolue un bébé. Tout y est vivant, bouillonnant, attractif et neuf au point de faire vivre chaque instant dans une intensité émotionnelle considérable. Les sollicitations y sont si nombreuses qu'il s'en trouve toujours auxquelles il se laisse aller. Il exprime alors son envie à sa manière, contraignant la personne qui l'a en charge, comme l'a fait mon petit-fils

avec ses parents, à trouver à tâtons la réponse adéquate au
besoin qu'il exprime. On peut dire à cet égard que lui-même
fonctionne dans une forme de puissance qui affleure, plus
souvent que ne l'imaginent ou ne le voudraient les jeunes
parents, à la tyrannie. C'est d'ailleurs dans ce constat que
se glissent toutes les notions de caprices comme les conseils
éducatifs les plus divers. La plupart des mères acceptent en
général cette logique du tâtonnement. Il en est évidemment
certaines qui réagissent différemment, celles que j'ai
décrites en les disant de la troisième catégorie sombrent, à
la moindre hésitation ou au moindre échec, dans la dépres-
sion et l'autodépréciation, comme si elles n'avaient pas
droit à l'échec ou qu'elles devaient sans cesse donner à leur
entourage la preuve la plus patente de leur excellence.
Celles de la quatrième catégorie useront en revanche, elles,
d'une colère froide ou d'une autorité cinglante, sinon de
punitions qu'elles voudront exemplaires.

Il n'est pas difficile de concevoir que les différentes attitudes qu'on rencontre, dans la résolution de cette multitude
de petits problèmes, puissent produire des effets toujours
singuliers qui vont orienter et étoffer plus précisément
encore la structure qui se met en place.

Dans toute relation habituelle d'une mère banale – celle
qui, par le contraire d'un effet de hasard, n'est ni trop ni
pas assez douée – à son bébé, on a vu que ce qui se joue
c'est la confrontation de deux formes de puissance hétéro-
gènes mais cependant équivalentes quant à leur intensité et
à leur statut. Le pleur ou le cri, maniés en toutes circonstances sans nuance, sont l'un et l'autre suffisamment insupportables pour contraindre la mère, plus souvent qu'elle ne
le voudrait, à y réagir et à tenter de les calmer comme et
quand elle le peut. On peut donc dire du bébé qu'il exerce
sans mesure sur sa mère une puissance certaine en la
requérant ainsi à son seul service. En retour – et c'est ainsi
qu'il la paye et qu'il s'aliène sans le savoir à elle – il est prêt
à lui reconnaître, au fil de ses satisfactions cumulées, une
puissance incontestable et impressionnante qu'il entreprendra de mesurer voire de défier par un comportement de

plus en plus tyrannique, lequel ne fera que compliquer la relation d'amour – matrice de toute relation amoureuse, y compris sexuelle, ultérieure – qui s'y adjoint. C'est en tout cas, avec la menace de mort en fond de décor, une relation duelle, une forme d'implacable face-à-face, soulignée par ce qui du tâtonnement produit une scansion du temps, laquelle ne fait pas immédiatement apparaître la régulation tierce que pourtant elle appelle.

Par le tâtonnement auquel elle s'adonne, la mère banale aurait donc toute latitude de mettre salutairement en place une forme élémentaire de perception d'un temps que ses échecs, plus que ses succès, scanderaient répétitivement. Les quelques secondes, qui s'écoulent parfois entre l'expression du besoin et sa satisfaction, conféreraient alors progressivement à l'enfant la conscience de sa place, hors du ventre maternel où le différé n'existait pas. L'accoutumance à ces plages d'attente forgerait en lui la conscience de la coupure et de la différence des corps et des êtres. Il apprendrait peu à peu – sa croissance et sa maturation physique aidant – qu'il est lui et pas sa mère ou un bout d'elle. Progrès et acquisitions qui sont d'autant mieux vécus et d'autant plus profitables que la mère peut vivre sereinement et sans remords excessifs sa maladresse constitutive. C'est de cette manière, et de cette manière seulement, qu'elle peut signifier à son enfant qu'il ne constitue pas l'intégralité de son univers, qu'elle a d'autres intérêts réels dans la vie que lui, qu'elle accepte et assume le fait de l'avoir mis au monde. Elle traversera en un mot une expérience de perte, perte de son statut de toute-puissance, perte de son pouvoir exclusif, perte de son pouvoir comblant, toutes pertes qui ne l'empêchent pas de vivre, loin s'en faut, et qui confèrent même à sa vie une intensité et une force infiniment plus satisfaisantes encore. Tout cela permet à son enfant de lui emboîter le pas et de prendre sa propre place de vivant, sans se sentir à chaque instant menacé de mort.

Sur fond d'une modélisation néfaste, et pourtant mise elle aussi en exergue dans nos sociétés par le discours environnant, il arrive, plus souvent qu'on ne l'imagine, qu'une mère soit amenée à très mal vivre ses aptitudes sommaires et qu'elle passe son temps à disqualifier elle-même son propre comportement. Sa relation à son enfant en sera nécessairement affectée et ce dernier n'aura pas d'autre choix que de multiplier les exigences pour obtenir une lecture plus claire du message ambigu qu'ainsi il reçoit. L'assomption de la perte en sera sans relâche différée, malgré les caprices épuisants qui viennent la réinterroger et en exiger la mise en œuvre. C'est alors la porte ouverte à toutes les difficultés d'élevage, à tous les troubles de comportement de l'enfant et à nombre de problématiques de couple. Car l'humain est ainsi fait : il ne peut se sentir totalement vivre qu'en prenant conscience de son destin mortel et en l'acceptant. Freud confessait, dans une de ses correspondances, que la mort de sa mère l'avait certes peiné, mais qu'elle l'avait curieusement soulagé aussi, en lui permettant de se sentir vivre plus intensément encore, dans la mesure où il s'était jusque-là interdit d'envisager sa propre mort.

À l'opposé, une autre mère encore, pour des raisons qui dépendent probablement de ses dispositions face à l'aventure qu'elle vit, peut s'adonner à l'exercice d'une toute-puissance indéfectible, consistante et déployée face à un enfant réduit au statut d'objet devant être en principe satisfait au plus haut point, dans tous les sens de ces termes. Le temps, ce temps créé par le tâtonnement, n'existe alors plus et pas même en germe dans la relation. Il est purement impensable, hors de propos, interdit. Il n'apparaît plus du coup aucune nécessité de régulation tierce, puisque les protagonistes n'ont aucun motif de friction ou de conflit. Le tout fonctionne à la manière, on ne peut plus précise, de la relation qui s'est physiquement instaurée entre les corps pendant la gestation, même et surtout si cette relation a conféré à la mère la conscience d'une forme de gloire. C'est une logique comportementale forgée sur le comportement du corps maternel pendant la grossesse qui continue de s'exercer sans le moindre aménagement, comme si ladite grossesse n'avait pas pris fin, qu'elle était destinée à se poursuivre indéfiniment sans que jamais la mise physique au monde n'eût à être prise en considération. Toute expérience de perte en est exclue. Et l'enfant, comblé et satisfait en tout point, soigneusement préservé de ladite expérience de perte, interdit d'accession à son statut de mortel, ne se sentira paradoxalement jamais vivre.

C'est d'ailleurs en ce point précis que le sexe de l'enfant intervient de la manière la plus décisive. Les éthologues, observant dans les maternités la façon dont les mères se comportaient, et surtout la façon dont elles touchaient le corps de leur enfant, ont montré, depuis longtemps déjà, qu'elles avaient une plus grande liberté gestuelle à l'endroit du corps de leurs filles qu'elles n'en avaient à l'endroit du corps de leurs fils, qu'elles touchaient bien plus fréquemment les premières que les seconds, et ce, quel que fût le rang de leur grossesse. Ce qui se conçoit, au demeurant : le corps de leur garçon étant radicalement étranger à l'expérience qu'elles ont acquise du vécu de leur propre corps. Il faut entendre et vivre leur soulagement quand elles apprennent l'inutilité de tout geste à faire sur la verge de leur bambin – c'en est, d'ailleurs, à se demander si les praticiens qui continuent à prescrire l'inutile et nuisible décalottage forcé ont compris quelque chose à la différence des sexes. Pour la même raison qui les rend hésitantes sinon empruntées à l'endroit du corps de leur petit garçon, elles évoluent en revanche dans une relation plus fiable, plus confiante, plus détendue et plus entreprenante, au corps de leur petite fille. Ce qui diminue singulièrement, à défaut de limiter tout à fait, ce temps de tâtonnement de leurs interventions dont il vient d'être question – toutes les mères et tous les professionnels de l'enfance ne manqueront pas de souligner que les bébés filles sont plus calmes, bien moins exigeantes et bien moins fréquemment malades que les petits garçons – et pour cause, puisqu'elles sont mieux et plus rapidement satisfaites.

Ce constat n'aurait pas grand intérêt s'il ne devait résumer les attitudes maternelles qu'à leurs simples conséquences sur le comportement apparent des bébés. Ce qui s'y joue est d'une gravité et d'une importance qu'on ne soupçonne pas, puisque c'est exactement ce sur quoi se greffe la notion cruciale du temps qui s'écoule. Si le tâtonnement est à ce point conséquent chez le garçon, il fera chez lui le lit d'une perception, qui ira grandissante, de la frustration, du différé, du temps qui s'écoule et de la mémoire qui en tente la maîtrise. Quasi inexistant pour la fille, il ne mettra en place chez elles ces catégories perceptuelles que de manière chiche et transitoire, au point que lorsqu'elle sera confrontée au cours de la vie génitale ultérieure à la scansion que le temps met dans son corps en puberté, règles, grossesse(s) et ménopause, la relation singulière qu'elle aura à ce temps ne la conduira pas à en tenter une vaine maîtrise mais lui en fera privilégier les seules notions de l'instant et de l'éternité. C'est cette introduction à la dimension probablement la plus spécifique de l'univers féminin qui entraînera, par de véritables phénomènes de résonance, une forme de confusion, sinon d'unité, entre mère et fille – entre mères et fille, faudrait-il dire tant cette relation duelle est toujours et immanquablement parasitée de la relation de la mère à sa mère propre – dans laquelle, tout comme on ne sait plus où commence la mère et où finit la fille, on ne saura plus comment le violent investissement dans la vie se différencie de l'extrême angoisse de la mort.

L'examen de la relation mère-enfant sous cet angle encore différent des précédents n'en épuise pas, comme on le voit, l'importance, la complexité ou la teneur. S'il permet de saisir un peu plus l'ambition et l'ampleur du champ de son intervention, il souligne aussi la quasi-inéluctabilité de l'échec qu'elle rencontre tôt ou tard. Échec salutaire, au demeurant, puisque c'est à partir de lui que la disjonction et la prise de distance des deux protagonistes, quand le contexte l'autorise, deviennent possible.

C'est dans cet ordre de fait, et principalement donc pour un garçon, que se rencontre ce type singulier et rare de mère que j'ai appelée paradigmatique. Celle-là a le don, au premier abord incompréhensible, de deviner instantanément la survenue et la nature des besoins de son enfant. Elle sait à tout coup les identifier et les satisfaire sur-le-champ sans, paradoxalement, aliéner pour autant son enfant à elle. Son action ne se situe pas en effet dans le même registre que celui de la mère précédente qui veillait également à ne pas laisser son enfant souffrir de la moindre attente. Si la première exécutait sa tâche pour asseoir au premier chef sa propre gloire ou combattre une sourde et violente culpabilité, celle-là met son action dans l'ordre d'une soumission extrême à l'exigence d'une mission qu'elle se serait imposée et dont elle aurait accepté sans rechigner chaque terme : faire vivre son enfant, pour lui-même et non pour elle, en admettant par avance qu'il est coupé d'elle, qu'il est mortel et, qu'à ces choses-là elle ne peut rien. La justesse, la clairvoyance et l'immédiateté de son action n'ont alors pas d'autre origine que sa juste compassion ni d'autre visée que d'éviter une souffrance inutile. Sa vision des choses, autrement dit, est rendue singulièrement claire par une expérience, réelle ou fantasmatique, de mort qui lui fait donner son juste prix à la vie, à la sienne comme à celle qu'elle a transmise. Ce qui la situe à l'écart de toute tentation de pouvoir que pourrait pourtant générer en elle, plus qu'en une autre, la perception de sa très réelle mais très vivifiante et très structurante toute-puissance.

On ne peut pas éviter d'affronter l'aporie de ce qui se joue dans cet épuisant registre et qui, par bien des côtés, laisse entrevoir l'aspect le plus tragique de notre condition d'humains. Comblé, qui ne rêve pas de l'être ? N'entretenons-nous pas à cet égard, tous autant que nous sommes, le même fantasme ? N'avons-nous pas connu aussi bien l'espoir d'être perçus de manière aussi parfaite que le sentiment de détresse dans lequel nous avons pu parfois sombrer de n'être pas parvenus à nous faire comprendre ? La trace que nous avons gardée de ces situations opposées demeure vivace en nous même si elle est enfouie en des zones inaccessibles à notre mémoire. Et quand nous retrouvons celle de nos frustrations ou qu'il nous arrive de comprendre le prix dont nous avons parfois payé un certain dévouement maternel, pouvons-nous ressentir, à l'endroit d'une aptitude dont on voudrait qu'elle affleure à la perfection, autre chose que dépit et ressentiment ?

Ce n'est donc pas une petite affaire que cette notion de mère paradigmatique. C'est celle dont on rêve ou dont on a rêvé parce qu'elle est capable de secourir sans aliéner et de combler sans instaurer une dette autre que symbolique.

Celle que chacun croyait voir à l'œuvre dans le couple formé par Gwenael et sa mère. Nous ne pouvons pas nier qu'elle puisse hanter l'imagination de toutes les mères sans exception quand elles se plaignent de leur salutaire incapacité ou de leurs non moins salutaires insuffisances. « Donnez-moi, semblent-elles demander à leur médecin – dont elles savent qu'il ne rêve lui aussi que de cela –, la recette qui me permettrait sinon de parvenir à cet idéal du moins d'en approcher du mieux possible. » Or, si elles s'autorisent un discours de ce type, ce n'est pas seulement pour dire le désarroi dans lequel les a mises leur enfantement, c'est aussi pour ne pas déroger au discours consensuel qui, dans toutes les cultures, fait de ce type de mère le modèle à atteindre. Comme quoi nous en sommes concernés, tous sans exception. Et que, ce que son évocation éveille en nous, ce sont les impasses dans lesquelles nous ont mis la relation à nos propres parents, la leur à leurs parents propres, et ainsi de suite. Tout ce qui constitue en quelque sorte les strates de notre histoire et qui gît dans notre inconscient en des zones qui, pour être inaccessibles, ne cessent cependant pas d'émettre sans relâche des messages auxquels il nous faudrait prêter une attention plus soutenue encore.

... et à d'autres encore !

Elle avait donc tout cela. Ces qualités que nul d'entre nous n'aurait pu nommer ou décrire, mais dont chacun se serait empressé de témoigner, avec une science et une faconde qui l'auraient sans doute étonné, comme si l'hommage auquel il se serait ainsi livré devait le consoler de ses vieilles frustrations tout en le dispensant d'avoir à y revenir ou à se les avouer.

Tel était en effet l'état d'esprit de tous les protagonistes de cette aventure. On imagine dès lors l'effet produit par la narration de la résurrection et l'état dans lequel se retrouva le service tout entier. Les jours suivants, les conversations de couloir comme celles des cantines ne cessaient de revenir sur les détails connus pour tenter d'évaluer le temps pendant lequel la vie de Gwenael s'était arrêtée. Aucun chiffre en effet ne semblait décent ou acceptable, certains allaient même jusqu'à prétendre que la chose se serait produite plusieurs fois. Et on ne pouvait interroger les acteurs du miracle qui, comme s'ils en avaient subi le brutal contre-coup, refusaient proprement d'en parler. On se félicitait chaudement, en tout cas. D'autant plus que la guérison, de surcroît sans la moindre séquelle, semblait plus que jamais à portée de main.

Qui donc a tout à coup cessé d'y croire ?

Et comment cela s'est-il fait ?

Je ne saurais le dire. Et ce n'est pourtant pas faute d'avoir tenté de m'en souvenir ou de m'être compulsivement penché sur mon dossier pour y chercher un indice capable de me mettre sur la voie d'une réponse.

Singulière fonction que celle de cette amnésie. De quoi, de quel détail, a-t-elle été destinée à me protéger ? Parce qu'il est certain que quelque chose m'aura définitivement échappé dans la remémoration des événements et de leur déroulement précis. Et que j'en convienne ou que j'en prenne mon parti ne change pas grand-chose à l'affaire puisque je sais qu'il me sera désormais impossible, même par la voie des associations, de retrouver un éventuel détail significatif. L'aurais-je essayé depuis longtemps déjà que je n'aurais probablement pas eu plus de succès. Je ne l'ai en tout cas pas fait. Et je n'ai pas non plus eu l'impression, pendant tout ce temps-là, qu'un rêve quelconque fût jamais venu à mon secours. Si bien que la conclusion à laquelle j'ai fini par aboutir me laisse enfoncé dans une culpabilité dont je ne suis d'ailleurs pas sûr qu'elle ait cette histoire, et celle-là seule, pour point d'origine.

Car, qu'ai-je vécu, en réalité, que cette écriture s'efforce de rendre ou de restituer comme en un douloureux travail de contrition ? Une proximité extrême de la mort ? Certainement. Mais pas seulement. Puisque le métier que j'exerce, et que j'ai longuement appris, m'y a souvent confronté et que je l'ai approchée en des combats dont il m'est arrivé de sortir parfois vainqueur comme d'autres fois défait. Serait-ce, alors, de l'envers de tout cela qu'il s'agirait ? C'est-à-dire de cet émerveillement inépuisable que suscite en moi la force surprenante de la vie et la violence avec laquelle elle envahit l'être et l'espace malgré son apparente précarité ? Mais n'en ai-je pas toujours eu conscience ? Et cette certitude n'était-elle pas implicitement inscrite en moi au point d'intervenir jusque dans le choix de ma spécialité ? Qu'est-ce alors ? Et dois-je continuer encore longtemps ce questionnement, histoire d'explorer une à une les étapes intermédiaires entre les extrêmes que j'agite ? Bien sûr qu'il y a de tout cela à la fois. Mais il y a bien autre chose aussi. Et je ne peux pas mettre au premier plan de la trace que j'en ai gardée la peur, le chagrin, la peine ou la nostalgie. Car, de tout cela, la seule chose qui se dégage avec une incontestable netteté et dont je continue indéniablement de ressentir encore les effets, c'est l'inoubliable leçon que m'a administrée le spectacle d'une détermination et d'une conviction qui sont parvenues, l'une et l'autre, à faire répétitivement reculer la mort. Si cela s'était avéré possible cette fois-là, si je l'avais vécu et si je pouvais personnellement en témoigner comme en faire témoigner, m'était-il interdit d'en conclure que, bien plus souvent qu'on ne l'imagine, sinon toujours, la mort d'un être jeune – et pourquoi pas toute mort d'ailleurs ? – n'est jamais rien d'autre qu'une forme masquée de meurtre et pourquoi pas, parfois, d'assassinat ? Je me suis souvenu que, dans ma culture d'origine, on invite toute personne assistant à la mise en bière d'un défunt à lui demander pardon à haute voix. Je n'étais donc plus très loin de convenir qu'un vivant en viendrait en quelque sorte à mourir quand il comprendrait que plus aucune des personnes auxquelles il attache autour de lui quelque importance ne tient vraiment à lui comme vivant. Un tel retrait de l'investissement pouvant être l'effet d'une indisponibilité ou d'une distraction passagères, affleurant alors à l'homicide par imprudence, ou bien s'avérer volontaires, et, participant d'un mouvement agressif, confiner peu ou prou à une forme insidieuse de la préméditation qui caractérise tout assassinat.

Hypothèses délirantes et conclusions suspectes ? Forme subtile de paranoïa ? Ou vérités fondamentales que je découvrais brutalement et dont l'irruption dans mon quotidien me laissait abasourdi ? C'est toute mon histoire personnelle qui s'engouffrait dans ces interrogations que je travaillerai d'abondance par la suite dans mon analyse. J'avais néanmoins en même temps l'impression que, par-delà la collection de détails que j'avais accumulés et dont j'escomptais tirer parti, je ne pouvais plus éviter d'interroger les articulations multiples de cet inépuisable ensemble vie-mort-amour qui, même empoisonnées par la regrettable et si fréquente greffe de ce terme quatrième qu'est le pouvoir, s'y avéraient impliquées. J'allais, autrement dit, devoir examiner la manière dont se conçoit, s'envisage se noue et évolue l'inévitable relation de tout individu à un individu autre, à tout autre, à l'autre. Ce qui, comme chacun le sait, constitue un débat dont l'étendue et la complexité ont de quoi décourager et rabattre toute prétention.

À commencer par la difficulté qu'il y a en effet à déjà simplement définir cet autre, à le repérer, à tenter de savoir qui il est, ce qu'il est et quelle fonction il remplit.

Est-il toujours celui-là dont il est convenu de dire, comme si on voulait y restreindre le sujet et se débarrasser par là et une fois pour toutes de ses autres aspects, que je le croise sans relâche et qu'il me renvoie ma propre image ? Il serait dès lors celui par lequel je parviendrais en quelque sorte à saisir, à cerner cette image, celui par lequel je me reconnaîtrais, celui grâce auquel je prendrais enfin acte de la consistance de mon être. Mais est-il vraiment cela ? Ne serait-il pas plutôt et *a contrario*, celui dont je me sens menacé jusque dans mon existence et ma survie, celui que je refuse, avec plus ou moins de véhémence, et que je fuis, parce que les questions autour de son existence, son statut ou sa fonction m'assaillent, me dérangent et ne sont décidément pas les miennes ?

Le problème qui se trouve ainsi posé est celui de la distance suffisamment bonne qui doit s'instaurer entre deux êtres, puisque c'est elle qui conditionne leur possibilité de partage d'un espace commun ou d'une relation, leur acceptation mutuelle et leur capacité d'échange. Problème autrement dit plus énorme encore qu'il n'y paraît. Problème considérable. L'humanité a tenté, sans grand succès, depuis le fin fond de son histoire, de le poser de manière conséquente pour lui trouver un brin de sens ou de solution. Ainsi, très près de nous et dans notre univers ambiant immédiat, par exemple, le texte biblique a-t-il pris soin de suggérer très tôt, à la mesure des protagonistes, l'existence d'une référence tierce susceptible de s'interposer et de faciliter respect, reconnaissance des identités respectives et éventuelle communication : l'homme avait été fait par Dieu à son image (Genèse 1, 26). Si chaque homme était donc à cette image et que le rapport de chacun à cette image rencontrée dans l'autre avait pour fonction de structurer une conduite irréprochable, le rapport des individus entre eux aurait dû se signaler par sa fluidité et sa fiabilité. Or, à peine quelques versets plus loin (Genèse 4, 4-16), le texte fait état de ce qui aurait été en quelque sorte le premier conflit tragique de l'humanité naissante, celui généré entre deux frères par une forme irraisonnée et immaîtrisable de jalousie.

Chacun se souvient du dépit de CaïN devant le refus de ses offrandes par la divinité et du meurtre qu'il commit sur la personne de ABeL. On peut en lire le récit que la traduction, en n'importe quelle langue, ampute de l'essentiel en ne lui conférant que des effets chiches et strictement similaires. Ce que seul en effet révèle le texte original [1], c'est la manière dont cet épisode, déjà en germe dans l'histoire de ces deux frères dès leur conception, a été cruellement relayé par leur prénomination avant d'avoir été mis en acte par une apparente tentative de rééquilibration de leurs statuts respectifs. Le texte fait en effet venir CaïN au monde au terme d'un projet précisément décrit dans ses différentes étapes et fait déclarer à sa mère qu'elle le nomme ainsi parce que, « CaNiti »..., « je l'ai conçu »... avec Dieu (Genèse 4, 1). La narration de la conception et de la naissance de ABeL, dont le prénom signifie brume, brouillard, petit nuage ou quantité insignifiante – nuance qu'on retrouve dans l'appellation du professeur Nimbus –, est en revanche littéralement expédiée. Tout était donc déjà là.

Il en va comme si le projet le mieux conçu et le mieux ficelé pour gérer le rapport à l'autre, fût-il un frère, ne pouvait éviter la prise en compte de ce que nous avons vu se constituer, sous l'effet de l'attitude maternelle, comme une structure.

Si je suis à peine conscient(e) de vivre ma propre vie, si je ne sais ni où j'en suis, ni ce qui m'arrive et encore moins

---

1. Je suis reconnaissant sur ce point, comme sur bien d'autres qui y sont apparentés, à l'enseignement de mon ami Marc-Alain Ouaknin.

ce que je peux ou ne peux pas faire, si je suis liquéfié(e) par mon impossibilité à penser le moindre rapport de quelque ordre qu'il fût, il me chaut peu que l'autre existe ou n'existe pas, qu'il fasse ceci ou cela, qu'il vive ou ne vive pas. Il me chaut peu que je puisse être son autre, son image, qu'il puisse être mon autre et mon image ou qu'il puisse s'instaurer entre nous la moindre relation. Je suis totalement étranger/étrangère à ce débat. Il n'a aucun sens pour moi, si tant est d'ailleurs que quelque chose ait pour moi un sens quelconque. Chacun alentour le sait et l'admet au demeurant. Puisqu'il ne se trouvera éventuellement pas un seul tribunal, dans quelque pays du monde, pour me condamner si les circonstances me conduisent, parfois et sans qu'on puisse dire que je l'aie voulu ou pas, à attenter à la vie de ce supposé autre moi-même. On admet sans difficulté que je suis irresponsable, l'acte que j'aurai perpétré n'ayant pour moi aucune signification et en tout cas pas celle qui lui est communément attribuée. On entreprendra seulement de me confier aux thérapeutes pour tenter – en vain le plus souvent, mais il ne faut pas l'ébruiter car on se garde bien de trop le dire – de greffer en moi cette portion de relation qui me fait constitutivement défaut.

Si, dans un autre cas de figure, ma préoccupation majeure consiste à me terrer derrière toutes sortes d'attitudes, d'automatismes ou de conduites rituelles pour croire pouvoir échapper à une mort que j'ai instaurée en maître, qui conditionne chacune de mes pensées et chacun de mes gestes et dont la seule perspective me glace et me paralyse, l'autre n'est-il pas celui dont l'existence risque de signaler la mienne, de désigner ma présence ou, pire encore, de me débusquer ? Je ne suis pas, à cet égard, très différent de l'animal. J'en ai les réflexes et la logique comportementale : moi et seulement moi d'abord. N'est-il pas normal dès lors que je puisse souhaiter que cet autre n'eût jamais existé et, que, contraint de prendre mon parti de sa matérialité, je puisse tout simplement en souhaiter la disparition ? Oh, personnellement, je ne ferai jamais rien pour le supprimer. Je n'aurai pas l'impudence de me propulser de quelque façon que ce soit en gestionnaire de ce qui me domine.

Je ne sais que trop bien en effet à quels désagréments cela exposerait ma précieuse personne. Et il n'est pas question que je m'aventure inconsidérément hors de l'abri douillet, discret et sécurisant que j'ai mis autant de temps à me construire et à l'entretien duquel je consacre l'essentiel de mon énergie. Mais je ne verrais aucun inconvénient à ce que quelqu'un éventuellement s'en charge ou en prenne l'initiative. Et je serais prêt(e), sans évidemment me compromettre, à le soutenir voire à l'encourager. D'autant, d'ailleurs, que cet autre qui disparaît, ce n'est pas seulement un tribut payé à la mort mais aussi une proie toujours susceptible de l'occuper un moment, de la satisfaire et de la distraire de moi, quand ce ne sont pas quantité de biens récupérés dont je pourrai légitimement espérer une part au passage. N'ai-je pas en effet à profiter, amasser, accumuler, m'approprier, consommer, ne rien me refuser, lutter pour mes envies et mes projets, et, semeur/semeuse de mort, à penser calmement à moi et à moi seul(e) d'abord ? À me conformer strictement, en peu de mots, à l'idéologie monopolistique d'un capitalisme enfin triomphant et prêt à applaudir sans réserve mes dispositions comme mon attitude ?

Si, en revanche, une haine inexpiable de la mort occupe chacune de mes pensées, je ne peux pas me contenter de la mettre en œuvre pour mon seul compte en apprenant simplement à reconnaître pour les éviter l'intégralité de ses pièges funestes. Cela, je l'ai fait depuis ma plus tendre enfance et je le parfais tous les jours, sans jamais être parvenu à goûter le plaisir si souvent anticipé d'une sérénité après laquelle en vain je ne cesse de courir. Il me faut aller plus loin, toujours plus loin, et ne pas hésiter à m'aventurer jusque sur le terrain de cette ennemie reconnue, dénoncée, déclarée, de cette seule véritable ennemie que je me reconnaisse. C'est là que l'autre sera pour moi une véritable bénédiction. Car chacune de ses défaillances me donnera l'occasion d'un petit bout d'héroïsme dont je m'évertuerai à taire la nature et que je m'efforcerai de minimiser afin de ne pas trahir ma stratégie et les bénéfices directs que je retire de la situation. C'est ainsi que je me rendrai plus crédible quand j'entreprendrai de tenir les discours destinés à convaincre l'entourage de l'utilité et de la noblesse de ma juste lutte. Je pourrai alors dénoncer l'animalité environnante comme les abus, user de la séduction culturelle, déployer un art véritable pour réveiller les consciences, et me prévaloir de mon militantisme en faveur d'une justice dont je n'aurai aucune difficulté à faire admettre que chacun en a le plus grand besoin.

Peut-il y avoir position plus inexpugnable ? Nul ne pourra jamais me faire reproche de servir d'abord mon intérêt secret puisque je le pare de qualités morales au-dessus de tout soupçon. Qui aurait l'impudence de me faire procès de mon désintéressement matériel ? Qui pourrait prétendre mettre en question mon renoncement aux biens fallacieux de ce monde, mon oblativité ou mon souci prévalent et sans faille du bien de l'autre ? Je ne récolterai jamais que des louanges parce que nul ne sera à même de deviner que cette énergie que je mets si généreusement au service commun, ne sert de fait que moi, et moi seul, puisqu'elle me permet d'assouvir cette haine qui me dévore et dont la présence en moi me tue la vie. Si seulement je pouvais convertir le monde à mes vues, les dispositions que je défends deviendraient interactives et j'en serai un bénéficiaire direct. La chose est, hélas, bien plus difficile qu'il n'y paraît à mettre en œuvre. J'ai pensé, et d'autres comme moi, un jour, que j'allais enfin pouvoir baisser les armes et m'accorder quelque repos en faisant par exemple de l'idéal communiste un cocon définitif à ma prétention. Mon rêve a malheureusement fait long feu. Mais tout n'est peut-être pas tout à fait perdu puisque l'humanitaire et ses fameuses actions caritatives semblent s'offrir en relais au but qui me fait vivre. La lutte en champ clos a peut-être après tout encore de beaux jours devant elle.

Mais si la mort est pour moi une sorte de mythe plus ou moins vague et la différence des sexes un leurre, il ne peut pas y avoir d'autre repérable en tant que tel. Ce qu'on cherche à me faire désigner ainsi n'est de fait que ce que moi je considère comme l'objet sur lequel je peux, passagèrement et sans effort, satisfaire l'un ou l'autre de mes caprices. Il est d'ailleurs étonnant qu'il puisse ainsi se prêter à mes dits caprices comme si lui en était strictement incapable et qu'il se laissait aisément fasciner par ce qu'il perçoit de ma part comme une insolente facilité. Tenu comme au bout d'une laisse par mon histoire, je ne vais tout de même pas me commettre dans ce que d'aucuns appellent l'échange et à quoi j'ai définitivement renoncé, si tant est que j'y eusse jamais eu un quelconque penchant. Ils me font rire tous ces pantins qui s'agitent comme des insectes voués au même sort, à ce sort étranger au cadre de mes préoccupations. Ils ne comprennent pas que l'inventivité que j'applique à leur trouver un bout d'utilité est une charité que je leur fais puisque rien de fait, en eux, ne suscite chez moi un intérêt quelconque.

Qu'il soit l'objet de mon rejet ou celui de mon attention, que je le fuie ou que je m'associe à lui, l'autre demeure donc toujours pour moi celui par lequel, d'une manière plus ou moins claire, plus ou moins consciente, je peux me renseigner d'abord et avant tout sur moi-même. Sauf exception, la réciprocité de cette relation me permet en effet de lire dans sa personne la manière dont sont inscrites les sempiternelles articulations qui m'occupent moi-même, et de découvrir tôt ou tard que cette modalité d'inscription fait singulièrement écho à celle que je subodorais comme étant la mienne. Ce qui n'est pas sans intérêt puisque c'est, pour lui comme pour moi, le premier pas vers la compréhension de la façon dont tout cela s'est un jour organisé et la découverte que chacun de nous peut faire de la rémanence en lui de cet échange duel fondateur, de ce premier échange duel à la mère. Avec ce qui s'y convoie d'attente, d'espoir, d'amour et de bonheur des demandes satisfaites à côté de ces haines, rancunes, jalousies et violences qu'ont inévitablement semées la frustration et la déception. Vaste programme, donc.

L'esquisse de ces attitudes individuelles, pour être squelettique et certainement insuffisante, n'en a pas moins le mérite de montrer qu'elles sont, hélas, aussi intrinsèquement logiques que nettement différenciées. Elle laisse en tout cas entrevoir la nature véritable de l'usage que chacun fait de l'autre et, en conséquence, l'interdépendance extrême des individus qui se côtoient et se rassemblent. Ce qui permet de comprendre au demeurant que la prédominance au moins numérique de telle ou telle structure à l'intérieur des groupes humains puisse en infléchir l'organisation ou la manière de vivre et expliquer quelque peu les gouffres qui parfois les séparent. Du plus primitif au plus raffiné nous avons à notre disposition une palette de modèles sociaux sur lesquels exercer nos jugements. Ainsi l'expression de « capitalisme sauvage », dont on use de nos jours, dans le champ politico-économique, est-elle destinée par sa construction même à nous renvoyer, à notre insu et pour nous éviter de sombrer dans leur imitation, à des images telles que celles qui ont été semées en nous par l'éducation réprobatrice qui nous a pétris. Elle laisse entendre, subtile manœuvre, qu'il y aurait un capitalisme qui ne serait pas sauvage !

Cela n'est pas sans évoquer l'esprit des mœurs, rapportées par des chroniqueurs du XVIe siècle, de ces populations amérindiennes anthropophages qui soignaient et bichonnaient leurs captifs – à qui ils allaient jusqu'à offrir des femmes et permettre d'avoir des enfants – en attendant de les manger. Ils leur déclaraient en effet avec beaucoup de netteté l'amour et l'estime qu'ils leur portaient, en ajoutant que c'était en raison des qualités qu'ils leurs reconnaissaient et qu'ils voulaient acquérir qu'ils avaient le projet de les manger. Ce qui n'est pas non plus sans nous renvoyer à notre étonnement douloureux et à la révolte naïve que nous éprouvons, dans notre environnement le plus immédiat, face à l'attitude des banques qui poursuivent impitoyablement un petit créancier pendant qu'elles font les yeux doux au puissant requin qui les a grugées. Du premier sans ressource elles savent n'avoir rien à attendre alors qu'elles espèrent devenir tôt ou tard complices du prochain joli coup du second. Or, qu'on l'admette ou pas, la logique et la légalité de tout cela ne présente pas la moindre faille. Et le constat n'est pas sans conséquence puisqu'il fournit, dans un champ des plus courants, un indice de plus sur la relation soigneusement masquée que notre monde occidental entretient aux forces de mort.

On se trouve bien entendu à l'opposé extrême de la morale hébraïque – sur laquelle s'est greffée toute la civilisation judéo-chrétienne – qui ne donne aucune autre mission à l'individu que celle d'assumer sa responsabilité constante, pleine, entière et sans faille à l'endroit de l'autre [1]. On sait le sort qu'a connu cette méritoire générosité, comme on sait ce qu'elle est devenue avec le temps et avec son implantation au sein de populations aux structures individuelles rétives aux dispositions qu'elle s'efforçait de promouvoir. Sans rentrer dans le détail ou l'évocation précise des avatars multiples et souvent regrettables de ce message premier, notons que nous ne sommes toujours pas sortis de ses dérives missionnaires ou coloniales.

Ce détour minime qui entremêle inconsidérément l'individuel et le sociétal n'a pas d'autre intérêt que de montrer combien la structure psychique « structure », au sens le plus étroit du terme, les individus, qu'ils soient hommes ou femmes, les conduisant à réagir aux mots d'ordre de l'ensemble dans lequel ils sont inscrits sur le mode de l'adhésion, du refus, du combat, de la négociation, du détour ou de la compromission, toutes attitudes que l'on voit, par exemple, fleurir admirablement dans nos sociétés en période électorale.

Bien sûr ces rudiments d'éclairage, ces explications à peine balbutiantes, ce survol à peine ébauché et maladroit ne résument pas même la théorie d'une relation qui apparaît des plus ardues à mettre en forme aussi bien pour son destin que pour son contenu patent ou idéal. Ils ne constituent qu'un instrument tragiquement insuffisant pour réfléchir un tant soit peu sur les sociétés, les civilisations, les guerres, la morale ou les religions. Mais est-ce une raison pour s'en tenir à l'écart, alors qu'ils concernent les problèmes cruciaux posés à chacun par l'intrication en lui des

---

1. On peut considérer, à cet égard, que le monothéisme juif a été une vaste tentative d'hystériser l'humain. Ce qui ouvrirait la voie à une autre lecture encore de la Shoah.

forces de vie et de mort, telles qu'il les a héritées de sa mère dès la naissance ?

Il n'y avait pas de sujet tabou dans ma famille et la parole, toujours décente et scrupuleusement respectueuse de la hiérarchie des liens, y circulait d'abondance. Ma mère, qui était une extraordinaire conteuse, a tenté sa vie durant, de nous transmettre la culture orale considérable dont elle devait sentir qu'elle était une des ultimes héritières. Elle ne faisait aucune difficulté à parler d'elle et de son enfance. Si je l'évoque, ici et en ce point, c'est, bien entendu, en cédant à une association d'idées et parce que je parle de vie et de mort. Or, je me souviens d'elle nous confessant, qu'enfant elle s'était un jour sentie plus gênée que de coutume d'être obnubilée par l'idée de la mort et de ses implications. Cela l'a angoissée au point qu'elle a décidé, du haut de ses quelques années, de s'en ouvrir au sage de la maisonnée, c'est-à-dire à son grand-père maternel. Il serait parvenu à la rassurer en lui disant que cela ne la travaillait autant que parce qu'elle était tout simplement destinée à vivre très longtemps. La thérapie fit, paraît-il, son effet sur elle. Tout comme la narration qu'elle nous en fit produisit probablement son effet sur celui ou celle d'entre nous qui avait dû susciter son propos. Bien plus tard, m'étonnant de l'impact de paroles, certes investies, mais qui n'avaient somme toute pas d'autre statut que celui d'un vœu, je l'ai réinterrogée sur ce thème. Elle me fit un récit que j'ai transcrit à ce moment-là en tentant – sans y être, je pense, tout à fait parvenu – de lui garder dans la traduction la force et le souffle qu'il avait dans la version originale.

« Ces idées ne me sont pas venues n'importe comment. Ce sont les circonstances qui me les ont mises dans la tête. À la maison, chacun de nous avait une fonction et se devait d'avoir une occupation. Moi, j'avais en charge ma dernière sœur. Elle était toute petite encore, elle pleurait beaucoup et je devais toujours la porter dans les bras. Et comme je n'avais pas grand-chose d'autre à faire, je m'ennuyais terriblement. Si bien que je traînais le plus souvent dehors guettant le moindre événement ou le moindre mouvement de foule, histoire d'y puiser un bout de distraction. C'est dans ces circonstances que j'ai pris une habitude dont je suis aujourd'hui encore attendrie : je me joignais à tous les cortèges et en particulier aux cortèges d'enterrement qui avaient, sur tous les autres, l'avantage de durer plus longtemps. Si bien que j'ai assisté à un grand nombre de funérailles et que j'ai fini par me familiariser à leur lent cérémonial.

Un jour, de retour du cimetière, j'ai raconté à mon grand-père où j'étais allée. Il en a souri. Ça m'a donné le courage de l'interroger sur quelque chose que j'avais remarqué et qui me préoccupait parce que je n'en comprenais pas le sens. Je lui ai demandé de m'expliquer pourquoi les gens, qui acceptent de patienter longtemps et parfois même très longtemps, détalent tout d'un coup dès qu'ils voient les fossoyeurs commencer leur travail. Il faut dire que je les avais vus tant de fois s'arracher brutalement à leur immobilité. Et je me suis toujours demandé pourquoi ils couraient ainsi, dans tous les sens, pour finir par s'égailler et disparaître comme une nuée d'oiseaux craintifs.

Je n'ai jamais oublié sa réponse. J'y ai souvent, très souvent repensé ! C'est, vois-tu, le genre de réponse que tout enfant rêve d'avoir aux questions qu'il pose. Une réponse ouverte. Une réponse béante. Une réponse qui ne cesse pas de réfléchir son contenu en un inépuisable écho. On peut toujours l'interroger et essayer de la prendre en défaut. C'est peine perdue, car, d'une fois sur l'autre, elle vous ouvre des horizons toujours neufs et insoupçonnés. Tu vois, je suis sûre que même aujourd'hui, ne serait-ce que d'avoir à te la dire, je vais encore en apprendre quelque chose.

"Vois-tu, mon enfant, m'a dit mon grand-père, quand le mort du fond de sa tombe prend soudain acte de sa condition, il s'en émeut comme tu peux l'imaginer et il invoque immédiatement sa mère. N'en a-t-il pas toujours été ainsi entre eux ? Ne s'est-il pas toujours tourné vers elle à chacune de ses inquiétudes ? N'a-t-il pas toujours trouvé auprès d'elle toutes les réponses à ses questions et à ses angoisses ? C'est donc tout naturellement elle qu'il appelle en premier. Il fait ce qu'il lui a toujours suffi de faire et qui a toujours été suivi d'effet : il pense fort, très fort à elle, sachant qu'elle est toujours capable de le deviner par la pensée et sans le secours du moindre mot. Il se concentre et il pense à elle plus fort encore qu'il ne l'a jamais fait. Mais elle, morte ou vivante, naturellement submergée par la douleur et toute à l'écoute de son immense chagrin, elle, elle ne l'entend pas. Elle ne peut pas l'entendre. Elle ne l'entend plus. Alors, il se tourne vers son père, mort ou vivant lui aussi, pour l'implorer : il use avec lui de ce chuchotis respectueux et vaguement apeuré dont il avait l'habitude. Le père non plus ne l'entend pas : sa gorge nouée et les larmes qu'il essaye vainement de réprimer l'empêchent de percevoir le moindre son ou la moindre pensée qui volerait vers lui. Mû par sa frayeur grandissante, assailli par l'étendue d'un désespoir inconnu jusque-là, il élève un peu plus la voix : il s'adresse à ses frères, à ses sœurs, à ses amis que l'épreuve écrase autant qu'elle les enferme. Aucun d'eux ne l'entend. Il multiplie ses appels sans le moindre succès. Il fait défiler tous les mots et tous les sons qu'il connaît dans l'espoir d'en faire percevoir au moins un. Sa frayeur atteint son comble. Craignant de s'y être mal pris, il recommence alors fébrilement son parcours de bout en bout : sa mère, son père, ses proches, ses alliés, ses amis. Chacun y repasse. Et, comme la cérémonie avance et qu'il n'obtient aucun résultat, quand la première pelletée de terre résonne sur le couvercle de son cercueil, il concentre toute son énergie pour pousser un dernier appel. Un cri. Un cri unique, sans destinataire. Un cri seulement fait pour émouvoir quiconque peut l'entendre dans la foule agglutinée. Un cri dont on dit qu'il est déchirant, glaçant, sidérant, horrible.

Eh bien, mon enfant, sache que ce cri, il faut que personne, tu m'entends bien, toi, il faut que personne ne soit là pour l'ouïr, il faut que personne ne puisse l'ouïr ! Car nul ne peut ou ne doit témoigner pour cet humain qui s'en va seul et qui, seul comme il est entré dans la vie, seul comme il l'a toujours été, doit s'en aller seul. Simple véhicule de la vie qui l'a élu, habité et qui le quitte, il ne doit pas pouvoir se raccrocher à un autre porteur de vie.

Voilà pourquoi les gens qui s'en vont, s'éloignent avec l'air appliqué et pressé que tu leur as vu.

On peut entendre le cri de la venue à la vie : il est ce son ouvert, cette ligne sur laquelle s'inscriront les actes et les discours. On ne doit pas entendre le cri de la fin. Parce qu'on ne peut pas communier avec cette fin. Sauf à y sombrer soi-même. " »

Étanchéité.

Ainsi serait-ce l'étanchéité entre les registres de vie et de mort que les humains, si on en croit cette forme de mythe, devraient s'employer au premier chef à instaurer. Histoire de purifier la première de tout ce qui pourrait venir la parasiter de la seconde. Histoire de laisser la première occuper pleinement l'être et lui permettre de jouir d'elle sans la moindre hésitation ou la moindre réserve. Fantasme ou sagesse extrême ? Puisque la mort, admise, cantonnée et reléguée à la place qui lui est consentie, cesserait d'être alors un maître terrifiant pour les uns et une ennemie honnie pour les autres. Ce qui leur permettrait une appréciable économie d'énergie et leur donnerait enfin le moyen d'occuper sans restriction leur temps et leur espace de vie.

Mais il tombe sous le sens, et il suffit pour le vérifier de revenir une fois de plus aux conditions de mise en place de la structure psychique, qu'une telle option ne peut jamais résulter *ex nihilo* – ou d'une disposition arbitraire et proprement individuelle. Les rapports que chaque individu entretient à la vie et à la mort sont depuis toujours beaucoup trop entremêlés en lui pour lui permettre d'en penser, et encore moins d'en entreprendre, seul, une forme quelconque de clivage ou de mise en ordre.

Ce que suggère donc ce récit c'est que la solution ne peut venir que d'un discours totalement extérieur à l'individu. D'un discours qui traduirait une volonté collective capable de définir une ligne de conduite en engageant – voire en contraignant – chacun à s'y astreindre et en lui fournissant au besoin à cet effet une ritualisation qui peut aller jusqu'à intéresser chaque geste de sa vie. Mon arrière-grand-père n'avait pas une structure psychique vide et son inconscient était certainement logé à la même enseigne que celui de n'importe qui. La leçon qu'il a donnée à sa petite-fille, et

qui me sera transmise, ne traduit de fait rien d'autre que
son adhésion – et les nôtres à sa suite – au principe du
mythe qu'il rapporte. Lequel entreprend au demeurant
d'expliquer, par son fondement, aussi bien les gestes que le
comportement des êtres. Mais une telle adhésion ne se
décrète pas. Elle ne peut être que le résultat d'une transmission méticuleuse, multiforme et consensuelle instaurée
de longue date et à laquelle n'a pas dû être étranger un
certain zèle missionnaire.

Cela laisserait entendre que ce souci de mise en ordre,
cette injonction faite à chaque individu d'établir à tout prix
en lui une étanchéité absolue entre les forces de vie et de
mort serait de la responsabilité du corps social sur lequel
elle pourrait avoir en retour des répercussions susceptibles
d'en conditionner le progrès. C'est une solution élégante et
un bien bel objectif. Mais aussi une sacrée gageure ! Car,
depuis le temps que ce fameux corps social fait l'objet de
tentatives de réglementation et d'aménagement des liens
qui s'y tissent, si l'une ou l'autre d'entre elles avait eu la
plus petite chance de succès, cela se serait évidemment su.
Or, il n'y a plus aujourd'hui que les gourous et les fonda-
teurs de sectes pour continuer d'être convaincus de la justesse de leurs discours respectifs et en entretenir une lucra-
tive utopie [1]. L'œuvre de mort n'a jamais en effet atteint la
force que lui donne notre armement moderne. Et les discours les plus dénégateurs ou les plus lénifiants ne feront
pas reculer d'un iota les implications d'un tel fait. Le temps
n'est plus où les badauds se découvraient et où les échoppes
baissaient décemment leurs stores sur le passage des lents
corbillards. Le temps n'est même plus où les vivants témoi-
gnaient par ces gestes, convenus mais unanimes, de leur

---

1. Cf. la superbe illustration qu'en donne Nani Moretti dans son film
Palombella rossa (1989). Sur fond d'une interrogation endolorie sur
l'engagement politique et sur tout ce qui fabrique un destin, l'auteur
nous donne le spectacle – pitoyable bien évidemment – de l'adhésion
stérile d'un certain nombre d'individus à quantité de mots d'ordre
idéologiques ou aux discours respectifs de gourous de différentes
obédiences.

peine ou de leur culpabilité commune face au triomphe récurrent de la mort. On ne se donne plus rendez-vous qu'à la porte du cimetière pour une forme de corvée intégrée dans la logique marchande et dont on s'efforce, sous le prétexte d'une incompréhensible décence, d'écourter la durée.

On ne se trouve pas confronté à un simple changement de code de communication. Il semble que l'on assiste plutôt, dans la surprise, l'incrédulité et l'impuissance, au retour d'un refoulé d'une violence si grande qu'on ne peut en imaginer la constitution que dans les temps les plus reculés de notre mémoire. Ce qui expliquerait d'ailleurs que personne ne serait en mesure d'en évaluer l'ampleur ou d'en jauger les conséquences. L'inflation des moyens de communication a supprimé les barrières géographiques derrière lesquelles les groupes humains s'étaient jusque-là réfugiés pour gérer et canaliser, chacun à son échelle, chacun avec ses moyens, chacun à sa façon, les effets difficilement maîtrisables de la confrontation des structures individuelles. La télévision fait aujourd'hui vivre, en direct et à chaque instant, aussi bien le psychodrame du familier que la radicalité de l'étrange. Or, tout cela ne constitue pas une épreuve totalement nouvelle ou inédite. C'est seulement quelque chose qui se joue, ou plutôt se rejoue avec une autre ampleur et d'autres décors. C'est une vieille histoire. Une très vieille histoire même puisqu'elle remonterait à l'aube de notre humanité.

Si l'humain est en effet défini de la manière la plus élémentaire comme un animal qui enterre ses morts, on peut en inférer, selon l'échelle évolutionniste, qu'il n'a pas dû le faire depuis toujours. Et ce, pour la simple raison qu'il était inscrit comme toutes les autres espèces dans la chaîne alimentaire telle qu'elle continue d'avoir cours dans l'ensemble du règne animal : la vie nourrit la vie et si on mange on est aussi mangé. Or, l'humain n'a jamais été, il n'est pas et il ne peut pas être un herbivore exclusif. S'il est omnivore ce n'est pas seulement par goût : son petit continue pour sa croissance de ne pas pouvoir se passer d'acides aminés d'origine animale. On doit donc admettre qu'il a un jour opéré une rupture radicale dont on ne peut pas plus dater

l'instauration qu'en comprendre les motifs. On peut néanmoins être assuré que c'est à partir de cette rupture, autrement dit à partir de la première tombe fabriquée, qu'ont été
mis en place les rudiments d'une morale qui a dû imposer
sur-le-champ aussi bien l'interdit du cannibalisme que
son corollaire immédiat, à savoir, l'interdit du meurtre. Morale
à partir de laquelle la confrontation des individus soumis à
des règles nouvelles de comportement réciproque a
contraint ces mêmes individus à convenir entre eux de
conventions et de codes susceptibles d'assurer leur survie
immédiate. L'avènement d'une culture née sous de tels auspices aura fabriqué pour chacun la conscience plus ou
moins bien assumée de son destin. La structure aujourd'hui
mise en place dans chaque enfant par le rapport que sa
mère entretient elle-même à la vie et à la mort n'étant qu'un
avatar lointain, forcément imparfait et incontrôlable, de
cette toute première mutation. Le tout se trouvant circonscrit à l'intérieur de structures sociales dont les conventions
interviendront plus au titre de générateurs de nuances qu'à
celui de différences radicales dans le devenir des sujets.

Il suffit d'ailleurs de se livrer à la moindre lecture anthro-
pologique pour constater l'extraordinaire différence que les
sociétés ont connue dans la pénétration et l'évolution de ces
bases toutes premières.

On a beau jeu de se sentir révulsé par les sacrifices
humains de telle ou telle autre société historique ou pri-
mitive, ou bien encore par la violence avec laquelle cette
même société conçoit ses rapports avec le reste de l'humanité. Ce n'est pas avec nos innombrables et subtiles
guerres modernes que nous serions autorisés à les vilipen-
der. Le rétrécissement de notre planète et le caractère de
plus en plus spectaculaire de l'information participent au
délitement chaque jour un peu plus flagrant du lien social.
Il n'y a plus de règles pour aider à la gestion des rapports
interindividuels. Chacun est livré à ses propres pulsions, et
à l'immaîtrisable pression de sa structure psychique avec
ce qu'elle-même suppose d'irrépressibles terreurs. C'est le
retour, sous une forme à peine différente, de ce qui fut
nommé en son temps « lutte pour la vie » et qui n'a guère

changé de nature. Chacun tentant de trouver un ou plusieurs autres à terroriser, dominer, écraser. On est, sans toujours s'en rendre compte, en plein dans la civilisation du « petit chef ». Et toute réussite dans ce registre ridicule confère aussitôt assurance, morgue et insolence, témoignant de l'illusion qu'entretient le moindre pouvoir dont nul ne semble prêt à prendre en compte la réalité : un futile, ridicule et illusoire hochet qu'on croit pouvoir brandir pour faire pièce à la mort.

Il en va comme si, au sein de ces mouvements brutaux mais évolutifs que l'humanité a toujours connus, il était impossible de donner droit de cité à cette stratégie d'association contractuelle de destins qui éclôt dans ce qu'on nomme amour – c'est peut-être ce qui fait aussi bien son mystère que son attrait.

Il est vrai que, dans leur écrasante majorité, les individus passent le plus clair de leur temps à se défendre et à se défier mutuellement les uns des autres. Nul ne peut en effet demeurer indifférent à la nuance de la structure de l'autre, laquelle interroge immanquablement la sienne propre en le contraignant à la réexaminer alors même qu'il croyait s'en être affranchi sous prétexte qu'il avait choisi de ne plus rien en savoir. Rien que de très banal en quelque sorte. Car, si je vis dans la terreur extrême de la mort, mon voisin à structure similaire ne viendra jamais que m'encombrer de la sienne et m'enfoncer un peu plus dans ce qui deviendra alors notre lot commun. Et encore, je ne dis rien de celui-là qui se prévaut de l'impertinente haine qu'il en cultive pour me renvoyer, méprisant et faussement prosélyte à ce qu'il considère comme l'étriqué de mon existence. Ne vient-il pas me rappeler par chacune de ses attitudes, un asservissement que j'avais cru un moment être parvenu à oublier ? Si je vis, à l'inverse, dans l'imprescriptible haine de la mort, quelle sympathie peut susciter en moi ce troupeau de soumis, si craintifs et honteusement démissionnaires qu'ils vont obérer le moindre bénéfice que je pourrais tirer de mon action ? Quant à ceux avec lesquels je pourrais me sentir une parenté de perception, que me semblent-ils espérer derrière leur agitation brouillonne sinon donner droit de cité à leur pitoyable manière de se battre contre des ailes de moulin ? Et encore laisserai-je de côté celui-là qui fait état de son impudente indifférence, errant dans des sphères qui me sont si étranges que je réserverai à mes moments de désespoir l'attrait de leur exotisme.

Il peut sembler étrange de tout rapporter ainsi à la seule relation que chacun entretient à la mort. Mais il ne faut pas perdre de vue qu'elle constitue l'essentiel pour tout humain dont elle régit au plus près le comportement, agençant l'ensemble de ses rapports, façonnant ses habitudes, habitant ses paroles, se nichant entre ses mots les plus courants et se distillant jusque dans un simple échange de regard. La thématique du mauvais œil, si répandue en Méditerranée, comme la notion plus « chébran », et plus occidentale, de mauvais ou bon « feeling », en témoignent amplement. On peut dès lors imaginer ce qu'un environnement de sentiments exclusivement agressifs peut produire sur un individu et comprendre comment cela peut suffire à lui faire désinvestir la vie au point de la lui faire quitter. C'est là que gît l'explication éventuelle de l'hypothèse que je soulevais en entrée de chapitre. Il serait impossible de vivre sans être quelque peu vivifié par un ou plusieurs autres en le, ou en les, vivifiant en retour. Comme si toute rencontre, à laquelle on accorderait quelque valeur, ne serait jamais qu'un relais supplémentaire de l'investissement maternel duquel on aura voulu s'affranchir sans jamais avoir tout à fait réussi à en faire le deuil. Et chacun de ne pouvoir faire autrement que de le savoir à coup sûr quelque part. Au point qu'il ne peut que lui être interdit de plaider l'innocence s'il arrive malheur à un être avec lequel il avait noué un échange et qu'il aura éventuellement désinvesti.

Ce qu'on ne peut admettre sans invoquer le mécanisme paranoïaque du raisonnement qui y a conduit, apparaît on ne peut plus pertinent quand on évoque ce qui se passe au sein de la rencontre amoureuse. Voilà en effet qu'au milieu de ces rencontres obligées, ennuyeuses, pesantes et sans intérêt, un être surgit dont l'équation personnelle va non seulement pouvoir s'accommoder de la mienne mais s'y assortir au point de la considérer comme indispensable à la suite de toute son existence. Ce qui m'agrée et me convient, me faisant réagir de même en retour. Nos ressentiments respectifs, en quelques directions qu'ils fussent, de quelque ordre et en quelque ordre qu'ils soient, vont connaître une accalmie miraculeuse qui nous permettra d'imaginer l'un et l'autre que nous sommes enfin arrivés ensemble à bon port. Nous sentons naître en nous un sentiment dont nous pensons qu'il est neuf alors qu'il est la résurgence à peine déguisée de ce à quoi nous avions cru, il y a longtemps, devoir à jamais renoncer. Tout amour, qu'on soit homme ou femme, se rejoue en effet sur la base du premier amour porté à la mère. On espère, chaque fois, en retrouver la tonalité ou l'accent. Vainement cependant. Car la structure qui réfracte l'amour actuel lui confère une coloration originale. Ce qu'il importe néanmoins de savoir c'est qu'il ne peut pas en être autrement.

S'il est plus ou moins aisément admis que l'amour porté par un homme à une femme prend sa source dans l'amour que cet homme a porté à sa mère, il est beaucoup moins admis, voire considéré comme choquant, que l'amour porté par une femme à un homme procède de la même manière. Or, c'est là et principalement là, que gît le malentendu et que se fabrique le drame. Car, si une série de mécanismes, y compris l'intervention consensuelle de l'environnement, intervient pour inciter un homme à quitter enfin sa mère pour investir une femme clairement distincte d'elle (incitation vieille comme le monde, voir l'étonnant verset qui y fait allusion dans Genèse 2, 24), aucune incitation de ce type n'est faite à une femme. Ce qui la laisse livrée à ses pulsions premières comme si on l'avait décrétée capable à elle seule de dresser, contre ses peurs archaïques, une différence des sexes qui se prêterait alors aux aménagements éventuels qu'elle en déciderait. Mais tout, malgré cela, va pouvoir se rejouer. L'amour n'est-il pas réputé pouvoir soulever des montagnes ? Comment pourrait-il alors se laisser arrêter par d'aussi obscures considérations ?

Si mon objectif est de me terrer et que je développe un art consommé mais cependant encore insuffisant pour y parvenir, ne verrai-je pas d'un très bon œil le concours d'un être partageant des préoccupations strictement similaires aux miennes, m'offrant son aide et recevant celle que je lui offre en retour ? Nous serons deux « uns » en un et notre relation complice nous permettra de faire encore moins cas de cet autre stupide, inconvenant et anonyme qui nous dérange et nous agresse toutes les fois qu'il lui prend la fantaisie de nous interpeller ou de nous solliciter. Nous allons entreprendre d'échanger soigneusement nos rituels, nos manières de faire, nous allons entretenir nos pôles d'intérêt, nous allons construire notre abri, notre nid, nous allons organiser notre quotidien économe jusqu'à la parcimonie, parce que nous sommes soucieux on ne peut plus de cette durée que nous allons cultiver l'un avec l'autre, l'un par l'autre, l'un pour l'autre. Et qu'importe que notre aspiration à la vie puisse passer aux yeux de certains pour une entreprise de momification. Notre entente et notre accord fortifient nos attitudes et ont toutes les chances de nous rendre indifférents à notre alentour.

Si mon objectif de me terrer rencontre une forme – inespérée inexplicable et merveilleuse à la fois ! – d'incapacité radicale à le faire, je peux m'en sentir fasciné. Et je serai prêt à m'aliéner alors à cet être dont la vie et l'agitation se sont depuis longtemps ouvertement employées à défaire ce qui tant me terrifie. J'aurai moins à craindre encore en me plaçant sous la protection de sa détermination qu'en me réfugiant derrière les murailles d'un quelconque donjon. Quelle extraordinaire complémentarité que la nôtre ! Puisque je m'offre moi-même sans retenue à sa générosité comme l'objet susceptible aussi bien de la canaliser que d'offrir à son souci d'efficience la matérialité du mieux-être auquel notre commerce m'a fait accéder. Je ne cesserai pas d'être dans la demande et dans l'expression de mes limites et je jouirai de m'entendre distiller des messages de force et répéter à tout bout de champ des réassurances sur notre entreprise.

Et que dire alors de ma rencontre avec celui-là qui est totalement étranger à la thématique qui me porte et qui m'invite à visiter son univers désinhibé, négateur, inventif et toujours source d'un étonnement quelque peu effrayé ?

Même si je sais ce que je peux ou ne peux pas être pour lui,
je sais qu'il est pour moi une forme de fuite en avant ou de
repos et j'imagine que j'aurai réussi avec lui à débouter, de
la place qu'il aurait guignée, cet autre dont le militantisme
vivifiant aura cru trouver en moi un complice prêt à se laisser gagner...

Si je n'ai aucun objectif et que je flotte dans la vie au gré
de ces impulsions incompréhensibles...

Si le souci qui m'anime – au sens le plus littéral du mot
– c'est de dénoncer les moindres ruses d'une mort que je
m'emploie à pourchasser sous tous ses masques, ne vais-je
pas trouver...

On peut épuiser la combinatoire et examiner en détail
chaque cas qu'elle nous propose, on peut sexuer dans tous
les sens les protagonistes des échanges, on retrouvera
encore et toujours la structure au principe des unions. Et
ce n'est pas sans conséquence, loin s'en faut ! Car, tout
comme ne peut éviter de le faire chacun des sujets qui la
composent, toute union doit affronter aussi bien l'environnement dans lequel elle s'inscrit que la durée qui l'affecte
ou ce qui vient s'y greffer d'étrange et de déstabilisant. Ma
relation à l'autre, la sienne à moi, ce que j'en fais, ce qu'il
en fait, ce qui en est fait, peut nous gonfler l'un et l'autre
d'orgueil et, à défaut de nous donner une conscience plus
précise de notre être, nous conférer la conviction d'un avoir
inaliénable. D'un avoir qui nous ancre dans l'idée d'une plus
grande puissance et dans la légitimité de toutes les revendications que nous pourrions formuler à partir de ce que
nous percevons en nous de désir.

Et pourtant ! Une déception, un accident, un chagrin, la
disparition d'un parent ou d'un proche, un fait qui vient
interrompre avec plus de fracas qu'on est disposé à en supporter notre ronron quotidien, et nous voilà, complètement
bouleversés, à glisser sur la pente du dépit. Au point qu'il
nous arriverait d'interroger même cette relation puissante
et singulière à un être que nous avions pourtant paré de
toutes les vertus. C'est notre couple qui s'interroge, c'est
notre couple qui bringuebale, c'est notre couple qui se fra-
casse, c'est notre couple qui sombre. Et d'autant plus vite

que nous voilà incidemment tractés par une nouvelle rencontre dont les promesses ont un accent tel que nous ne pouvons ni les mettre en doute ni en faire le simple écho d'autres, plus anciennes et pourtant identiques, qui ont été données et dont on est prêt à croire, l'eussent-elles été réellement ou non, qu'elles n'ont pas été tenues. Nous sommes prêts pour une nouvelle tranche d'amour, une nouvelle tranche de vie, un nouveau combat... Toutes les histoires de couple peuvent somme toute se lire sur fond de cet inévacuable désir de chacun des protagonistes de trouver avec l'autre, par l'autre et dans l'autre, ce qu'il croit être la bonne et toute simple manière de résider dans la vie.

Qu'elles soient fusionnelles ou distantes, qu'elles se déploient dans le combat ou dans l'échange complice, qu'elles avortent ou qu'elles durent, ces relations horizontales évoluent toujours néanmoins dans la conscience, plus ou moins aiguë, que chacun a de leur dissociabilité sinon de leur précarité.

Il en va tout autrement quand s'y mêle une procréation. L'amour qui se met à se déployer alors dans le vertical, parce qu'il affronte la fuite du temps sur son propre terrain et qu'il donne corps au fantasme d'une authentique mise en échec de la mort, entraîne les sentiments du côté du vertigineux.

La relation ne se décline plus du tout en termes d'altérité. L'enfant, le serait-il, le deviendrait-il, n'est et ne sera jamais un autre quelconque. Il est une part de soi. Une part dont on refuse de se couper. Une part que l'on garde jalousement en otage et qu'on va s'évertuer à forger à son image, à son image propre ou à celle qu'on cultive depuis toujours et qu'on déplore de n'être pas parvenu à atteindre. Une part destinée à être parfaite et vengeresse de tous les dépits, de tous les échecs et de toutes les amertumes.

Tout cela n'a évidemment rien à voir avec la noblesse convenue des chromos que nos incorrigibles discours s'évertuent à accoler à la fonction parentale. Mais c'est ainsi qu'il vaut mieux voir les choses. Parce que c'est ainsi qu'elles sont dans leur essence et que toute autre vision qu'on chercherait à en donner, ou toute mutation qu'on

chercherait à en produire ne feraient que briser le mouvement structurant dont chaque enfant a le plus grand besoin.
À l'instar de ces associations qui ont fleuri ces dernières
décennies en empruntant de multiples credo opposés, il
faudrait créer un « mouvement de la cause parentale ». Il
permettrait de légitimer, de valider enfin ouvertement,
l'idée qu'il n'est pas de génération qui ne se mette en place
autrement que sur fond d'une aliénation de cette nature et
qui n'ait pas d'autre choix, pour s'en affranchir, que de se
lancer dans sa propre œuvre de procréation en s'assumant
comme aliénante à son tour. C'est ce mécanisme et lui seul
en effet qui intervient au niveau de la transmission de la
vie et qui en constitue le moteur.

C'est l'erreur, que mes parents – incompétents au point
de me contraindre à mâtiner ma piété filiale d'une tardive
pitié – ont commis dans mon élevage, qui arme mon ressentiment et qui explique l'ensemble des imperfections que
je perçois en moi. C'est elle, cette erreur, qui résume mon
« manque à être » (autre manière de nommer mon
« manque à gagner » ? !). Et c'est elle qui explique et surtout
légitime le projet que j'ai caressé depuis toujours de me
donner les moyens de ma propre réparation. Il est regrettable que cela doive en passer par une forme de vengeance
à assouvir. Mais ai-je un autre choix que de déboulonner
ma parentèle de son socle au moyen de cet enfant que je
vais faire et auquel, parce que j'en ai une conscience
suraiguë, je ferai faire l'économie de l'imbécile ratage dont
j'ai été victime ? On imagine l'énergie que je déploierai dès
lors à focaliser mon attention sur cette zone d'imperfection
que j'ai su si bien identifier. Rien ne pourra plus me distraire de cette préoccupation, puisque celui que je veux un
autre moi-même sera ainsi à l'abri du malheur qui m'a fait
ce que je suis. Voilà ! C'est dit ! Non seulement je ne sais
pas que je viens de rentrer dans le cercle le plus logiquement vicieux qui soit, mais je n'ai pas même le loisir de
savoir que je ne peux pas faire autrement. Puisque je ne
pourrai évidemment pas être partout et que je laisserai
béant un champ énorme dans lequel se produira imman-

quablement un autre ratage, sinon plusieurs ! Ratage(s)
dont mon enfant s'emparera à son tour pour... etc. !

Ainsi donc est-ce par la procréation que l'humain, dans
son projet de faire échec à la mort, entreprendrait de se
libérer en même temps de l'emprise de ses parents, n'hésitant pas, pour y parvenir, à prendre un appui patent sur
son enfant. C'est d'ailleurs cette manière de procéder qui
illustre le mieux possible la métaphore de l'étanchéité dont
il a été question entre la vie et la mort. La génération en
place s'interposant entre la génération précédente, dont le
bout d'un pied est déjà dans la tombe, et la génération suivante qui a pour mission implicite d'occuper et de conquérir la vie. C'est pour cette raison que tout abord thérapeutique d'un individu ne peut pas faire autrement que de
convoquer au moins trois générations.

Il semble que les groupes humains – apparemment sans
succès, comme en témoignent les difficultés qui ne cessent
pas d'être les leurs – se sont longtemps évertués à se doter,
dans ce but, de règles susceptibles de prendre en charge
sans les disjoindre les contradictions des conduites et la
cohérence d'une certaine démarche. Les exemples four-
millent, chacun empruntant à son environnement, et à la
vision du monde qu'il en a forgée, le soubassement de ses
conclusions et de ses recommandations. La mythologie qui
soutient l'ensemble du projet éthique juif en offre, entre
autres, une excellente illustration.

Il y aurait eu un premier état de l'homme, un premier
homme, un Adam premier, aDaM KaDMoN, qui aurait, lui,
été parfait. Il aurait hélas déchu par la suite et sa déché-
ance n'aura pas cessé d'être relayée par les générations suivantes,
à commencer par l'Adam que chacun connaît, en un mouvement qui est allé en s'aggravant jusqu'au temps du
déluge. C'est avec Noé, et les premières lois nohaïques,
qu'aura pris naissance le projet de retour à la perfection
première, lequel aura été confié à la succession inépuisable
des générations. Les premières d'entre elles s'emploieront
à forger à cet égard des règles de conduite dont l'essence
pédagogique est censée permettre à chacun, pourvu qu'il
veuille bien s'y soumettre, de se faire le dépositaire attentif

et le relais bienveillant d'une telle injonction. Il sera mis à son service à cet effet, une liste de 613 bonnes actions à accomplir pour pallier les 613 défauts recensés chez l'humain. On sait, de mémoire d'histoire, ce qu'il a été de tout cela, alors même que la morale qui en ressort vise, essentiellement et avec une étonnante intelligence, à résoudre l'ensemble des problèmes posés à chacun par son inévitable relation à l'autre. Un tel projet, même s'il a été ou s'il continue d'être assumé par quantité d'individus, ne peut que devoir reconnaître et entériner son échec sur le plan sociétal. Comme s'il ne convenait de fait qu'à ceux dont la structure avait tout pour le recevoir alors qu'il incommode au plus haut point tous les autres.

Si bien que quoi qu'on fasse, qu'on imagine, qu'on veuille ou qu'on dise, c'est encore et toujours sur la logique de la structure qu'on bute. Autrement dit sur cet *initium* qui ne cesse pas de poser la fameuse question de la poule et de l'œuf. Toute explication, toute incitation, toute prescription, toute injonction se heurtent en effet, immanquablement et quel que soit leur pouvoir, à la structure d'une mère et à ce que cette structure met elle-même en place, en guise de structure résultante comme on l'a vu, chez un enfant. Et comme cette transmission se fait en termes de vie et de mort, la mère apparaît à son enfant comme celle qui peut à sa seule guise le pourvoir plus de l'une que de l'autre, ou inversement ! C'est dire le formidable pouvoir que, sans toujours le vouloir et souvent sans le savoir, elle détient et tout ce que ce pouvoir implique. Pouvoir qui lui sera longtemps, très longtemps, conféré même si l'enfant parvient à le démystifier, à en faire le tour et à n'en garder la perception qu'en termes d'une trace à laquelle il assignerait, dans sa mémoire, une place des plus négligeables.

Quelles peuvent être alors les modalités d'action possibles pour éviter les dérives et les excès qu'une telle situation fait courir ?

Faudrait-il délibérément intervenir sur la structure de la mère pour la rendre inopérante ? C'est difficile, cela pourrait s'avérer nocif, mais c'est surtout illusoire. Il n'est pour s'en convaincre que d'examiner par exemple le devenir des enfants de mères qui étaient déjà psychanalystes avant de procréer. On ne peut pas les suspecter, elles, de ne pas avoir fait un travail préalable sur elles-mêmes puisque c'est ce travail qui conditionne l'accès à leur compétence. On ne peut non plus mettre en doute l'extrême désir de bien faire qui les anime. On est donc prêt à les penser mieux armées que d'autres et capables de ce fait d'éviter les ornières qui les attendent. Or, il se vérifie que leur enfant – heureusement pour lui et heureusement pour elles, m'empresserai-je d'ajouter ! – est logé exactement à la même enseigne que ses semblables différemment nantis. Qu'est-ce que cela veut dire, sinon que les processus qui interviennent en la matière échappent à tout contrôle du fait même de leur dynamique et de la force de l'histoire qui les promeut. Rien de plus logique d'ailleurs puisque les processus mobilisés en l'occurrence sont ceux-là mêmes qui sont intervenus pour la mère à une phase extrêmement précoce de sa vie et que cette phase échappe, et échappera toujours, quoi qu'on pourra en dire, au travail de la parole.

Faudrait-il alors intervenir, à rebours, le plus précocement possible sur le réceptacle constitué par l'enfant ? La chose a été imaginée. Il s'est trouvé des sociétés où on a essayé de procéder à des élevages d'enfants groupés hors de la présence de leurs parents. Chez nous, l'élevage mercenaire connaît une certaine faveur sinon un véritable engouement, sous prétexte, entre autres facteurs favorisants, qu'il a été et qu'il est soutenu par de grands noms de la psychanalyse d'enfants. On a même eu l'idée de mettre en place des études destinées à une surveillance systématique des familles et à un travail de prévention précoce avec elles. Or tout cela paraît bien vain dès lors qu'on prend justement acte de la quasi-immédiateté de la mise en place de la structure et des voies qu'elle emprunte à cet effet. Si bien qu'on ne peut imaginer la réalisation d'un tel fantasme que par le retrait précoce et définitif d'un enfant à sa mère – comme cela se passe par exemple dans l'adoption ! Mais ce ne serait qu'une opération blanche puisque cela reviendrait somme toute à seulement changer une influence possible pour une autre sans jamais rien économiser de ce sur quoi on se voudrait regardant.

Aucune voie, ni aucune solution, ne peut donc s'avérer valable quand elle se situe ou s'origine en dehors de la psyché et du désir de la mère. On sera amené à voir que la seule qui a fait et qui fait encore la preuve de son extraordinaire efficacité c'est celle qui fait intervenir le père de l'enfant. Mais là encore on ne doit pas, en tirant des conclusions par trop hâtives, sous peine de gravement se fourvoyer, trop aisément crier victoire.

Il faut dire pour couronner le tout que l'évolution récente de nos sociétés occidentales a dessiné un paysage dans lequel règne assurément la confusion la plus grande. Si au siècle dernier, voire il y a quelques décennies encore, c'est de l'écrasant personnage paternel que les enfants, sans distinction de sexe, avaient à se libérer, ce n'est plus le cas aujourd'hui. Et si l'image d'Épinal de la mère et du fils pathologiquement accrochés l'un à l'autre continue d'avoir encore cours, il semble que ce soit en train de devenir une attendrissante pièce de musée.

Je participais, il y a quelques années, en tant que formateur, à un enseignement postuniversitaire de pédiatres. Il y avait, là, quelque cent cinquante collègues, des deux sexes et de tous âges, venus de toute la France et des horizons les plus divers, avec le projet de parfaire leur abord du matériel relationnel énorme que comporte leur pratique. La session durait trois jours et nous étions six à nous partager la tâche : deux pédiatres, une psychanalyste et trois systémiciens dont deux étaient en même temps psychiatres et psychanalystes. L'organisation prévoyait que nous prenions en charge, par demi-journée et par groupes de deux, un tiers de nos confrères, de manière à multiplier les échanges des points de vue et des pratiques. Le travail, de bout en bout, a été intéressant et surprenant par sa très grande richesse. C'est sans doute la raison pour laquelle nous avons décidé d'un commun accord, de changer pour la dernière demi-journée le mode de fonctionnement qui nous avait été imposé par les organisateurs. Nous nous sommes mis tous les six derrière une même table et nous avons proposé à nos confrères de nous poser à la cantonade toutes les questions qui leur venaient à l'esprit, sans se restreindre aux termes, épuisés d'ailleurs, des différents ateliers qui avaient eu lieu. Nous leur avons suggéré de mettre au besoin leurs questions par écrit, nous proposant de les classer par thème et d'y répondre selon nos compétences et nos intérêts respectifs. Quel n'a pas été notre étonnement quand nous avons vu revenir dans un nombre impressionnant de bulletins la même question, formulée à peu de variantes près, de la même manière : « Faut-il tuer les grand-mères ? »

Nous ne sommes pas tout de suite revenus de notre surprise. Il nous a fallu d'abord comprendre que c'étaient des grand-mères maternelles qu'il s'agissait et que c'étaient elles que visait la vindicte. Puis nous avons dû prendre acte que ce n'était certainement pas un effet de hasard que le terme dont il avait été fait usage ait pu être d'une si grande violence. Il nous semblait en effet traduire, de la part de nos confrères, un sorte de ras-le-bol unanime qui n'avait trouvé aucun autre moyen d'expression. Comme si ces praticiens, pourtant formés de la façon la plus classique, tentaient de témoigner, à partir de leur exercice quotidien, de la place extravagante, et souvent nocive à leurs dires, que prenait ce personnage dans la constellation familiale de leurs petits patients. On pouvait bien évidemment les suspecter de manifester à leur façon une forme inavouable de jalousie aveugle, comme s'ils ne pardonnaient pas au dit personnage de brider le pouvoir qu'ils auraient eux-mêmes rêvé d'exercer sur les parents de leurs patients – un médecin, et surtout un pédiatre, ne rêve-t-il pas quelque part d'être une mère toute-puissante et parfaite à la fois ? Mais la discussion montra rapidement que ce n'était pas du tout le cas. Et nombre de confrères rapportèrent des histoires cliniques, des plus incroyables, démontrant l'influence souvent néfaste du personnage incriminé sur la santé de l'enfant.

Je n'adhérais pas pour ma part, sans réserve, au côté tranché et surtout violent de cette opinion. Pas plus que je n'ai adhéré sur-le-champ, encore que j'en eusse compris l'essence, au côté sévère et par trop brutal du fantasme de sanction envisagé. C'est d'ailleurs ce que j'ai dit quand ce fut mon tour de parole et que j'ai eu à reprendre aussi bien la question qu'à y répondre. Je soulignerai néanmoins ici le côté spontané d'une information qui confirmait ma propre expérience et l'opinion que je m'étais faite depuis long-temps au point de l'avoir laissé souvent transparaître dans mes précédents écrits, à savoir qu'au principe de tout tra-vail avec un enfant il y a d'abord et avant tout sa mère mais, très vite, la téléguidant et tout près d'elle, presque indis-sociable d'elle et avant tout autre personnage de la constel-lation familiale restreinte ou élargie, sa propre mère.

Faute d'avoir gardé la mémoire précise des cas qui avaient été rapportés à cette réunion, je ferai état ici de quelques exemples concrets et édifiants tirés de ma pra-tique la plus courante. Cela donnera une idée plus consis-tante et plus claire du débat que soulève ce constat, ce qui permettra au passage d'en dégager parfois les lignes et d'en saisir les implications et les conséquences. Et si j'use d'un mode narratif qui prend les choses sur le vif et exactement comme elles se présentent, c'est pour montrer que je n'ai pas pour habitude de m'embarquer dans une histoire avec une idée préconçue, en espérant aussi que la récurrence des situations permettra de comprendre le cri d'alarme de mes confrères.

C'est dans un mélange de joie et de surprise que j'ai reçu, un soir, une demande insolite. Denise, qui était une de mes anciennes petites patientes et dont je soignais déjà les enfants, me suppliait de venir examiner sa jeune sœur Colette qui souffrait depuis plusieurs jours déjà de douleurs abdominales intolérables que les divers médecins appelés n'étaient pas parvenus à soulager. Je me suis d'abord récusé arguant que, pour jeune qu'elle fût, Colette avait tout de même près de dix-neuf ans, que la pédiatrie s'arrêtait bien avant cet âge et que je n'étais surtout pas sûr de faire mieux que mes confrères tant j'avais oublié de choses concernant la pathologie du corps adulte. Mais l'insistance de Denise eut raison de ma résistance et je lui ai promis de faire un saut en précisant que ce serait seulement par amitié et sans la garantie du moindre résultat.

C'est qu'entre ces deux sœurs et moi, il s'était passé beaucoup de choses.

Je n'avais pas ouvert mon cabinet depuis un mois que j'ai eu en effet à rencontrer Denise qui avait alors treize ans et qui m'était conduite pour le rhume qu'elle aurait contracté à la naissance et dont elle ne serait pratiquement jamais parvenue à se débarrasser. M'exposant ce motif, la mère a en même temps déposé sur mon bureau un énorme dossier contenant toute les ordonnances, radios et examens collectés au cours desdites treize années. Car elle n'avait reculé devant rien, écumant les consultations hospitalières de toutes spécialités et se rendant en tout lieu où un interlocuteur quelconque, au reçu des confidences dont elle n'était pas avare, l'assurait de pouvoir trouver une solution. Les interventions chirurgicales, l'allergologie, les médecines douces, les cures thermales n'avaient abouti à rien ! Je me voyais parti pour l'après-midi dans le seul exposé des détails.

Oh, ce n'était pas que le temps me manquait. J'en avais autant qu'il m'en aurait fallu et je ne savais plutôt pas comment le tuer. Mais je n'imaginais pas ce que je pouvais faire de plus que les collègues qui avaient été mis en échec. Je ne disposais d'aucun moyen pour affronter ces types de tableau. On n'enseigne jamais aux médecins à les traiter, comme s'ils étaient beaucoup trop bénins pour la noble tâche que se définit la Faculté. Je me sentais, autrement dit, tout à fait incompétent. Mais, ne sachant comment empêcher la mère de m'envahir encore plus, je lui ai demandé de me laisser seul avec sa fille. Ce à quoi elle consentit, encore que son comportement semblait vouloir résister à l'incongruité du mien.

Je me revois – et je me demande encore où j'étais allé chercher cette manière de faire ! – disant à Denise : « Raconte moi ton dernier rhume. » Ma question n'a pas paru la surprendre et c'était comme si elle n'attendait que cela. « L'autre soir, me dit-elle, j'étais à une boum. Il y avait beaucoup de fumée. J'étais en train de danser et quelqu'un

a ouvert une fenêtre. J'ai demandé qu'on la referme. Mon
cavalier, que je venais à peine de connaître, m'a alors dit :
" C'est vrai, on sait que toi, ta mère, elle a toujours peur
que tu t'enrhumes ! " Je l'ai plaqué, j'ai pris mon manteau
et je suis partie dans la nuit. Aussitôt dehors j'ai senti que
j'étais en train de prendre froid et j'ai tout de suite pensé :
" Bien fait pour elle ! " » Je n'ai pas pris la mesure du propos, qui m'a néanmoins amusé au passage, car je n'avais
alors pas la moindre idée du rapport de la psyché avec les
maladies du corps. J'ai seulement estimé avoir assez donné
de mon temps. J'ai fait revenir la mère, je lui ai tendu une
ordonnance de gouttes nasales quelconques et j'ai mis fin à
la rencontre.

Je n'aurais peut-être pas fait plus cas de cette consultation – elle me gênait et je n'en avais tiré aucune satisfaction
– et je ne l'aurais certainement pas gardée en mémoire si
je n'avais été appelé quelques semaines plus tard par la
mère de Denise pour une fièvre élevée chez Colette, la
seconde de ses deux filles, alors âgée de quatre ans. Elle a
commencé par me déclarer que j'avais opéré un véritable
miracle puisque son aînée avait désormais un nez définitivement débouché et qui le demeurait en toutes circonstances. J'ai dû penser que j'avais affaire à une famille de
fous, tant ces effets d'apparence thaumaturgique étaient
totalement étrangers au cerveau parfaitement lavé que
m'avait fabriqué ma formation. Mais la louange m'apparaissait bonne à prendre, d'autant qu'elle m'avait valu et
qu'elle me valait, par la publicité dont elle était assortie,
une quantité respectable de nouveaux clients.

Colette était belle, potelée, rose, craquante et elle avait
une grippe pour laquelle j'ai seulement prescrit de l'aspi-
rine, ce qui faillit faire s'étrangler sa maman incapable
qu'elle était d'accepter qu'on traite si légèrement une fièvre
qui l'effrayait autant.

Je continuerai de voir les deux sœurs des années durant.
Jusqu'à ce que le temps les eût éloignées du champ de ma
clientèle, Denise d'abord, Colette ensuite, sans jamais être
parvenu à apaiser la fébrilité de leur mère ou à la familiariser à mes manières de travailler. Je pense que la fidélité

qu'elle manifestait à mon endroit a toujours été redevable
à mon premier, et très involontaire, exploit. Je mettrai du
temps à me rendre compte qu'elle n'avait pas été la seule à
cet égard. Car Denise qui se maria un jour et qui eut, en
quelques années, deux garçons m'en confia tout naturellement le suivi. Or, un jour que je débattais avec elle des
difficultés qu'elle ne cessait pas de rencontrer avec l'immixtion constante de sa mère dans son quotidien, je pris
acte, parce que j'avais alors déjà fait un certain chemin,
qu'elle avait prénommé ses fils Geffroy et René, que j'enten-
dis soudainement comme « j'ai froid » et « re-nez ». J'ai dû
alors me dire qu'il lui restait encore une sacrée quantité de
pain sur la planche. Mais je crois que je n'ai quand même
pas pu m'empêcher en même temps de l'admirer. Parce que
la lutte qu'elle menait contre sa mère était des plus méritoires. Elles habitaient tout près l'une de l'autre et, comme
il arrive si souvent, la grand-mère, qui n'avait pas d'autre
occupation ou qui mettait celles qu'elle pouvait avoir au
second plan, avait trouvé dans ce voisinage un prétexte
commode pour axer sa vie et organiser son quotidien autour
des besoins potentiels de sa fille et de ses petits-enfants.

On sait combien il est difficile d'interroger une pareille
sollicitude, toujours prête à se prévaloir de son mérite et de
sa discrétion si on avait par hasard la mauvaise grâce de
ne pas la louer. Singulière logique que celle de ce type
d'échanges. Les bénéfices tirés par la fille des dispositions
de sa mère ne se comptent pas et il n'est pas plus besoin
d'en détailler la liste que d'en dresser les avantages. Mais
c'est le pire marché de dupes qui puisse exister. La fille,
persuadée que tout cela ne procède que du dévouement
commandé par l'amour évidemment gratuit que lui porte
sa mère, croit pouvoir en disposer sans contrepartie, ou, en
tout cas, à un prix qu'elle et elle seule aura le privilège de
fixer. Elle ne sait pas – mais veut-elle le savoir ? – que sa
mère n'a pas d'autre rêve que de lui devenir indispensable
au point qu'elles ne puissent jamais plus se passer l'une de
l'autre et qu'elles puissent se retrouver unies à nouveau
comme aux tout premiers jours de leur vie commune et de
leur définition mutuelle l'une par l'autre.

C'est quelque chose dont Denise avait dû soudainement mesurer le danger puisque quelque temps après cette consultation elle a déménagé, en prenant, de surcroît la précaution d'abriter son autonomie derrière plusieurs stations de métro et deux changements. Ce qui lui a permis, dans la foulée, de reprendre les études qu'elle avait abandonnées et d'occuper pleinement l'espace d'une émancipation dont j'ai eu maintes occasions de mesurer l'étendue. Cela lui était arrivé depuis déjà quelques mois ou peut-être même quelques années. Je ne m'en souviens plus exactement, ça n'a pas grande importance, disons simplement que nous étions en tout cas, elle et moi, dans une phase stable et quasi définitive d'estime et d'investissement réciproques. C'est en tout cas à cette époque qu'elle m'a adressé l'appel auquel je n'ai pas pu me soustraire.

L'après-midi était grisâtre et le salon où j'étais attendu était plutôt sombre à mon goût. Je me souviens l'avoir noté parce que je me proposais de rechercher dans mon examen une jaunisse et que les conjonctives, qui en trahissent les premiers signes objectifs, s'examinent mieux à la lumière du jour. J'ai embrassé la scène d'un regard circulaire en prenant le parti d'adresser un bonjour à la cantonade. Colette, que je n'avais pas rencontrée depuis longtemps et qui me semblait être devenue une splendide jeune fille, était allongée sur un canapé face à la fenêtre. Elle geignait sans cesse, les genoux ramenés sur le ventre et les yeux mi-clos. Tout près d'elle, lui pétrissant la main quand elle parvenait à s'en saisir, suant l'angoisse, émettant des bruits de gorge en écho à ses geignements, sa mère s'agitait dans tous les sens sur son fauteuil. En arrière-plan, avec sa silhouette qui se découpait sur la fenêtre par laquelle elle devait quelques instants plus tôt s'absorber dans le spectacle de la rue, trônait, digne, impeccable, engoncée et sereine, la grand-mère maternelle des deux filles. Je la connaissais bien entendu pour l'avoir rencontrée à plusieurs reprises et pour avoir longuement entendu Denise me parler d'elle et de son histoire. Tout au fond de la pièce, presque noyée dans les plis des amples doubles rideaux, tassée dans l'obscurité qu'elle avait dû sciemment choisir, Denise était assise sur une chaise, les genoux serrés entre ses bras croisés sur sa poitrine, comme si elle avait voulu, en optant pour la même attitude fœtale que sa sœur, lui marquer encore plus de sympathie. Elle m'a souri quand nos regards se sont croisés, comme pour me prendre à témoin que son histoire n'était pas encore tout à fait en ordre et se faire pardonner l'insistance avec laquelle elle m'avait appelé au secours.

Je me suis assis près du canapé et j'ai commencé par reconstituer minutieusement l'histoire de ces fameuses douleurs. J'ai pris connaissance des ordonnances de mes confrères et des examens qu'ils avaient prescrits. Puis je me suis occupé de Colette sans que cela ait pu – comme je le craignais mais comme je devais aussi le savoir quelque part par avance – me fournir le moindre indice ou m'apporter le moindre résultat. Je n'avais évidemment aucun diagnostic à fournir, aucune conduite à proposer. J'étais renvoyé en quelque sorte à des années auparavant. Une longue démarche préalable, un dossier amplement fourni et un symptôme qui défie obstinément les stratégies thérapeutiques. Et dans ce contexte, on me prêtait un pouvoir que je savais ne pas avoir. Je m'évertuais à le professer et à tenter de prouver mon impuissance. Or, plus je mettais de soin à le faire et plus j'étais investi. Le paradoxe était des plus singuliers et je ne voyais pas comment me tirer d'une impasse dans laquelle ma seule et insolite présence signait ma complaisance sinon ma complicité.

Je me suis alors employé à reprendre par le détail le parcours accompli par Colette ces dernières années. Et ce n'est pas elle – qui hurlait suffisamment fort par son corps pour me signifier qu'elle ne pouvait en dire mot – que j'ai interrogée. Sa mère ne demandait qu'à parler et longuement raconter, ne pouvant manquer une si belle occasion, en présence de sa mère et de ses filles, d'étaler ses mérites et de se draper dans la vertu irréprochable qui avait toujours conduit sa vie et ses actes. Elle en protestait d'ailleurs si admirablement que c'en était devenu caricatural. Au point que je l'ai interrompue en lui demandant si elle entendait ce qu'elle disait. Elle a semblé un instant interloquée par

mon intervention et elle s'en est défendue en me demandant sèchement : « Vous voulez dire alors que c'est moi qui
la rends malade ? » Je ne pouvais laisser sa question sans
réponse et j'ai cru bon de lui répondre : « Vous ne pouvez
rendre, Madame, que ce que vous avez reçu. » Ma ponctua-
tion m'a semblé aussi facile qu'évidente. Mais au moment
même où j'égrenais mon propos, je me rendais compte que
j'avais usé d'un ton qui ne m'était pas habituel en parlant
lentement et en détachant soigneusement mes mots. Je
m'étais peut-être laissé traverser par une interprétation
mais je l'avais fait sur un mode singulièrement sentencieux.

Tout à la fois auteur, acteur et spectateur de la scène,
j'avais les sens en éveil, décidé à ne pas laisser passer le
moindre détail de ce qui pouvait se dérouler. Si mes oreilles
étaient dressées, mes yeux ne cessaient de guetter la
moindre modification des physionomies et des attitudes de
tous ces personnages. Et ce que je venais de dire me mettait
dans un tel état émotionnel que je ne pouvais pas imaginer
mon interlocutrice en meilleure position, si bien que c'est
sur elle que je focalisais mon regard et mon attention. Au
point que j'ai été littéralement désarçonné quand j'ai
entendu, sur le côté, le fracas d'une chaise qui se renversait.
J'ai tourné la tête et, le temps de l'apercevoir dressée d'un
bloc et s'escrimant avec la crémone de la fenêtre, j'ai
entendu la grand-mère de Colette protester vigoureuse-
ment : « Qu'est-ce qu'il fait chaud ici ! mais qu'est-ce qu'il
fait chaud ! On étouffe ici ! Il y a de quoi rendre tout le
monde malade ! »

Il semblait que, quels qu'eussent été les détours qu'il avait
dû emprunter, le message de Colette était enfin parvenu à
destination. Il m'aurait d'ailleurs été difficile d'imaginer,
pour inattendu et original qu'il fût, meilleur accusé de
réception. Je n'ai bien sûr pas manqué de délivrer à Colette
un énième antispasmodique. J'étais certain qu'il opérerait
le miracle espéré. J'aurai été une fois de plus à hauteur de
la réputation qu'on s'évertuait à entretenir. Mais pouvais-je
faire autrement que de ménager un tant soit peu le narcissisme de ces femmes qui étaient tout de même parvenues

à régler, en peu de temps et peu de mots, de sacrés comptes entre elles.

Car, comme on sera appelé à le voir et surtout à tenter d'en comprendre la raison, c'est toujours de règlements de comptes qu'il s'agit, même si rien au premier abord ne le laisse supposer.

Ce qu'illustre une autre histoire qui m'est soudain revenue d'un bloc en mémoire, un soir que je revenais de l'hôpital où j'étais allé voir un de mes petits patients. Ce n'était pas une bonne heure pour circuler et je me suis retrouvé piaffant d'impatience sur un boulevard encombré. J'en étais réduit à faire ce que chacun fait bêtement dans ces cas-là : je grillais cigarette sur cigarette, sollicitant de façon déraisonnable mon bouton de radio et laissant ma pensée courir en cherchant tous les moyens d'occuper, pour ne pas le perdre, ce bout de temps qui risquait d'être dérobé à la gestion économe que je prétends avoir du mien. J'en étais donc ainsi à pester quand je me suis rendu compte que j'étais à hauteur d'un immeuble où j'avais une petite patiente à laquelle il m'était arrivé quelques années auparavant de rendre visite plus souvent qu'à mon goût. Et je me suis fait la réflexion soudaine que je ne l'avais pas vue depuis déjà longtemps. L'idée qu'elle aurait pu aller se faire soigner ailleurs m'a un moment traversé l'esprit. Cela arrive tous les jours : le libre choix du médecin par son patient est encore – je crains cependant hélas que ce ne soit plus que pour quelque temps seulement – une des caractéristiques de notre système de santé. J'en suis un fervent défenseur. Ce qui ne m'empêche pas d'éprouver chaque défection inopinée comme une pénible frustration qui me prive de l'enseignement que j'aurais pu tirer du cas. J'ai immédiatement rejeté cette éventualité en découvrant que la chose était tout simplement impossible. Pourquoi une telle certitude et à quoi pouvais-je la raccrocher ? Je n'en savais rien. À rien de dicible, me semblait-il, en tout cas. J'ai dû penser que c'était heureux qu'il puisse y avoir de temps à autre des certitudes de ce type ! Et ça m'a fait du bien. Mais ça n'a pas duré. Si bien que je me suis surpris à changer une fois de plus ma radio de station et à maudire plus rageusement encore les ennuis de circulation.

Quelques jours plus tard, par une de ces coïncidences qui restent pour moi un mystère, j'ai vu à ma consultation cette petite fille avec sa mère. Paule, qui devait avoir dans les trois ans et demi, n'était pas venue me voir depuis plus de sept mois. Elle avait traversé l'automne et l'hiver sans jamais être malade – une performance, compte tenu de son âge et surtout de son passé.

Notre première rencontre avait été très marquante. Je m'étais rendu chez elle à l'appel de sa mère. Elle avait cinq jours et elle était rentrée de la maternité le matin même. Elle était plutôt mal, assez mal même. Elle était un peu sèche, pas très tonique. Elle somnolait et elle ne buvait pas bien. Son siège était profondément entamé sous l'éosine généreusement répandue et, sur les fesses et les cuisses, il y avait encore les bosses mal résorbées des piqûres qu'on avait dû lui faire.

Pendant le temps que j'ai passé à récolter ces indices, j'avais observé le plus grand silence. Par prudence bien sûr. Mais j'étais également embarrassé sinon anxieux. Je ne parvenais pas encore à savoir s'il s'agissait d'une histoire préoccupante ou d'une situation travaillée par toutes sortes de facteurs susceptibles de générer le malaise que je ressentais. La pièce dans laquelle j'avais été reçu témoignait du goût exécrable qui avait présidé à l'installation d'un intérieur quelconque dans son ensemble, comme s'il n'avait dû être qu'un vague lieu de passage. Elle était en désordre et sale. La mère avait une tête fatiguée et un discret strabisme que soulignait une différence d'inclinaison de ses fentes palpébrales. Ce qui donnait à son regard une expression où la terreur le cédait mal à l'accablement, au fatalisme et à la résignation. Elle se laissait, apparemment sans difficulté, seconder par sa propre mère à l'allure modeste et au visage sévère et fermé. Rien dans tout cela ne cadrait avec l'atmosphère qui accueille habituellement les nouveau-nés. Ça sentait sinon la mort, du moins le deuil. Je ne savais pas pourquoi. Mais avais-je à le savoir ? En principe non, puisque le serment d'Hippocrate fait commandement aux yeux de ne rien voir de ce qui ne doit pas être vu, etc. Sauf que je ne peux pas ignorer ma perméabilité à ce type de nuances et le parti qu'il m'arrive d'en tirer.

J'ai demandé le carnet de santé que je n'avais pas vu auprès du berceau. Je me suis entendu répondre que la clinique l'avait gardé sans fournir d'explication. Faute de disposer de ce document pour apprendre le minimum sur le déroulement de la grossesse et sur le début de la vie, j'ai été contraint de mener un interrogatoire serré, comme je déteste le faire parce que je sais depuis longtemps déjà que lorsqu'on pose des questions on n'obtient que des réponses et rien de plus. Là, je n'avais pas le choix et je ne pouvais pas me passer des réponses que je cherchais avant toute autre chose. J'ai ainsi appris que la naissance avait eu lieu dans une clinique éloignée dont je savais la réputation douteuse et que le médecin qui y avait présidé était un vieux praticien qui avait mis au monde la maman de Paule elle-même et sa première fille, Gisèle, âgée de 3 ans et confiée pour la circonstance aux autres grands-parents. Le suivi de la grossesse semblait avoir été négligé et ne répondait en aucun point aux critères établis de suivi des futures mères. L'accouchement avait manifestement été difficile et le liquide amniotique avait été teinté – ce qui signe habituellement une souffrance fœtale susceptible d'ouvrir les portes à toutes sortes de complications. Le vieil accoucheur n'avait pas fait venir de pédiatre, pas plus qu'il n'avait cru bon d'hospitaliser la fillette. Il s'est contenté de lui faire faire des injections d'une association antibiotique abandonnée depuis des lustres pour son inefficacité et sa nocivité potentielle ! Puis il l'avait laissé sortir, alors même qu'elle continuait de perdre du poids, comme pour s'en débarrasser et préserver ainsi la réputation de son établissement.

Ce qui était intolérable pour moi, ce n'était pas seulement l'incompétence et la malhonnêteté dont je prenais connaissance, mais le fait qu'on puisse y exposer, sous de vagues motifs de sentimentalisme ou de loyauté, un nouveau-né, un être tout neuf qui ne demande rien de plus que d'être décemment accueilli dans la vie à laquelle on le fait venir.

Au terme de mon interrogatoire, j'étais plus furieux

qu'angoissé. J'ai repris une fois de plus mon examen et je me suis lancé dans une diatribe violente contre le confrère que j'ai traité, au mépris de toute décence, d'inconséquent et de criminel. Je me suis laissé aller à une de ces colères comme j'en ai eu quelques-unes dans ma carrière. J'ai radicalisé le drame en majorant d'un cran, sinon de plusieurs, la tension que j'avais perçue à mon arrivée. J'ai imposé qu'on appelle en urgence un laboratoire, j'ai donné de strictes consignes diététiques et un traitement à commencer dès après le passage du laborantin. J'ai exigé et obtenu de revoir Paule l'après-midi même et à plusieurs reprises les jours suivants, jusqu'à ce que j'aie pu la considérer comme tirée d'affaire. Puis j'ai continué de la suivre sans être cependant parvenu à apprivoiser son étrange mère avec laquelle les échanges se réduisaient au minimum.

À six mois, elle a fait un premier épisode de bronchiolite que j'ai traité sans m'en émouvoir. Mais comme elle a rechuté à trois reprises en huit semaines, à la fin de l'une de ces consultations, j'ai donné à la mère une ordonnance pour faire pratiquer une radiographie des voies digestives hautes. On commençait à peine, dans ces années-là, à suspecter l'intervention des processus de reflux gastro-œsophagien dans la genèse des accidents respiratoires à répétition du nourrisson et on n'avait pas encore toute la panoplie endoscopique dont on dispose aujourd'hui. J'avais bien évidemment pris le soin de lui expliquer tout cela par le détail. Mais je l'ai tout de même vue hésitante, surprise et même un peu agacée. J'ai alors cru bon de reprendre mes explications une à une, allant jusqu'à lui faire un véritable cours avec dessins à l'appui. Elle a alors paru rassérénée et elle m'a demandé où elle devait aller. Je lui ai donné un papier avec les coordonnées du service radiologique de l'hôpital S. Elle a pris le papier. Elle y a jeté un œil, elle m'a regardé et elle m'a dit sur un ton offusqué : « Vous êtes fou ? » C'était le premier échange autre qu'anonyme que nous avions et il était à tout le moins étrange. Devant mon air étonné, elle a ajouté : « Si je conduis ma fille à l'hôpital S., c'est simple, ma mère me tue. » J'ai observé le silence en me disant que j'avais peut-être, là, l'occasion de comprendre enfin ce qui s'était passé lors de notre première rencontre. Elle a poursuivi, sur un ton véhément : « Vous ne vous rendez pas compte de ce que c'est que cet hôpital. Mon petit frère y est mort à l'âge de six mois d'une toxicose [1]. J'avais trois ans et demi et jusqu'à maintenant, mon père, ma mère et moi-même, quand nous sommes à pied et que nous ne pouvons pas faire autrement que de passer par ce boulevard, nous évitons soigneusement d'emprunter le trottoir de cet hôpital. Et, quand nous sommes en voiture, même si notre itinéraire doit en pâtir, nous faisons toujours des détours pour ne pas passer en face. C'est, pour nous, un trou, un blanc, un noir, devrais-je dire, définitif dans le plan de Paris. Alors vous me voyez, non mais vous me voyez, y conduire ma fille ? »

Paule occupait donc cette position de seconde de sa mère, comme le petit frère occupait la position de second de ses grands-parents. Attendait-on un garçon pour faire bégayer l'histoire ? J'ai posé la question et j'ai appris que c'était le cas pour le grand-père. Du coup le choix de l'accoucheur pouvait apparaître comme au service d'une histoire destinée à être répétée à défaut de pouvoir, avec un peu de chance, être corrigée. Quant à l'atmosphère de mort que j'avais si violemment ressentie lors de ma première visite, elle se confirmait semblant avoir été l'acmé érotisée de ce deuil toujours inachevé.

Ma place m'apparaissait plus clairement encore. Ma fonction, et le savoir qu'elle est réputée avoir sur la mort réelle, avait secoué chacun et lui avait fait abandonner ses options fantasmatiques. Agitant une menace de mort autrement plus consistante et ne faisant rien pour tempérer une indignation que je hurlais, j'avais occupé auprès de cette fillette la position désertée aussi bien par le grand-père maternel déçu que par le père totalement absent parce que délibérément exclu par la cellule familiale maternelle, comme par la mère qui n'en était toujours pas sortie, de la

---

1. C'est le nom que l'on donnait autrefois aux déshydratations aiguës généralement consécutives à des diarrhées infectieuses.

gestion de ce destin. J'avais, sans le savoir, donné prix à cette vie et permis son investissement par la mère. Et voilà que, par le détour curieux d'un chemin inattendu, je ramenais, sans toujours le savoir, le spectre que j'avais contribué à éloigner. Ce n'est pas étonnant que j'eusse pu, en de telles circonstances, être perçu comme « fou ».

Ça s'était donc mis à parler, du côté de la mère. Ça n'avait, bien sûr, jamais cessé de le faire, même de cette manière qu'on peut dire inintelligible. Mais ça parlait aussi de mon côté, à mon insu. Et ç'avait été bien plus entendu que je n'aurais pu le soupçonner puisque la communication avait quitté le champ de l'informulé sous l'impulsion de ce terme si bienvenu de « fou ».

J'ai donné l'adresse d'un cabinet de radiographie privé et un autre rendez-vous.

Le traitement que j'ai appliqué au reflux effectivement retrouvé chez Paule n'a hélas pas donné les résultats escomptés. Si bien que j'ai dû, à plusieurs reprises, tenter de l'affiner. Sans grand succès. Les épisodes respiratoires prenaient l'allure de la plus franche chronicité et me désespéraient, me renvoyant d'autant plus insupportablement à mon échec que j'avais compté sur nos échanges et sur la reprise de l'histoire pour aplanir les difficultés. Il en allait comme s'il me fallait accomplir à nouveau tout ce chemin pour désinvestir ma tentation thérapeutique, retrouver et assumer mon impuissance et permettre à la solution de venir, comme toujours, de l'autre et de lui seul. C'est encore, en effet, à la mère de Paule que j'ai dû la fin de mon épreuve.

Elle est donc arrivée un jour avec sa fillette dont je m'étonnais qu'elle fût en si bon état. Je ne retrouvais pas, à l'auscultation, la moindre trace de ces signes respiratoires qui ne la quittaient plus depuis des mois et j'en restais ébahi. J'ai dit mon constat et le plaisir que cela me procurait. J'ai ajouté aussi que je n'y comprenais rien. La maman de Paule a entrepris alors de m'expliquer ce qui s'était passé – comme quoi, tout comme un train peut en cacher un autre, une explication même satisfaisante, ne résout pas toujours une histoire par définition inépuisable.

« L'autre fois, m'a-t-elle dit, quand je vous ai demandé si tout ça pouvait provenir d'une allergie au chat, vous n'avez pas même voulu m'entendre. Et vous m'avez même répondu que Paule était encore trop petite pour développer aussi violemment des phénomènes de cette nature. Eh bien, vous ne m'avez pas convaincue et je ne vous ai pas écouté. J'ai confié mon chat à mes parents. C'est depuis que Paule est guérie. » C'est le genre de propos que j'adore entendre même, et surtout peut-être, s'il met en échec au passage quelque assertion scientifique bien établie. Et peu importe d'ailleurs alors qu'il puisse se prêter à des interprétations abusives. Mais comme, en même temps, je ne crois pas aux miracles, j'ai essayé d'en savoir un peu plus. « Parlez-moi, de votre chat, ai-je demandé à la maman de Paule. Pourquoi ce chat-là, et un chat, c'est quoi pour vous ? »

« Mon chat, m'a-t-elle fébrilement répondu, mais vous ne vous rendez pas compte de ce que ça peut être pour moi ! C'est vital. C'est énorme. C'est essentiel ! Il m'est indispensable. C'est simple, c'est une source d'énergie, une formidable source d'énergie. Quand je me réveille le matin, la première chose que je fais c'est d'aller le caresser. Avec cette caresse-là, je suis en forme pour la journée. Et si, par hasard elle vient à me manquer, je suis déprimée. En ce moment par exemple, comme je l'ai mis chez mes parents, je passe tous les jours à l'appartement pour bénéficier des effets de ma caresse. J'ai toujours eu un chat. Et jusqu'à mon mariage, je l'avais toujours avec moi dans le lit pour la nuit. Quand j'étais petite, ma mère me disait que je devais traiter celui que nous avions alors comme mon frère, que c'était mon frère et elle voulait même que je l'appelle du nom de mon frère. »

J'entendais tout cela et je le replaçais comme je le pouvais dans le devenir de cette histoire clinique. J'étais perdu dans mes pensées quand j'ai entendu presque distraitement la suite de cette histoire : « Mes parents eux aussi ont un chat qu'ils considèrent comme un enfant, peut-être et même sûrement comme leur fils mort, encore qu'ils ne s'aventurèrent pas à le dire aujourd'hui par peur du ridicule. Ils n'ont pas fait de difficulté quand je leur ai dit que je voulais leur confier mon chat. Mais vous savez, le résultat de tout ça, c'est que ça leur pose un sacré problème. Parce que figurez-vous que mon chat s'est mis en tête de vouloir absolument dormir dans le lit avec eux. Mais, ils y avaient déjà le leur ; et il s'est avéré que les deux chats ne s'entendent pas du tout, surtout la nuit ! Si bien qu'ils ont été contraints de faire lit à part ! En plus, avec toute cette histoire, comme je ne leur amène plus les enfants chez eux, ils sont obligés, eux, de venir chez moi pour les voir. Ce qui, comme vous pouvez l'imaginer est loin de les arranger. Mais quel bien ça nous fait à nous !... »

Là, c'est un deuil à achever sinon une histoire à reprendre. Ailleurs c'est un problème d'identité à asseoir. Ailleurs encore ce sont des grâces à gagner comme si elles étaient indispensables à la poursuite de la vie. Mais, dans tous les cas, c'est un marchandage étrange, forcené, sordide, inévitable aux dires de ses protagonistes et qui use apparemment de l'enfant comme de la seule monnaie qui puisse y avoir cours. C'est comme si la condensation brutale du temps dans ses trois modes ne pouvait se défaire autrement que par la prise en compte du sens logique de son écoulement. Il est bien entendu que si le présent ouvre sur un futur, c'est en s'appuyant sur un passé. Mais encore vaut-il mieux que ce passé puisse accepter de rester à sa place et de ne pas tenter de se blottir subrepticement dans le pelotonnement du présent, sous peine de ne jamais cesser de parasiter le futur et d'obérer ainsi le déploiement que commande toute poursuite d'une histoire – où nous retrouvons encore une fois, mais sous une autre forme, la notion d'étanchéité dont il a été question.

« *Let bygones be bygones* », dit le poète. Certes, mais peut-il en être, naturellement, autrement ? N'est-ce pas ainsi depuis l'aube des temps ? Et en quoi le secret du rapport singulier des filles et de leur mère peut-il l'expliquer ?

À mère veux-tu ?

On aurait donc cessé d'y croire. Et je ne sais toujours pas pourquoi.

Car quels qu'aient été les efforts déployés dans une narration qui m'a fait replonger, plus que je ne m'en serais douté, dans l'épaisseur de mes affects et dans les strates les plus profondes de ma mémoire, je ne suis toujours pas parvenu à reconstituer les événements dans leurs détails. Au point de m'en trouver même réduit, pour les rapporter, à me raccrocher au vague souvenir de leur déroulement et de leur chronologie.

Juste après le jour de l'An, alors qu'on croyait réglés pratiquement tous les problèmes, les convulsions ont soudain repris sans que rien n'eût pu le laisser prévoir. Il est classique d'invoquer en pareil cas le génie propre de la maladie. Ce qui, en réalité, ne trompe jamais personne mais qui présente au moins l'avantage de masquer une ignorance et de faire ainsi barrage à une trop violente ascension de l'angoisse. On y a eu d'autant plus volontiers recours, en l'occurrence, que le tableau revêtait cette fois une gravité nouvelle puisque les crises ne cédaient plus aux multiples drogues qu'on essayait. On se trouvait donc confronté aux affres de la plus radicale impuissance. Les délais qu'on se donnait, comme les espoirs que l'on mettait dans la résolution spontanée de l'épisode, devaient être régulièrement revus. On ne savait plus du tout comment procéder, ni même que faire de plus. Logiquement, on se devait de passer la main ou, tout au moins, de faire appel à d'autres compétences. Mais le procédé, guère prisé en général par les chefs de service, l'était encore moins à l'époque. Sauf, qu'on avait beaucoup trop investi le cas pour gloser sur les attributions de responsabilité ou s'arrêter à de sordides considérations de mérite ou d'amour-propre. On finit donc par faire appel à un consultant neurologue de l'extérieur. Il vint le matin même. Il examina longuement le dossier et les différents tracés et il conclut à la nécessité d'un transfert de Gwenael à l'hôpital S. dans le service de neurologie qui était alors réputé comme le plus performant. Le patron, dont l'éventuelle susceptibilité se trouvait ainsi ménagée, eut avec son homologue une longue conversation sur le cas et, en particulier, sur son environnement familial. Il obtint de lui que la mère bénéficiât des mêmes faveurs que celles qu'il lui avait lui-même concédées dans son propre service. Le transfert eut lieu.

L'état de mal – c'est le nom que l'on donne à ces salves convulsives quasi ininterrompues – ne fut cependant maîtrisé qu'au bout de cinq jours. Mais, quand tout fut rentré dans l'ordre, on s'aperçut que cette fois encore, et la chose était des plus stupéfiantes, Gwenael n'avait apparemment gardé aucune séquelle de l'épreuve traversée. Qui plus est, pour la première fois, depuis ces longues semaines, l'ensemble de ses paramètres biologiques avait rejoint la normale la plus stricte. On pouvait le considérer enfin comme réellement guéri. Et, hormis d'ultimes mises au point de son traitement anticonvulsivant et la surveillance de sa tension artérielle (alors normale mais qui pouvait néanmoins augmenter, voire brutalement), il ne requérait plus de soins et on envisageait sereinement sa sortie d'un jour à l'autre. C'est alors qu'il déclara une diarrhée si violente et si profuse qu'elle entraîna une déshydratation rapide et importante. On ne s'en émut pas plus que cela tant le fait est banal en collectivité [1]. On retrouvera d'ailleurs, à l'examen des selles, le germe qui sévissait dans le service depuis quelques semaines. On prit donc les mesures qui s'imposaient et, comme cela se devait, on mit sans tarder une perfusion en place. Quelques heures après, à l'étonnement général, un nouvel état de mal se déclarait. Il s'avéra infiniment plus difficile que le précédent à maîtriser. Et sans qu'on n'en ait compris sur-le-champ la cause, ce que l'on craignait, et à quoi on avait échappé tant et tant de fois, arriva : Gwenael sortit de l'épisode convulsif mou comme une poupée de chiffon, avec le cerveau intégralement et irrémédiablement détruit, encéphalopathe à vie.

Une catastrophe.

Une catastrophe dont on croit pouvoir imaginer les effets. Pourtant rien ne se déroulera comme on aurait pu s'y attendre. Alors qu'une épreuve de cette sorte aurait dû, ou aurait tout au moins pu, réunir les différents acteurs qui avaient collaboré au cas pendant ces longues semaines, elle les sépara radicalement. Nul, curieusement, ne prenait l'initiative d'une rencontre ou d'un échange avec un autre. Comme si chacun se sentait à la fois coupable et victime, n'osant pas affronter le regard de son comparse, de crainte d'y lire une insupportable contrition ou, pire encore, une muette accusation.

Ce ne sera qu'au bout de plusieurs mois, au bout de ce temps nécessaire à l'allégement relatif de la culpabilité, que je renouerai contact avec les différentes équipes et que j'oserai évoquer le cas dans l'intention avouée de mieux saisir, si tant est que cela eût été possible, ce qui avait pu se passer. Alors que je ne recueillais des uns et des autres, à peu de choses près, que des commentaires chiches, navrés et impuissants, c'est Pierre-Marie, l'excellent Pierre-Marie, l'intègre Pierre-Marie, le délicieux Pierre-Marie qui voulut bien, en toute amitié, rompre ce que je commençais à per-

---

1. Se riant des prétentions d'efficience comme de la technicité, ce type d'infection, dite nosocomiale, constitue un casse-tête qui à ce jour n'est toujours pas résolu.

cevoir comme un silence convenu. Il me mit dans la confidence et ce qu'il m'apprit me laissa sans voix. L'ultime état de mal, celui qui avait été générateur de l'encéphalopathie de Gwenael, n'aurait rien eu à voir avec sa maladie, dont il avait au demeurant réellement guéri. Il était dû à une déplorable erreur dans la mise en œuvre technique du traitement de la diarrhée intercurrente.

Il faut savoir, pour comprendre l'étendue du drame, que la préparation des flacons de perfusion ne peut pas s'effectuer autrement que sur le mode artisanal. C'est seulement ainsi en effet qu'on peut adapter étroitement le produit aux paramètres des différents cas. On commence donc par calculer la quantité de sérum physiologique et de sucre à administrer en vingt-quatre heures et on en fixe la quantité horaire destinée à être délivrée goutte à goutte. Après quoi, on ajoute au flacon une quantité, très précisément déterminée par un examen sanguin préalable, de divers sels minéraux qui, seuls, autorisent la perfusion parce qu'ils sont indispensables à la diffusion correcte et équilibrée de l'eau dans les différentes cellules de l'organisme. C'était, paraît-il, une aide-soignante novice qui officiait ce jour-là. Elle a branché la perfusion. Mais elle a oublié d'en régler le débit et, fait aggravant, elle a proprement omis d'y rajouter les sels minéraux. Le liquide a du coup violemment dilué le sang, produisant rapidement, sur un cerveau passablement malmené par la maladie, un œdème irréversible qui s'est manifesté par l'état de mal. Ce qu'on ne comprit, hélas, que fort tard. Car l'accident est tellement inimaginable qu'on ne pensa pas, pendant tout le temps qu'on s'affairait autour de l'enfant, à vérifier la vitesse ou la composition de la perfusion qui continuait de couler.

L'horreur !

On a pu croire, à plusieurs reprises au cours de cette hospitalisation, avoir frôlé, sinon atteint, le fond du malheur, cela n'avait été encore rien au regard du désastre auquel on avait abouti.

On peut réagir à cette information en se posant toutes sortes de questions sur l'explication de ce type de bévue, sur son occurrence statistique et sur les moyens d'y parer.

On peut aussi frémir rétrospectivement en pensant au séjour qu'on a pu avoir fait dans un établissement hospitalier ou bien, *a contrario*, se sentir désormais défiant, pour soi-même ou pour un être proche, à l'endroit de toute perspective d'hospitalisation. Tout cela n'a pas un réel intérêt. Car chacun sait que, même sous le règne naissant et déjà si prétentieux de l'informatique, l'erreur reste humaine, éminemment humaine, et donc inévitable. Il y a même au sein des compagnies d'assurances, de savants actuaires dont le travail consiste à en calculer au plus près, dans tous les domaines, en tout lieu et en toute circonstance, les pourcentages de survenue.

Ce qui, en revanche, mérite réflexion, c'est le ressort de ce qui aura pris, de toutes les façons possibles, la figure d'un écrasant destin. Une grossesse involontaire (la sixième du même type en dix ans !) dans laquelle le désir a été relayé par la menace d'un accoucheur, un rêve récurrent d'enterrement qui interroge les registres de vie et de mort, une maladie rare au visage trompeur, trois décès et trois résurrections consécutives, de longues plages successives d'emballement convulsif d'un cerveau, tout cela est traversé sans laisser de trace pour finir en un pitoyable acte manqué définitivement invalidant. Comme si la lutte farouche et déterminée contre l'infection causale fortuite et ses conséquences avait été inutile et que la mort s'obstinait – comme elle le fait quand, aux dires de certains, elle en a décidé – à réclamer sa proie en se débrouillant de toutes les manières pour l'obtenir. Cette vision fataliste des choses n'ayant jamais été de mon goût, je crois n'avoir pas à chercher ailleurs l'explication de mon amnésie et l'étendue du regret dans lequel elle continue encore de me verser.

Car, que m'est-il longtemps resté pour comprendre cet effroyable enchaînement ? La simple succession des événements et ce que je pouvais ou ne pouvais pas éventuellement en faire ? Mais pouvais-je en faire quelque chose ? La cause n'était-elle pas déjà entendue ? Le silence unanime des acteurs du cas ne nous avait-il pas enfermés, cette mère et moi-même, dans la croyance que la maladie avait finalement eu le dessus, foulant aux pieds l'immense désir de faire vivre que nous avions déployé sans compter pour la combattre ? Nous n'étions pas seulement dans la peine, le dépit ou la douleur. Nous étions bien plus profondément atteints. La mort avait trouvé le moyen de se glisser, puis de se terrer, profondément en nous et nous n'étions pas sans savoir que, pour remettre nos pieds dans la vie, il nous fallait l'extirper de sa cache.

J'ai essayé seul, en vain, de trouver quelques réponses à mes multiples interrogations. Celles qui tournaient autour par exemple de la présence de la mère de Gwenael dans le box. C'était aussi une première, une grande première, dans le nouveau service. Comment s'était-elle passée ? Comment avait-elle été vécue ? S'était-elle déroulée sans heurt ni tension ? Avait-on essayé d'en limiter la durée ou de la restreindre à des laps de temps déterminés ? La relation avec la nouvelle équipe soignante avait-elle pu se nouer comme avec la précédente ? De tout cela, je ne pouvais rien savoir. J'imaginais seulement que l'échange téléphonique entre les deux chefs de service aurait dû contribuer au moins à aplanir sinon à résoudre les éventuelles difficultés. Mais avait-on compris cette mère ? Avait-on perçu sa détermination et l'aide qu'on pouvait en retirer ? Avait-elle été admise et acceptée ? Ou bien avait-on subi son assiduité en y réagissant par une forme d'agressivité sourde et rampante dont l'acte manqué n'aura été que le révélateur ?

C'est en ce point précis que je déplore ne pas pouvoir directement témoigner. Je ne sais toujours pas, en effet, où j'étais ou ce que j'ai fait cette semaine-là. Je suis seulement sûr de ne m'être jamais rendu à l'hôpital S. Aura-ce été du fait de mes fameux problèmes ancillaires dont je me souviens qu'ils avaient en effet pris une bien vilaine tournure ? Ou bien m'étais-je trouvé débordé par d'autres soucis personnels ? À moins que j'aie considéré un peu trop tôt la partie gagnée et que je me sois imprudemment laissé aller à baisser la garde ? Mais ces questions, dont certaines sont peut-être tout à fait ineptes, servent-elles encore à quelque chose ? Ne semblent-elles pas revêtir, surtout à cette distance, l'aspect pitoyable de protestations d'innocence dont la maladresse ne le céderait ni à l'impertinence ni à la prétention ? Car rien ne peut en effet laisser penser que ma présence sur les lieux eût pu créer des conditions plus favorables ou infléchir, de quelque manière que ce soit, le cours des événements.

Hormis la forme d'absolution qu'apparemment je m'octroie au passage, le recensement minutieux de tous ces faits, mis côte à côte, ne permet pas d'en tirer une conclusion valable. Et ce d'autant que quantité de paramètres, et de réseaux relationnels qui y sont impliqués, concourent en un seul et même point. Je ne peux pourtant pas faire autrement, pour éviter de rester dans l'impasse, que de continuer de poser – et de me poser, bien sûr – le plus de questions possible, en espérant que la formulation de l'une au moins d'entre elles ouvrira une nouvelle piste ou laissera entrevoir un champ nouveau d'explication. C'est ce à quoi je me serai en tout cas employé, jusque dans cette écriture dans laquelle je me suis lancé dans l'espoir qu'elle me ferait faire tôt ou tard une découverte. Et, comme le seul examen de la stricte matérialité des faits s'est avéré n'être d'aucun secours, il me semble que c'est au cœur des processus de vie qu'il importe de chercher la réponse et de donner sens à ce qui s'est produit à portée de notre entendement.

Car, tout comme rien ne permet de prévoir que la consommation de lait frais va entraîner une maladie grave, rien ne peut mettre quiconque à l'abri hermétique d'une stupide erreur de manipulation. Je ne crois pas d'ailleurs que nous puissions tirer parti, dans nos systèmes relationnels, de l'envahissante idéologie « zéro défaut » des constructeurs d'automobiles japonais qui, générant les frileux réflexes sécuritaires et solipsites, enferme chacun dans sa bulle et le met à l'écart de toute communication. Nous vivons en perpétuel contact avec quantité de personnes qui sont autant d'« autre »(s) avec le(s)quel(s) nous entreprenons d'échanger, en prenant nécessairement le risque de ne pas toujours savoir à l'avance dans quelles dispositions nous sommes ou nous serons mis. Il est sûr que, quelles que soient nos dispositions, à moins que nous ne soyons de graves paranoïaques, nous ne pouvons jamais être certains par avance de ce que produira une rencontre. La mise en

relation harmonieuse de l'inconscient des divers protagonistes d'une histoire est de l'ordre de la fiction ou du fantasme. L'affirmation de sa possibilité est toujours de l'ordre
du leurre. Et c'est seulement à partir de cette position qu'on
peut tenter, en prenant appui sur tout ce qui a été dit
jusque-là, d'élaborer sinon une explication certaine de l'acte
manqué, du moins une hypothèse cohérente et bien bâtie
qui puisse en rendre suffisamment compte.

Reprenons donc les faits, sans rien y ajouter mais sans
rien en retrancher non plus. L'aide-soignante était novice.
Soit. Mais le fait, pour être irrécusable, est bien trop
commode au titre d'excuse pour s'imposer comme tel et
faire renoncer à tout autre questionnement. J'ai assez fréquenté les hôpitaux pour savoir comment les choses se
passent dans ce type de circonstances. On n'a pas pu – et
on n'a pas dû – en effet laisser officier cette jeune femme
sans lui fournir un minimum d'informations préalables. Or,
de telles informations ne sont pas plus difficiles à intégrer
qu'à retenir. Les gestes sont d'une simplicité biblique puisqu'il s'agit de transvaser à l'aide d'une seringue une quantité
de liquide des ampoules qui la contiennent au flacon qui
doit la recevoir. Et puis, si c'était la première perfusion que
cette personne mettait en place, ce n'aura probablement
pas été la seule ou la dernière, dans un service où sévissait
une épidémie de gastro-entérite. Or, il n'a pas été signalé
d'autre accident du même type. Sans quoi mes interlocuteurs se seraient empressés de me les signaler, trop heureux
de pouvoir fondre celui sur lequel je les interrogeais dans
une série malheureuse mais imprévisible. On ne peut donc
pas retenir pour seule excuse de la catastrophe l'inexpérience de l'officiante. On est contraint de la mettre, elle,
directement en cause et de lire alors son erreur comme un
authentique acte manqué – dont chacun sait qu'il est toujours et avant tout un acte particulièrement réussi. Mais,
ce n'est pas tout et on ne peut pas s'arrêter là. Car, que
l'inconscient de cette aide-soignante ait réussi à lui dicter
et à lui faire mettre en œuvre sa conduite à ce point, cela
n'est certainement pas un effet de hasard mais le résultat,

comme c'est toujours la règle, de sa confrontation avec une situation qu'elle a dû percevoir comme menaçante et de laquelle elle aura cherché à se dégager sinon se protéger.

Je n'ai pas cessé de dire et de redire le trouble que la mère de Gwenael a semé, et n'a pas cessé de semer, en moi depuis notre première rencontre. Et j'ai tenu à signaler assez vite pour l'expliquer, le maîtriser et m'en défendre, que quantité de choses en elle évoquaient ma propre mère et pouvaient rendre compte à ce titre de la singulière tonalité de notre lien. C'est ainsi que ça s'est passé pour moi et on ne peut pas me taxer d'avoir fait cette lecture en raison d'une sensibilité particulière ou suraiguë que j'entretiendrais à mes affects. Je ne les aurais pas repérés, ces affects n'en auraient pas moins existé pour autant, et sans doute m'auraient-ils mis exactement dans le même état. Ce que j'en ai fait m'a seulement servi à ne pas m'en laisser déborder — ce qui n'est déjà pas rien mais dont j'ai laissé entrevoir que c'était encore insuffisant. Or, nul n'échappe à la capacité de percevoir ou de ressentir que j'ai disséquée pour mon propre compte. À ceci près qu'en dehors d'une telle dissection il ne peut que se laisser dominer par ses impressions et y réagir de façon réflexe et incontrôlable. Habitant par ailleurs sa propre histoire et ayant eu sa propre aventure de vie, il ne peut éventuellement réagir à cette mère – ou à toute autre au demeurant – qu'à sa manière et à sa manière seule. Rien ne permet donc d'imaginer que la jeune femme incriminée eût dû y réagir comme je l'avais fait ou comme l'avaient fait les soignants précédents.

On peut, à partir de là, construire quantité de scénarios, tous aussi cohérents les uns que les autres et tous susceptibles d'expliquer la phénoménale agressivité qu'a constituée l'acte manqué. Il serait néanmoins malhonnête et prétentieux, avec un matériel aussi pauvre, de mettre en œuvre de façon assurée le moindre d'entre eux. Il suffit de reconnaître simplement que la mère de Gwenael, par bien de ses attitudes et de ses comportements, peut parfaitement être perçue comme tout à fait insupportable, voire terrifiante, par certaines personnes. J'ai dit moi-même, et à plusieurs reprises, à quel travail intérieur m'avait contraint son

incroyable sérénité. À une autre époque, elle aurait fini tôt
ou tard sur un bûcher où on l'aurait brûlée comme sorcière.
Quelle épouvantable puissance ne semblait-elle pas receler
à un premier abord ! Acquérir une réputation qui parvient
à franchir les limites des services hospitaliers allant jusqu'à
la précéder dans celui où elle arrive, être l'objet d'une
faveur absolument exceptionnelle et de louanges unanimes,
être l'auteur de trois résurrections successives – dont l'une
officiellement reconnue –, c'est avoir un mérite, une stature
et faire preuve d'un pouvoir sur soi et sur les autres qui
peut être vécu comme effrayant et proprement invivable,
en particulier par une autre femme. Et ce n'est pas alors en
tant que mère, vivant les affres et les doutes habituels de
toute maternité, que cette femme aurait éventuellement agi.
Car, même si elle avait voulu attenter à une image qu'elle
aurait jugée trop parfaite et à laquelle elle aurait désespéré
pouvoir accéder, sa contre-identification ne pouvait pas
faire taire la solidarité maternelle et s'en prendre à un
enfant lui rappelant par trop le sien propre. En revanche,
en tant que fille irrémédiablement engoncée dans un débat
insoluble avec une mère increvable, elle pouvait prétendre
détruire, par un simple effet de déplacement [1], ce qui dans

---

1. Il est essentiel de bien comprendre cette notion de déplacement
pour en saisir l'importance, la fréquence et surtout les conséquences.
J'ai l'habitude d'en faire percevoir la teneur au moyen d'une blague.

Un homme, penché vers le sol au pied d'un réverbère, semble fébrilement chercher quelque chose. Un passant sort de la nuit, s'arrête
près de lui et lui demande ce qu'il cherche ainsi. « Ma montre, elle
s'est détachée de mon poignet et je l'ai entendue tomber », répond-il.
Les deux hommes s'affairent à nouveau un moment ensemble jusqu'à
ce que le passant brise le silence : « Vous ne vous souvenez pas de
l'endroit où vous étiez quand vous avez entendu le bruit de votre
montre sur le sol ? », demande-t-il. « Oui bien sûr, c'était là-bas ! »,
rétorque notre homme en montrant du doigt un vague endroit au loin
dans la profondeur de la nuit. « Mais si c'était là-bas, s'étonne le passant, pourquoi donc la cherchez-vous ici ? » « Parce que là-bas il fait
nuit et qu'ici, il y a de la lumière », lui répond notre homme.

Nous sommes tous sans exception logés à cette enseigne. Nous procédons à des déplacements dans le temps en cherchant en vain à
résoudre, à la lueur de nos conditions présentes, les occasions que

la réalité la renvoyait à son néant. Ce n'était donc pas Gwenael qu'aurait visé cet acte meurtrier, mais sa mère, et sa mère seule, telle qu'elle avait été perçue et ressentie.

Bien triste mise à mort de cette « mère contre la mort ». En lieu et place, qui plus est, d'une mère de fille, elle qui n'a jamais fait que des garçons ! Comme si elle n'était pas parvenue à éviter le piège dont son choix procréatif aurait été censé la protéger. On retrouve, derrière cette remarque, la fameuse question du sexe des enfants et de son déterminisme occulte. Et, derrière elle, la mise à mal d'une idée courante et qui ne cesse pas de semer le malheur : celle qui prétend que les relations des filles à leur mère se déroulent naturellement dans la sérénité, la connivence et l'harmonie. On en rirait presque si on ne devait concéder au drame sa juste et pitoyable dimension. Car à quoi nous a fait assister ce triste épilogue ? Aux effets d'une violence des plus radicales, celle qui, balayant toutes les barrières, fond sur son objet avec pour seule visée de l'annihiler ou de le faire à jamais disparaître. Et comme l'énergie qu'elle mobilise dans ce but est considérable, on ne peut l'imaginer autrement que comme résultant d'un processus qui a pris tout son temps pour mûrir et qui déboule un jour d'un lointain passé parce qu'il a trouvé l'occasion propice à son expression. Les pulsions agressives composites, trop longtemps tues, étouffées, contrôlées et réprimées, ont soudain rencontré les conditions de leur libération brutale. Ce qui en a jailli n'avait plus qu'à faire son œuvre.

Ce cas de figure serait-il de l'ordre de l'exception ? On le

---

nous avons perdues dans un passé obscur plus ou moins lointain. Nous procédons à des déplacements dans l'espace en agissant avec certaines personnes comme on aurait bien voulu le faire – mais comme on n'a pas pu ou qu'on ne peut toujours pas le faire – avec d'autres. La combinaison de l'espace et du temps, voire leur confusion, étant elle-même bien entendu possible. Cela ne revient toujours, et en toutes circonstances, qu'à une question d'obscurité et de lumière. Autre illustration encore de la proximité extrême des forces de vie et de mort ainsi que de l'inévitable parasitage des premières par les secondes.

voudrait bien et je serais le premier à le proclamer si je n'avais présents à l'oreille les discours dépités, révoltés, amers ou haineux que nombre de filles, les mâchoires serrées et l'œil brillant, m'ont tenus à l'endroit de leur mère. Il ne s'agit pas bien entendu de ces fillettes ou de ces adolescentes dont je m'occupe – celles-là ont encore l'âge où on adore se laisser prendre aux discours séducteurs – mais celui de leurs mères, filles des leurs, qui osent parfois se laisser aller, parler de leur conflit, en remonter la piste, en apprivoiser le contenu pour trouver enfin le courage d'exprimer la sourde violence qu'elles ont toujours sentie en elles, qu'elles n'ont jamais réussi à exprimer et dont elles n'ont jamais réussi à se libérer. Encore ne s'y autorisent-elles que lorsqu'elles sont parvenues à puiser, dans les prérogatives de leur fonction nouvelle, l'énergie qu'il leur faut déployer pour se soustraire à l'inéluctable d'une transmission à laquelle elles auraient été invitées depuis toujours à se soumettre. Quand elles n'ont pas attendu d'être mère pour dessiller leur regard et cesser de se laisser berner, elles confient un douloureux passé de lutte anorexique ou boulimique, dont elles ne sont jamais sorties indemnes et dont on sait qu'il traduit un inextricable mélange d'amour et de haine, de soumission et de révolte, d'espoir et de renoncement, d'audace et de résignation.

Mais combien sont-elles à prendre un tel chemin au regard de celles qui, bourrelées de remords et enlisées dans une gigantesque culpabilité, continuent d'obéir aveuglément aux diktats destructeurs auxquels elles se sont définitivement laissé prendre et dont je pourrais citer quantité d'exemples. Et je ne parle pas de celles qui ne peuvent venir à la consultation que toujours attendries d'être chaperonnées par leur propre mère. Je ne parlerai pas non plus de celles qui, pour quantité de raisons stratégiques, usant de ses bonnes faveurs, savent en payer le juste prix. Mais de celles-là dont la vie tourne autour de cette relation et d'elle seule.

Je me souviens d'une mère qui, à plus de quarante-cinq ans, n'avait jamais passé une nuit hors du lit de la sienne. Elle habitait en étage, sa mère au rez-de-chaussée et elle allait la rejoindre une fois son compagnon et ses enfants endormis. Ou de cette autre me disant un jour son émotion face à l'annonce du divorce de ses parents. Pour tenter d'atténuer ce qu'elle pensait être une crise de couple un peu plus grave que les autres mais néanmoins passagère, elle a pris l'initiative d'un entretien avec sa mère, auteur du clash et alors âgée de près de soixante-dix ans. Ce qu'elle en a retenu c'est un propos dont, à son insu, elle sera conduite à faire son credo. Sa mère lui aurait déclaré que c'est une bien grave et bien commune erreur que commet une femme quand elle se contente d'avoir un seul homme dans sa vie. Toutes ses tentatives, pour saisir sur-le-champ ou par la suite ce qui dans l'histoire de sa mère avait forgé une telle opinion, ne sont pas parvenues à vaincre un silence obstiné. Si bien que la parole, qui n'a pas pu être rattachée à une origine ou se prêter au moindre commentaire, a pris l'allure d'une recommandation à mettre en œuvre. Quelque temps à peine après cet échange, alors que le couple de ses parents s'était remis tant bien que mal en place, cette jeune femme prend un amant, qu'elle gardera d'ailleurs peu de temps, puis elle divorce sans parvenir à fournir à son mari le moindre motif valable de sa décision. Restée seule, elle rencontrera plusieurs hommes qu'elle ne manquera pas, à chaque fois, de présenter à sa mère. Laquelle meurt un jour d'un cancer généralisé, et je me surprends à m'amuser des facéties de la langue quand j'apprends que les médecins auraient été gênés dans leur travail parce qu'ils ne seraient pas parvenus à identifier la « tumeur-mère » !

On pourrait vouloir tempérer le côté en apparence excessif de ces prémisses en m'accusant d'aller chercher la petite bête dans des histoires probablement exceptionnelles ou poussées à l'extrême dans la manière dont je les traite. On pourrait d'ailleurs appeler à la rescousse ce que chacun peut constater sans peine dans son entourage immédiat. Car n'est-ce pas là que se tiendrait la vérité ? On ne manquerait pas alors de relever que la complicité inconditionnelle, l'obéissance aveugle, la soumission sous toutes ses formes et les protestations d'allégeance y sont la règle. J'aurais mauvaise grâce à ne pas en convenir. Je prétends néanmoins que ces conduites de surface, qui parviennent sans difficulté à donner le change, n'en font pas moins, sauf exception, le lit d'une violence dont l'expressivité est tout simplement impensable. Profondément enfouie et déniée dans ses motifs, sa légitimité et son statut, cette violence, invivable, ne peut le plus souvent se métaboliser et s'évacuer autrement qu'en procédant par déplacement. Il n'est pas alors étonnant de la voir éclabousser l'environnement immédiat au sein duquel le compagnon sexuel se révèle être, en général et de loin, une cible privilégiée.

Combien d'hommes, de maris, de pères, voire d'amants, ne se sont-ils pas trouvés confrontés à des situations soudaines et explosives qui leur ont paru incompréhensibles et qui le sont longtemps sinon toujours restées. Et pour cause, puisque la véhémence qui y circulait ne s'adressait pas réellement à eux ! Figurants propitiatoires d'un débat qui se déroulait sur une autre scène, leur seul tort aura été d'avoir eu, par le plus grand hasard, un comportement qui, à leur insu comme à celui de leur partenaire, a réveillé une vieille histoire et chatouillé une zone demeurée particulièrement douloureuse. Ils ont, sans le savoir, innocemment joué à souffler sur la cendre, sans pouvoir imaginer qu'ils ravivaient une braise encore incandescente et qui ne demandait pas d'autre souffle pour reprendre force. Et le pire, c'est que de plaider leur innocence ne les a jamais aidés en rien, puisque leurs protestations rejoignent alors, dans leur accent, d'autres, celles-là mêmes qui, haïes et décourageantes ont scellé un jour l'insupportable enfermement.

Une de mes amies, depuis longtemps en analyse, a évoqué incidemment un jour avec moi la manière dont s'agençaient pour elle de telles choses, en m'avouant s'être interdit de les verser au compte d'un éventuel déplacement. Elle croyait jusque-là que ce mécanisme obéissait à la plus grande rigueur et qu'il respectait, de ce fait, une correspondance sexuelle minimale. Je lui ai rétorqué que s'il commençait heureusement à se savoir que les hommes n'épousent jamais que leur mère ou leur sœur, il était regrettable que la même publicité ne fût pas donnée au fait que les femmes, elles aussi, n'épousent jamais que leur mère ou leur sœur. Ce qui est, somme toute, assez logique puisque le premier amour – faut-il le rappeler une fois encore ? – sert de modèle à tous les amours ultérieurs et que celui auquel on s'adonne en conscience ne peut que chercher à retrouver la toute première union jamais tout à fait désinvestie et toujours quittée à regret.

Mais tout cela est si difficile à faire passer ! Tout gît si loin, l'événement, la suite des événements, recouverts de tant des strates d'oubli, ont été tant et tant de fois repris, réparés, réexaminés, remaniés, amendés et classés, qu'on croit n'en avoir plus gardé de trace, en tout cas pas de trace douloureuse. Et c'est dans la surprise qu'on se voit agir ou réagir. Le malentendu s'avère d'une ampleur si grande, qu'on se demande encore comment peut se forger la moindre idée de communication. Chacun d'ailleurs résout le dilemme à sa manière, c'est-à-dire de la façon la plus expéditive possible. S'agrippant à son aujourd'hui, il s'obstine à le couper de toute référence et à le mettre du coup à l'écart de tout projet, sous prétexte d'avoir recouvert d'un mouchoir ce qu'il a enfoui dans sa poche et dont il ne veut plus entendre parler. À charge aux mots d'ordre du moment, et aux rationalisations de toutes formes, de faire le reste. Effet du vécu du temps, économie chiche de la mémoire ou transactions impossibles avec le passé et son cortège d'instances fantomatiques ? C'est un peu tout cela qui intervient, en proportions singulières, dans chaque histoire. On est tellement persuadé de ses capacités de jugement, de son autonomie de pensée, de sa liberté d'appréciation, qu'on ne prend pas garde aux pièges que recèle toute situation qu'on croise et qui met toujours en branle ce passé lointain, insaisissable et dont ne veut plus rien savoir. Les jugements ne se font alors qu'à l'emporte-pièce, au mépris des nuances et à l'écart de toute dialectisation. Ce qui fait toujours la part belle à la force et à la violence.

C'est criant et on ne peut plus manifeste dans une des situations les plus banales qui soit. Celle des échanges que les partenaires d'un couple entretiennent avec leurs belles-familles respectives, et plus particulièrement avec leurs belles-mères, tant il est vrai qu'en règle générale les gendres comme les brus ne rencontrent que fort peu ou pas du tout de problèmes avec leurs beaux-pères. On peut y relever la tolérance habituelle des gendres pour leurs belles-mères face à la mésentente ordinaire que la plupart des brus entretiennent avec les leurs.

À quoi cela tient-il ?

Au fait que les premières sont réputées inoffensives, sinon sympathiques et adjuvantes, alors que les secondes seraient des sources potentielles de dissension ? C'est en tout cas ce qu'on avance le plus souvent en décrétant de surcroît qu'il ne peut naturellement y avoir, sous un même toit et pour un même homme, deux femmes étrangères l'une à l'autre – ce qui laisse entendre que le lien d'une femme à sa mère annulerait toute différence entre elles et en ferait une seule et même personne ! On ajoute parfois qu'un gendre et sa belle-mère seraient dans une relation de séduction réciproque qui ne se retrouverait pas dans l'autre cas. Mais comment expliquer alors la cordialité des liens que ce même homme entretient avec son beau-père ? Y aurait-il une forme double et un double vécu de l'homo-sexualité ? Pourquoi pas ? Mais j'y reviendrai, car je ne veux pas m'écarter pour l'instant de cette vision courante, mais simpliste et erronée, des choses.

S'il est en effet vrai qu'un homme peut parfois rester encombré de l'image de sa mère au point de justifier la pré-vention de son épouse à l'endroit de celle-ci, il démontre néanmoins, en tolérant la présence de cette autre mère qu'est sa belle-mère, qu'il a quelque peu fait le tour de ce type de relation et qu'il n'a plus rien à en redouter. Sa mère ou une autre mère, cela ne lui importerait plus tellement. Ce qui l'intéresse, c'est sa femme, un point c'est tout. Et il se met en disposition d'accepter sans rechigner la présence de ces êtres proches, comme l'intensité de la relation qu'elle continue d'avoir à eux. Sa compagne, en situation symé-trique, semblerait en revanche n'avoir d'intérêt que pour lui, et pour lui seul, trouvant naturel de lui demander de se couper de ses origines et de la rejoindre dans son histoire. Elle manifesterait, en particulier, son incapacité à faire une expérience supplémentaire de mère, celle de la sienne propre lui suffisant amplement. Ce qui pourrait laisser penser que la relation exclusive qu'elle a eue à elle, et qu'elle chercherait ainsi à préserver, serait comblante au point qu'elle ne pourrait ni s'en passer ni la confronter à une autre du même type. À moins qu'à l'inverse elle ne la sache écrasante, ne lui permettant de survivre que dans une intolérable subordination, et qu'elle ne voudrait pas plus révéler à sa belle-mère cet état des faits qu'avoir à vivre avec elle une nouvelle contrainte. Toutes choses dont elle sait que sa mère, comme sa belle-mère les savent, pour avoir elles-mêmes eu une belle-mère dont elles ont eu du mal à supporter l'immixtion. Il en va comme si les femmes se reconnaissaient, les unes aux autres une faculté de divination spécifique et que toutes étaient d'accord entre elles pour ne pas mettre en œuvre un inepte « concours de mères ».

On pourrait refuser cette lecture et dialectiser ces interprétations en avançant par exemple qu'un homme aurait été suffisamment accoutumé à être soumis à sa mère pour s'interdire de rejeter celle de sa compagne, à moins qu'il n'escompterait tirer de cette dernière les mêmes bénéfices que ceux que lui a procurés sa position de fils, l'une et l'autre des hypothèses expliquant alors sa tolérance dans l'échange. S'il en était ainsi, la véhémence de sa compagne – dont on ne comprendrait pas d'ailleurs en quoi elle serait interdite de fantasmes similaires – serait justifiée et viserait à lui permettre une forme minimale d'affranchissement. L'intention serait des plus méritoires et l'explication on ne peut plus recevable. À ceci près qu'elle ne parvient toujours pas à rendre compte de l'assiduité et de l'étroitesse de la relation que cette femme continuerait d'entretenir elle-même à sa mère. On pourrait imaginer encore que l'homme serait quelque peu aveugle à ce qui circule dans la relation de sa femme à sa belle-mère, alors qu'une femme verrait infiniment plus clair dans la relation symétrique. On serait alors autorisé à s'interroger sur la source de sa science et on parviendrait à la conclusion que si elle déploie un savoir si grand en la matière, ce ne peut être que pour en avoir fait le tour dans sa propre aventure de fille de mère. Elle aurait, autrement dit, repéré depuis longtemps l'étouffante mascarade de la sollicitude, elle serait à même d'en pressentir les effets désastreux et, voulant en protéger son compagnon, elle interposerait son corps, son humeur et son discours entre lui et sa trop présente mère.

Que ce scénario soit défendable, cela ne fait pas le moindre doute. On peut néanmoins se demander alors si le rejet qu'elle manifesterait de la sorte à l'endroit de sa belle-mère ne serait pas dans son ton, son argumentation et sa véhémence, l'exacte expression de celui qu'elle a longtemps refoulé et qu'elle n'aura, de fait, jamais pu exprimer à sa mère. Belle illustration d'une conjonction de déplacements multiples et croisés qui permettent de conclure que les relations qu'on s'autorise à avoir avec ses beaux-parents sont en général celles-là mêmes qu'on s'est interdit d'avoir avec les siens.

On pourrait me prêter l'intention de vouloir dédouaner les hommes de tout fourvoiement possible ou de laisser croire qu'ils ne commettent jamais, eux, d'« erreur sur la personne ». Ce serait regrettable car la seule chose à laquelle je m'emploie consiste à recenser les différences. Et pour prendre le pendant du problème posé par les relations des filles à leur mère, c'est-à-dire celui des relations des fils à leur père, je n'apprendrai rien à personne en disant que ces dernières n'ont rien à envier aux précédentes, à ceci près cependant qu'elles ne recèlent, elles, aucun mystère. On a en effet beaucoup écrit sur le sujet. Et le problème a été et est posé on ne peut plus clairement.

N'est-il pas communément admis, en effet, qu'il faille « tuer le père » ? Tout fils, laisse-t-on entendre – mais pourquoi pas toute fille, au fait ? –, se doit en principe d'en passer par cette étape et de perpétrer un acte réputé promoteur de son autonomie et fondateur de sa personnalité. Le credo « il faut tuer le père » n'est-il pas devenu dans nos sociétés occidentales une injonction tellement admise et répandue, un signe de connivence et de complicité tel, qu'il a pris valeur de rite de passage à l'âge adulte ? Il ne manquera d'ailleurs pas de compétence psychologisante, voire de compétence tout court, pour en démonter et en démontrer le fondement ou la nécessité. Et il ne manquera malheureusement pas de père, non plus, pour se résigner à en être – correction politique oblige ! – l'objet compréhensif et consentant. Quelles que soient la pertinence ou l'ineptie d'une telle injonction, elle a néanmoins l'avantage de poser le débat en termes limpides. Là, au moins, on ne peut pas tromper ou se tromper. C'est franc, net, tranché, assumé, dicible et dit. C'est totalement à l'écart de toute idée de sérénité et d'harmonie. On ne mâche pas les mots et il y est question, sans la moindre complaisance ou le moindre risque de confusion, de meurtre. On sait au demeurant les dégâts considérables que commettent les pères sur leurs enfants quand, croyant pouvoir s'extraire d'un cycle de violence dont ils sont avertis et qu'ils réprouvent, ils refusent d'occuper la place à laquelle les appelle leur fonction en choisissant d'être des « pères-copains ». Rien de plus hypocrite, et surtout de plus objectivement et de plus sûrement meurtrier, que leur attitude. Et, plus que relevée, elle mérite d'être dénoncée puisqu'elle étouffe dans l'œuf un mouvement indispensable à l'accession de l'enfant à son statut de sujet.

Serais-je en train d'encourager la révolte des fils et le potentiel répressif des pères après avoir fait un étalage, qui peut sembler suspect, de la violence muette des filles et stigmatisé celle des mères ? Ferais-je deux poids et deux mesures ? Pas du tout et bien au contraire. Mon but est de mettre à jour, au sein des relations parents/enfants, l'existence non pas d'une seule mais de deux voies principales de circulation de la violence, dont je soutiens que l'une d'entre elles est, non seulement méconnue, mais tue et déniée, pour des raisons et dans un but que je prendrai le soin, le moment venu, d'interroger. Et j'irai plus loin encore en professant que c'est de la présence, de la reconnaissance et de l'assomption de ce double potentiel que dépend l'équilibre d'un sujet (masculin ou féminin) comme celui de sa descendance sur un certain nombre de générations. On imagine en effet sans mal le bénéfice que retirent les enfants de la protection, qu'ils peuvent trouver auprès de leur mère, contre la violence potentielle de leur père. Mais on a plus de difficulté à admettre celle qu'ils peuvent trouver, auprès de leur père, contre la violence potentielle symétrique de leur mère. Car celle-ci est généralement masquée derrière un excès de sollicitude dont il n'est pas toujours facile de repérer la toxicité. Au point que la protection paternelle, qui n'a pas d'autre choix que d'user de la frustration, est toujours versée au compte d'une violence qui caractériserait le seul père.

Je m'en explique. Et je partirai de la fameuse problématique œdipienne dont chacun croit avoir une idée claire alors qu'elle est bien moins simple qu'on ne l'imagine. Ce qu'on en a le plus souvent retenu, c'est une plus ou moins vague histoire d'attirance que l'on croit spontanée : les petits garçons désireraient très naturellement leur mère alors que les petites filles désireraient leur père – attraction naturelle précoce, et somme toute rassurante, vers le sexe opposé. C'est cela qui serait l'essentiel. Même si cela gêne quelque part, on croit, ou on feint de croire, à ce scénario en n'osant pas même l'interroger puisque tout le monde y souscrit avec autant d'aplomb que de sérénité ! Voilà pourquoi plus personne ne comprend plus rien à ce qui se passe dans son propre champ d'expérience, si tant est bien entendu qu'on puisse ou que quelqu'un puisse, dans de telles conditions, y comprendre quelque chose. Cette vision simpliste, réductrice et ô combien répandue d'un des concepts majeurs de la psychanalyse en constitue, hélas, le pire dévoiement.

En réalité, les choses ne se passent jamais comme ça. Et, pour saisir leur agencement, il faut commencer par le commencement. C'est-à-dire par prendre en considération les phénomènes biologiques, leur donner leur importance, leur conférer leur juste place et les mettre au tout premier plan dans le domaine des échanges parents-enfants. C'est indispensable et cela ne constitue en rien, quoi qu'on en dise, une trahison de l'enseignement de Freud, lequel aurait assurément été lui-même friand des connaissances, inexistantes à son époque, dont nous disposons aujourd'hui. Il s'avère que ces phénomènes biologiques ne se mêlent pas le moins du monde du sexe des enfants ni de leur orientation sexuelle ultérieure puisque, quels que soient les regrets et les fantasmes que colportent aussi bien nombre de mythes que de systèmes philosophiques, ce sont toujours les femmes qui portent et mettent au monde les enfants des deux sexes. Filles et garçons, autrement dit, y sont logés à la même enseigne.

Or, ces phénomènes soulignent, on ne peut mieux, ce qui fait de la mère le centre névralgique de tout le dispositif relationnel. Si bien que ces enfants vont avoir à elle, au début de leur vie, une relation à tout point de vue strictement identique. C'est son corps qui les a portés l'un comme l'autre, c'est son corps qui a satisfait à l'ensemble de besoins qu'il ne leur a pas même été nécessaire d'exprimer. Et c'est toujours son corps qui, pendant la gestation, a engrammé dans leur cerveau en développement un alphabet sensoriel qui porte son estampille, qui sera à jamais ineffaçable et qui leur servira, pour le restant de leur vie, et en toutes circonstances, à médiatiser chaque chose ou chaque événement du monde environnant [1]. Comment négliger cela ? Comment peut-on ne pas lui conférer l'importance qu'il mérite ? Comment peut-on ne pas prendre en considération et intégrer l'existence d'un alphabet aussi primordial quand, la vie durant, il est appelé à réfracter le moindre brin de perception ? Et viendra-t-on prétendre que l'organisation du système perceptuel serait accessoire quand la perception constitue la clé de voûte de toute l'existence, commandant aussi bien le rapport à soi que le rapport aux autres ? Et pourquoi vouloir laisser choir ce qui, mieux que tout autre artifice ou toute autre construction théorique, permet de comprendre la férocité de l'attachement que l'enfant, de quelque sexe qu'il soit, marque à la personne de sa mère ? Or, quand on s'attache au détail de ces phénomènes, sur lesquels je ne m'attarderai pourtant pas plus, on comprend, mieux que par n'importe quel autre moyen,

---

1. J'ai parlé à cette occasion de la mère comme d'un « acquis », en opposition au père dont j'ai dit qu'il était un « dû ». Cf. *Une place pour le père*, *op. cit.* Pour ce qui concerne le développement du cerveau fœtal et la mise en place de ce que j'appelle l'« alphabet sensoriel », on peut se reporter à *L'Enfant bien portant*, Paris, Seuil, 1993 et 1997.

pourquoi la mère est pour son enfant son tout premier objet d'amour.

Et, si j'y suis revenu une fois de plus, c'est que cela ne doit jamais être perdu de vue. Car, si cet amour reste à jamais le modèle original sur lequel va se calquer tout amour ultérieur, force est de constater que si le destin amoureux du garçon est, naturellement et dès le départ de la vie, hétérosexuel, le destin amoureux de la fille est tout aussi naturellement homosexuel. L'impulsion ainsi donnée au premier ne le contraindra qu'à une forme, certes plus ou moins problématique, de substitution ; alors que cette même impulsion devra, pour la seconde, connaître un détour qui, à bien des égards, devra en passer par une forme parfois acrobatique de conversion, voire de trahison. J'ai d'ailleurs déjà montré[1], et j'aurai à y revenir, que la rencontre de l'homme avec une femme se situe toujours sous le signe des retrouvailles, alors que celle d'une femme avec l'homme se situe toujours sous le signe de la découverte. Si bien que, quel que soit le rang d'une femme dans l'ordre des rencontres d'un homme, elle sera toujours la deuxième, alors que, quel que soit le rang de l'homme dans le rang des rencontres d'une femme, il sera toujours le premier[2].

L'intérêt de ce détour par le noyau le plus consistant de notre fameuse relation œdipienne, tient au fait que, n'épargnant personne, il intervient de manière récurrente, jusque dans les orientations sexuelles ultérieures qui ne peuvent en aucune manière le faire taire ou le supplanter.

Il est certain que si cette expérience de la gestation pouvait être effacée les choses seraient infiniment plus simples pour tout le monde, et chacun pourrait alors se prévaloir à juste titre de sa clairvoyance et de son fameux libre arbitre. Or, non seulement elle ne l'est pas, mais elle est longtemps

---

1. Voir *Parier sur l'enfant*, Paris, Seuil, 1988, p. 209 et sq.
2. Ce qui permet de mieux comprendre, au passage, la possibilité des recompositions familiales et la nature des liens qui s'y nouent. Voir ma contribution dans *Recomposer une famille, des rôles et des sentiments*, Irène Théry éd., Paris, Textuel, 1995.

et copieusement renforcée par l'immaturité constitutive du nouveau-né qui requiert des soins assidus situés en droite ligne de l'expérience accumulée pendant le séjour intra-utérin. La satisfaction immédiate du moindre de ses besoins par une mère empressée va susciter de sa part, à l'endroit de cette dernière, un amour qu'il s'évertuera à consolider et entretenir sans relâche. Exclusivement dévolu à elle, et lui pardonnant de le confier parfois à des substituts qu'il reconnaît comme tels avec une grande assurance, il constate assez rapidement, dans les cas les plus classiques, qu'elle lui est sans cesse disputée par un individu totalement étranger à sa perception, un homme qui hante l'environnement et auquel il est invité, tôt ou tard, à donner le nom de père. On le voudrait alors raisonnable et compréhensif, sensible aux marques d'intérêt de ce gêneur et faisant de gaieté de cœur l'apprentissage de la patience et de la concession. On a tellement encensé ses compétences qu'on est prêt à lui concéder d'emblée des vertus christiques. Vision irréaliste et on ne peut plus ridicule puisqu'elle ne prend pas en compte les mécanismes fondamentaux de ce qui rentre en jeu. Lui, ce bébé, n'a encore rien appris de tout cela – il aura d'ailleurs de grosses difficultés à l'apprendre – et il fonctionne tout d'une pièce ! C'est vrai qu'il est réactif à l'endroit de ses parents et qu'il s'inquiéterait presque pour eux. Mais ce n'est jamais autrement que dans une pure logique de conservation de sa personne. Car il a compris que sa survie dépendait de la survie de ceux qui s'occupent de lui, et de celle de sa mère au premier chef.

Et c'est avec la même logique qu'il perçoit son environnement immédiat et qu'il développe à son endroit un louable discernement. D'un côté, il dispose d'une personne et d'un système fiables qui lui donnent, à tout moment et en toutes circonstances, toute satisfaction, et, de l'autre, un système proprement suspensif du précédent puisque ce précédent cesse de fonctionner convenablement en sa présence. D'un côté, un système qui dit oui à tout ce qu'il lui prend la fantaisie d'exiger et de l'autre un système qui apparaît, quoi qu'il fasse, comme disant non à tout et qui sera repéré et décrété de ce fait comme l'agent de tous les non, l'agent de toutes les frustrations, l'agent de toutes les misères. Comment pourrait-il percevoir – par quel miracle le pourrait-il d'ailleurs ? –, de la part de cet agent, le moindre amour, la moindre tendresse ou la moindre sollicitude ? Il n'en perçoit, à cet âge, que l'insupportable violence et, à défaut de voir satisfait le désir qu'il a de sa disparition, il entreprend sans gêne de lui vouer, sinon une haine ouverte, à tout le moins un sourd mais solide ressentiment.

On aura compris que le rapport au père ne se met en place au début de la vie, pour un garçon comme pour une fille, que sous le signe du refus, de la véhémence et de la révolte. Et qu'il ne s'imposera et ne sera accepté, quand il sera appelé à l'être, que sous l'effet répétitif de la menace perçue et dans un état de crainte qui, même atténué par la médiation maternelle, ne cessera pas de le parasiter. Comme cette perception première ne pourra jamais, quoi qu'on fasse ou veuille, être effacée, il est naturel que vienne tôt ou tard s'y greffer un vœu de mort. Ce qui explique au demeurant que, par la culpabilité qu'elle mobilise, la mort d'un père soit, pour un homme comme pour une femme, l'expérience la plus pénible qui soit à vivre.

Est-ce un hasard que la relation père/enfant puisse évoluer dans une telle violence et faire intervenir la menace imaginaire de mort d'une part, le vœu symbolique de mort de l'autre ? Certainement pas. Puisque le tout-petit n'a pas d'autre approche, d'autre perception ou d'autre idée de la vie, comme de la source de la vie, que sa mère et sa mère seule et qu'il ne consentira à s'en éloigner, à regret et en rechignant, que sous l'effet d'une menace – toujours entendue comme menace de mort – à hauteur de l'attachement qu'il a développé. C'est là d'ailleurs qu'on peut retrouver le sens exact du fameux « il faut tuer le père ». L'injonction est tirée du langage psychanalytique. Freud a en effet émis l'hypothèse que le passage des humanoïdes aux humains s'est fait autour d'un meurtre, celui d'un père. Il a avancé qu'un jour, dans une horde, des fils, brimés et frustrés par un père qui leur interdisait tout commerce sexuel avec les femelles du groupe réservées à son seul usage, auraient fini par s'allier et le tuer. Après quoi, ils l'auraient mangé en un repas cannibalique censé avoir scellé leur alliance.

C'est en général et pour l'essentiel ce dont on se souvient et dont on s'autorise quand on parle de « tuer le père ». Et c'est bien dommage qu'on oublie la suite. Car le discours théorique ajoute que les fils, pris de remords et craignant de subir un sort identique à celui qu'ils ont infligé, ont stigmatisé le moteur de leur comportement et mis en place la loi de l'interdit de l'inceste prohibant le commerce sexuel entre parents et enfants, loi qui fonde, depuis, l'ensemble des échanges humains. Ce mythe, quels qu'en aient été l'apport ou l'intérêt, n'a jamais autorisé personne à s'en prévaloir pour justifier la violence ou pour inciter à un meurtre, que l'on croit devoir être presque réel, du père. De fait, la formule qui en découle n'est pas à prendre autrement que comme une métaphore, laquelle laisse entendre que tous comme les fils du mythe, ayant tué leur père, ont édicté la loi de l'espèce, chaque fils se doit d'intérioriser une fois pour toutes cette loi, de la prendre à son compte, de la faire enfin sienne et de décider de se passer d'un père – dont il s'affranchirait alors salutairement du même coup – pour continuer de la lui rappeler et l'éloigner d'une mère dont il accepte enfin de n'être plus dépendant. C'est ce que voudrait mais que ne peut pas faire facilement une fille, sous peine de faire disparaître le seul recours dont elle dispose pour faire échec à la passion déferlante singulière que sa mère nourrit, le plus souvent sinon toujours, à son endroit.

C'est en tout cas ainsi que se présente la violence qui circule entre père et enfant sans distinction de sexe. Et le mécanisme en est d'une grande simplicité : c'est le face-à-face, autour du même objet, de deux prétendants aussi assurés de la légitimité de leurs exigences et aussi revendicateurs l'un que l'autre. Chacun veut, fondamentalement, exclure l'autre et c'est une constante de la relation. On imagine que ça puisse ne pas être toujours simple pour le fameux objet de ce double amour. En raison de multiples facteurs d'où n'est pas exclue une incontournable notion de hiérarchie, le conflit, parvient plus ou moins bien à s'apaiser au fil du temps.

Cette étape [1] et l'évolution qu'elle commande revêtent d'ailleurs une importance considérable dans le devenir de chacun. Au point qu'il n'est pas exagéré d'en faire le nœud de toute aventure existentielle. Et pour cause, puisque ce qui s'y produit va se greffer sur la structure qui s'était mise en place au départ de la vie et la bétonner, lui conférant ses attributs définitifs, après lui avoir, en quelque sorte, laissé une chance d'allégement ou d'aménagement. Le vécu de l'attractivité sexuelle éveille, en effet, plus encore à la conscience de la vie. Et il en va comme si cette plus grande conscience ramenait au premier plan, en s'y mêlant intimement, la fameuse problématique de la mort qui a échu à l'individu par le rapport que sa mère instaurait à cette mort.

On peut imaginer que la structure aura été, jusque-là, une sorte d'armature, ou de tissage métallique, d'emblée doublé d'un coffrage dans lequel se coulerait, au fil du développement, le béton constitué et fourni par les apports du système perceptuel ainsi que par les informations et les affects emmagasinés sans relâche. Ce qui permet de concevoir aussi bien la variété des cas de figure que le cadre des grandes lignes dans lesquelles ils s'inscrivent.

Ainsi une structure déjà brouillonne et mal ficelée à laquelle il ne sera apporté aucune aide produira-t-elle un édifice qui aura été construit au mépris des lois du fil à plomb et qui menace de s'écrouler en entraînant les pires dégâts.

La hantise et la terreur indicible de la mort, pour continuer l'énumération dans l'ordre dont j'ai usé plus haut,

---

1. On entend si souvent dire, à ce propos, que la mère serait du côté de la nature et que le père instaurerait l'accès à la culture. On se trouve là encore dans des formulations ambiguës et une simplification outrancière. De fait mère comme père se situent fondamentalement, l'un et l'autre, du côté de la nature. Chacun d'eux réagit avec ses tripes. La mère au premier chef avec la violence du lien à son enfant, le père avec une exigence à la même hauteur de jouissance de sa partenaire sexuelle. C'est de l'affrontement de ces deux violences que naît la culture. Le père n'est donc pas du tout un effet de la culture, c'est la culture qui est un effet de l'existence du père.

serviront pour leur part de prétexte à la fabrication d'un blockhaus inexpugnable bardé de meurtrières destinées à décourager l'incursion de l'autre, par avance rejeté à moins de s'avérer exploitable et, en tout cas, toujours maintenu à distance.

La haine de la mort fera, en revanche, construire des murs attrayants, pourvus de portes et de fenêtres larges et accueillantes, destinés à attirer l'autre, à lui offrir refuge, à l'embrigader dans l'illusoire lutte commune, au mépris du froid et des courants d'angoisse auxquels ils exposent.

Quant à la certitude, pour le sujet masculin, de l'existence d'un pénis chez sa mère, elle favorisera l'édification d'une tour uniforme comportant une ouverture unique et masquée et dont l'intérieur sera agencé comme un labyrinthe.

Et tout cela se passe pendant que l'enfant se met à s'intéresser à son père ou à la personne qui en fait office.

Quand c'est un petit garçon, il va tenter de l'amadouer en cherchant à lui ressembler et à l'imiter en tout point, se promettant, en son for intérieur et fidèle à lui-même, de parvenir un jour à être tout à fait comme lui et de reprendre alors le combat à armes égales [1]. On sait la suite. Le conflit demeure cependant longtemps vivace et, même refoulés, l'investissement premier et le ressentiment initial ne s'atténuent que lentement, créant une situation de porte-à-faux puisqu'il faut singer, à l'endroit du premier objet d'amour, une indifférence qui ne trompe personne et assumer la culpabilité qui résulte de cet impossible renoncement. Le temps fait cependant son œuvre. Et l'amour nouveau apparaîtra sous des traits, qui ne seront pas sans rappeler ce fameux premier objet, mais qui en seront suffisamment éloignés pour permettre l'investissement dans le respect de la différence. Quelquefois, quand le conflit n'a pas été trop mal géré, la position devient enfin vivable et le rêve d'une entente entre hommes se fait jour, voire se réalise, le fils percevant alors l'intégralité de sa fonction et comprenant

---

1. Thématique admirablement exploitée dans la série de films de Georges Lucas, *La Guerre des étoiles* (1977) et les suivants, dont on sait le succès auprès du jeune public.

que la transcendance que son père a visée par son intermédiaire est la seule assurance possible que ce dernier a trouvée contre une mort qui le concerne lui aussi et qu'il saura désormais, le moment venu, comment tenter de mettre en échec. Pour n'être pas parvenus à cette ultime étape de reconnaissance et d'estime mutuelles, les hommes ayant perdu leur père trop tôt, traînent indéfiniment un vague, irréductible et inévacuable remords.

Quand l'enfant est une fille, son aventure va connaître une autre tournure. Incitée à le faire, elle a soigneusement calqué son allure et ses attitudes sur celles de sa mère, jusqu'à ce que, consciente et forte de cette similitude, elle entreprenne de résoudre le conflit dans lequel elle se trouve en tentant simplement de séduire son père. Non pas tant pour en faire son nouvel objet d'amour – le premier reste à jamais indétrônable – mais pour l'amadouer, comme l'a fait son frère, et obtenir son aval de manière à continuer de rester sereinement soudée à sa mère. Elle viserait en quelque sorte à se montrer à lui sous le jour le plus favorable pour, avant tout, désarmer sa défiance et lui faire renoncer à la déloger de sa position. Elle parvient d'ailleurs souvent à ses fins au point que ni lui ni elle ne perçoivent qu'ils ont ouvert, ce faisant, une large voie aux malheurs. Combien d'hommes, accrochés à leur mère et encore empêtrés dans leur conflit avec leur père, se laissant prendre à la légende de l'entente mutuelle possible, souhaitent avoir des filles réputées pouvoir leur éviter d'avoir à vivre et à affronter l'agressivité.

Or, c'est en ce point très précis que le destin des enfants, jusque-là parallèle, va basculer dans la différence. Et que celui de la fille va se compliquer si singulièrement qu'il ne manquera pas de marquer toute la suite de son aventure de vie. Car, alors que son frère reste pratiquement à jamais dans la logique relationnelle qui a été la sienne depuis sa venue au monde, elle va la laisser choir en y faisant une bien singulière entorse et en se livrant à une non moins singulière acrobatie. C'est d'ailleurs ce qui lui permettra de s'extraire de son orientation homosexuelle initiale pour faire l'expérience de l'attractivité de l'autre sexe et s'instal-

ler, pourvu que sa mère n'y fasse pas obstacle, dans la préférence qu'elle en éprouvera. Si son frère reste en effet indéfectiblement fidèle à leur premier, unique et commun objet,
elle, croyant bien faire et toujours œuvrer dans le même
sens, lui aura marqué néanmoins quelque infidélité en
ayant essayé de le doubler de l'apparent mais crucial investissement d'un second. Si son frère est relativement tranquille du côté de sa mère et n'a somme toute à redouter
que son seul intrus de père, elle, continuera toujours à
craindre autant de ce dernier, qu'elle n'est jamais sûre
d'être parvenue à neutraliser, que de celle qu'elle aura, en
apparence sans mauvaise intention, voulu débouter de sa
place. Si bien que, même hardie et innovante, la manœuvre
à laquelle son destin l'aura acculée prendra l'allure d'une
fausse manœuvre, voire d'une double trahison, scellant sa
relation à sa mère dans un malentendu et une culpabilité
qui s'avéreront à jamais impossibles à amender. Au point
que, lorsqu'il sera question de quelque façon que ce soit
dans sa vie d'une intruse, ce sera toujours sur fond de ce
scénario universel que les choses se rejoueront. Et, dans
quelque configuration que cela doive se produire, tout cela
sera perçu sur fond d'une confrontation entre deux femmes
dont l'une déboute toujours l'autre.

C'est encore une histoire qui me semble en fournir la
meilleure illustration. Je l'ai recueillie par le plus grand
hasard un pâle matin d'hiver. Le détail a son importance
car je n'étais pas précisément en disposition de recueil de
quelque information que ce soit. Je me rendais en effet,
comme deux autres fois à la même heure dans la semaine,
à une séance d'analyse. J'étais donc absorbé par le grouil-
lement de mes associations d'idées autour de mes rêves de
la nuit et, depuis déjà un bon moment, je ne prêtais plus
l'oreille à la radio que j'avais allumée, comme toujours,
automatiquement. C'est alors que j'ai été tiré de ma
réflexion – ce n'était probablement pas fortuit – par la voix
très mâle d'une speakerine qui semblait avoir voulu assumer cette ambiguïté en se choisissant, pour prénom et pour
nom, rien moins que deux prénoms asexués. Ce que j'ai

entendu m'a fourni la matière de ma séance de ce jour-là et a été au centre de mon travail des semaines et des mois durant.

C'est un brave homme, représentant de commerce de son état, qui, regagnant ses pénates, roulait sur une route de montagne enneigée, par une nuit d'hiver particulièrement glaciale. Il se faisait pas mal de soucis à cause du verglas et du mauvais état de son chauffage quand, pour couronner le tout, son moteur tomba en panne. Descendant de son véhicule, il constata qu'il était au cœur d'un paysage désertique à perte de vue. Ce qui lui fit rapidement comprendre que, faute de trouver une quelconque forme de secours, il mourrait certainement assez vite de froid. Comme il n'avait aucun autre choix, il se mit à marcher. Au bout de quelques centaines de mètres, il aperçut à sa plus grande surprise une pâle lueur qui scintillait au loin entre les troncs des arbres. Il en prit la direction et, après bien des souffrances, il parvint à une ferme où un paysan et son épouse l'accueillirent, le nourrirent et le couchèrent. Le matin venu, le paysan prit son tracteur et parvint à le dépanner.

C'est seulement quelques jours plus tard que, repensant à sa mésaventure, notre homme prit la mesure de la dette qu'il avait contractée à l'endroit de ces braves gens. Pour leur marquer sa reconnaissance il décida de leur faire un cadeau. Mais il fut bien embarrassé car il avait gardé le souvenir de gens très simples et d'une habitation au confort rudimentaire. C'est alors qu'il se souvint de l'embarras dans lequel il avait été quand il avait voulu se raser et qu'il n'avait trouvé nulle part dans la maison de glace pour se regarder. Il fut tellement content de son idée qu'il commanda et fit envoyer à la ferme un miroir mural. C'est le paysan qui reçut l'imposant colis et qui, intrigué, n'attendit pas même le retour de sa femme, occupée par la traite à l'étable, pour l'ouvrir. Il tomba alors nez à nez avec son reflet. Soudainement bouleversé, la gorge nouée et la voix cassée, il s'entendit crier malgré lui : « Papa ! » Il perçut l'étrangeté de la situation et il se sentit confusément débordé par une émotion jusque-là inconnue et qu'il ne savait comment maîtriser. Il décida, jusqu'à recouvrer son calme, de ne rien en dire à sa femme. Et il monta en cachette le troublant objet au grenier.

Dans les jours et les semaines suivantes, il contracta une habitude qui lui procurait un plaisir à chaque fois renouvelé : tous les soirs, en rentrant des champs, il trouvait le moyen de s'éclipser pour s'enfermer quelques minutes avec l'objet qui semblait avoir suscité chez lui une étrange passion. Son épouse finit par repérer son manège et, intriguée, décida d'en avoir le cœur net. Elle lui inventa une tâche à accomplir à l'heure fatidique et elle profita de son absence pour se précipiter d'une traite dans le grenier. Parvenue en haut de l'escalier, elle tomba elle aussi nez à nez avec son reflet. Et, dans un incontrôlable accès de rage, elle s'entendit soudain crier : « J'savions bien qu'c'était une histoire de femme. Pourtant, Dieu, qu'elle est laide ! »

« Papa », pour un homme. « Une histoire de femme », pour une femme. C'est dans l'étape que je viens de décrire, autrement dit, dans le début de l'histoire de chacun que la différence de vécu prend son origine. Le hurlement du paysan c'est cette terreur ancienne soudainement retrouvée, même s'il s'y mêle un émerveillement attendri et le plaisir anticipé et fou de retrouvailles tardives, d'une ultime mise à plat du conflit et de paix recouvrée, dans une entente homosexuelle à la teneur jusque-là inconnue. Le cri de son épouse, qui ne peut évoquer l'image de sa mère dans le reflet vieilli que lui renvoie le miroir, traduit son impossibilité à revenir sur ce lien – plus de retour à la dangereuse passion homosexuelle du début de la vie. Son commentaire, quant à lui, prend ses racines dans cette scène archaïque où c'était elle qui s'était perçue comme ayant le statut d'accusée et qu'elle revit soudainement comme en un flash sous l'effet de la suspicion créée par les manœuvres de son mari.

Si la mort circule à visage découvert, dès le début de la vie, entre père et fils – comme entre père et fille au demeurant –, c'est en raison de la distance irréductible des corps. Et ce sont encore les liens biologiques qu'il faut invoquer, et sur lesquels il faut revenir, pour le comprendre. Aucune expérience du type de la gestation n'existe en effet entre un homme et ses enfants. Ne pouvant engrammer en eux aucun alphabet sensoriel dont il serait l'origine, un homme, exilé tôt ou tard et par la force des choses de son propre lieu d'origine, ne peut se raccrocher à l'existence d'une descendance, pour laquelle il est foncièrement étranger, que par l'intermédiaire d'un corps de femme. Il a toujours existé et il existe des « filles-mères », comme on disait de ces femmes désignées aujourd'hui sous l'appellation de « parent isolé », il n'a jamais existé et, n'en déplaise aux aventuriers de la biologie, il n'existe pas de « fils-père ». Tant et si bien que le dispositif de la parentalité ne laisse pas au père d'autre choix pour se signaler, et occuper la place qui lui est dévolue, que d'accepter d'endosser et d'assumer la fonction ostensiblement mortifère qui est toujours la sienne, et ce, qu'il s'en félicite ou qu'il le déplore, qu'il le veuille ou qu'il ne le veuille pas.

Les protagonistes invités à l'échange savent toujours, en tout cas, la nature de l'enjeu de ce qui se joue et peuvent sans difficulté organiser leur stratégie. On est dans un processus tributaire de la différence des sexes. C'est par une érection, qui ne peut pas passer inaperçue, que se traduit et se trahit le désir du sexe masculin, alors même que le désir féminin évolue dans la discrétion et la subtilité. Aucune modification du corps ne le traduit ostensiblement. Tant et si bien que de tenter de dévoiler ce qui prend toujours l'allure d'un mystère expose à tomber dans l'indécence sinon dans l'obscénité. Il y a des choses qui ne se regardent pas et qui, fondamentalement, ne doivent jamais être exposées au regard même si on les sait agir subrepticement.

C'est pour avoir poussé cette logique jusqu'au bout que les tenants du tchador ou de ce qu'on appelle le « foulard islamique » se sont heurtés à la méprise de civilisations qui croient pouvoir en juger parce qu'elles sont encore à mi-chemin entre la stricte prise en compte des données de la biologie et la tentative de mettre à plat ces données aux innombrables conséquences. La première d'entre elles étant que, loin s'en faut, la mort n'est pas mise à l'écart dans l'échange de la mère et des enfants. On peut même en dire que d'y être implicite, sans que rien ne permette de la reconnaître et de tenter d'y échapper, ne la rend que plus terrifiante encore.

Si chacun, depuis l'aube de sa vie, a repéré qu'il doit sa survie aux soins assidus de sa mère, il n'a pas manqué de tirer toutes les conséquences de l'éventuelle et menaçante suspension de ces soins. Si bien que plus une mère évolue dans le don et l'oblation, plus grandit sa puissance à donner vie, plus grandit paradoxalement son pouvoir de donner la mort. Et c'est à cet ensemble qu'on donne communément le nom de « toute-puissance ». Et, comme c'est ce qui fait d'elle le premier objet d'amour de ses enfants, force est de convenir que l'idée d'amour qui y prend naissance est naturellement coextensive de la vie et, par définition, implicitement égoïste. Mais notons, encore une fois, que si le garçon, obnubilé par la confrontation ouverte à son père et fidèle à son combat, évolue, confiant et naïf, sur un chemin clairement balisé, sa sœur est, en revanche, rapidement appelée à se confronter à un débat complexe et insoluble, générateur d'une culpabilité paralysante face à la violence dont elle perçoit la circulation mais qu'il lui faudra absolument taire puisque rien n'en traduit, de quelque façon que ce soit et encore moins de façon évidente ou repérable, le bien-fondé. Elle a, pourtant, tout lieu de se défier comme elle le fait. Car il est rare, sinon exceptionnel, que l'investissement dont elle est l'objet de la part de sa mère ne soit pas, par essence et avant tout, profondément égoïste et forcément aliénant.

Le devenir mère n'est pas seulement une étape dans la vie d'une femme. C'est une mutation profonde et bouleversante qui lui permet de comprendre enfin, sinon ce qu'a été sa vie jusque-là, du moins la cohérence du comportement qui a toujours été le sien. L'expérience de la grossesse a donné sens et unité à la propension qu'elle avait parfois jusque-là subie sans en comprendre la finalité et qui consistait à investir les besoins d'un tiers pour les satisfaire de son mieux possible. Sensible on ne peut plus à la demande et soucieuse d'y répondre de la manière la plus adéquate, elle a pu, de longs mois durant, en éprouver la légitimité, sentant pousser en elle cette vie neuve et quémandeuse à l'entretien de laquelle étaient vouées les performances de son seul corps. Et le plaisir qu'elle en a tiré n'a pas faibli un seul instant. Donner, donner, ne pas cesser de donner, se donner, se laisser prendre, tout comme cela se dit si bien dans le douillet de la vie amoureuse, lui est apparu à cette occasion d'une nécessité si limpide qu'elle en a senti la pertinence tout au long de sa vie et dans le moindre de ses comportements. Son comportement tout entier n'était donc que cela et cela seul ? Un comportement programmé, vécu et assumé, parfois infligé et subi mais qui, sans relâche ni rupture, s'est avéré uniformément tendu vers la perfection et l'acmé qu'il atteint pendant cette période bénie. Une logique y existait donc. Et c'est là, à cette étape du parcours de vie qu'elle a enfin pu clairement se lire. La mutation ne va pas seulement lui en faire prendre acte, elle va lui en révéler les potentialités, l'y asservir et l'inviter à y asservir l'alentour. C'est cette logique comportementale de la grossesse [1] qui révèle le mieux à une femme le sens de son parcours existentiel et la force particulière que revêt sa relation de mère à son enfant, quel qu'en soit le sexe – et je n'arrêterai pas de répéter cette précision en toute occasion.

Car ce qui se joue pour elle, et d'une façon plus consistante encore que pour son partenaire, dans la procréation, c'est la mise en branle du fantasme de sa propre immortalité [2]. Alors que lui, préservé d'un tel fantasme par l'irréductible distance des corps, assume la réalité de son engendrement et entreprend de transcender sa condition de mortel en usant de la projection sur un fils, elle a toute latitude de s'appuyer sur l'incomparable proximité des corps dont elle vient de faire l'expérience pour caresser le

---

1. Voir note de la page 47.
2. Fantasme plus efficient encore lorsqu'il se double d'un fantasme de parthénogenèse : elle aura procréé seule, sans le secours de son partenaire ; ce qui lui permet de n'avoir vraiment aucun compte à lui rendre. Voilà qui rend compte du désir violent de certaines femmes, comme le dit une chanson à la mode, « de faire un enfant toute seule ».

rêve d'avoir relevé le défi du temps. Et voilà qu'elle a, tout contre elle, réelle, vivante et chaude, la promesse qu'elle a réussi à se fabriquer.

Qu'elle en ait ou non conscience, qu'elle dise ou ne dise pas le vouloir, elle va tout faire, tout, pour entretenir la consolation concrète qui lui est ainsi offerte ; et ses soins lui apporteront jour après jour l'assurance de sa réussite. À ceci près cependant que la projection qu'elle ne pourra pas manquer d'entreprendre – tout parent un peu attentif à ses perceptions, reconnaîtra que son enfant lui a fait et lui fait parcourir d'une façon ou une autre les différentes étapes de sa propre enfance – sera plus aisée et autrement plus efficiente quand elle se produira sur sa fille plutôt que sur son fils. De son fils, au corps si évidemment différent du sien, elle ne peut, sauf exception, que se sentir distante. Elle ne l'en investira pas moins, bien entendu. Elle ne sera pas moins forte, moins disponible, moins aimante, ou moins dévouée – que d'encre n'a pas fait couler ce chapitre ! Mais leur relation, quoi qu'on en dise, ne sera jamais là même que celle qu'elle aura avec sa fille. Car l'homosexualité – au sens le plus strict du terme – de l'amour qui se déploie en la circonstance parvient à lui faire faire un pont sans rupture entre sa fille en aval et elle, mais aussi en amont entre elle et sa propre mère, la mère de cette dernière, la mère de la mère, etc., et ce, indéfiniment, jusqu'à la toute première humaine. Et cela lui apporte la preuve la plus immédiatement saisissable, et la plus tangible, de son inscription dans l'incontestable éternité d'une condition.

Le fantasme de sa propre immortalité se nourrit à ce qui lui apparaît sous la forme d'une irrécusable évidence. Ce qui naît en elle, de la plus ou moins claire prise de conscience de tout cela, c'est l'idée folle que jamais, au grand jamais, sa fille et elle, qui sont si pareilles, si semblables, si identiques, ne doivent se séparer, être séparées ou vivre des expériences qui ne seraient pas strictement similaires. Elle a, chevillée au corps, la certitude d'avoir découvert la plus performante des assurances-vie. Ce qui lui reste à souhaiter c'est que sa fille en fasse un jour autant et que rien ne vienne interrompre, de quelque manière que

ce soit, cette suite infinie d'enfantements parfaits, de reproductions parfaites. Il lui faudra œuvrer dans ce sens et
convertir au plus tôt cette enfant à la seule vraie vision du
monde. Elle est prête à déployer toute son énergie dans ce
sens. Et plus un seul instant de sa vie ne se laissera distraire
de cet objectif.

C'est avec une étonnante légèreté qu'elle jettera aux orties
le souvenir de la souffrance que sa mère, ayant visé en son
temps le même objectif, lui a fait endurer. Aveugle et
sourde à tout ce qui peut en être montré ou dit, elle va se
précipiter la tête la première dans cette relation, assurée
par son expérience de corps de ne pouvoir, elle, se tromper
ni faire d'ailleurs le moindre mal. Combien ne se sent-elle
pas fière quand on lui fait remarquer que sa fille lui ressemble – elle ne parvient en général pas à comprendre
d'ailleurs l'éventuel malaise que ladite fille manifeste en
retour ! Combien facilement, et plus encore que jamais de
nos jours, ne la voit-on pas se mettre à son diapason,
empruntant son langage, mimant sa manière de vivre, de
manger, de s'habiller, se faisant son amie, sa comparse
voire sa complice, déployant tout ce qui est en son pouvoir
pour ne jamais se laisser distancer, allant jusqu'à accepter
de se faire gourmande de chaque détail de son quotidien,
de régler son emploi du temps sur leur rencontre et de vivre
ainsi par procuration [1]. Ce n'est pas elle qui se laisserait
travailler par le fantasme de ce clonage dont la réalité a fait
irruption, dans notre quotidien, avec la brebis Dolly. À quoi
lui servirait-il d'ailleurs et en quoi pourrait-il l'intéresser ?
Ça, c'est une histoire d'hommes et d'hommes travaillés par
la redoutable rivalité entretenue à la mère. Son clone, elle
l'a, elle, là, à portée immédiate de sa main. Elle l'a eu
d'ailleurs depuis toujours dans sa tête et elle peut dire, en
y jetant un œil, qu'elle l'a entretenu et façonné à son goût.
Il lui suffit seulement, pour que tout aille pour le mieux,
que cette fille ne s'obstine pas dans son imbécile mauvaise

---

1. Grâce soit rendue, sur ce point, à Claire Brétécher et à son
Agrippine.

volonté, qu'elle prenne la mesure de l'indéfectible dévouement qu'elle met à son service, qu'elle comprenne l'étendue
de son amour, qu'elle lui signifie son accord et qu'elle la
rejoigne tout simplement dans le désir averti, désintéressé
et clairvoyant qu'elle a pour elles deux.

Et elle ne manque pas de moyens pour atteindre son
objectif.

Elle est prête, quel qu'il soit, à en payer le prix. Elle saura
déployer ses qualités, ses trésors de patience et d'humilité,
l'étendue de sa sollicitude. Non pas ostensiblement, bien
entendu, mais avec tout l'art, dont elle sait évidemment
faire preuve, pour mettre en avant, et avec une discrétion
infinie, le on-ne-peut-plus-naturel de sa gentillesse et sa
toute disponibilité. Pour peu qu'elle puisse confier quelques
petites choses de son aventure de vie, de son insatisfaction,
de ses attentes déçues ou des malheurs qu'elle n'a pas pu
ne pas connaître, elle ne va pas manquer de balayer les
velléités de résistance et s'attirer le brin de sympathie qui
lui permettra de passer à l'étape suivante. Elle a suffisamment de cordes à son arc pour que l'injonction de répétition
qu'elle forge ainsi alors à l'adresse à sa fille soit audible,
clairement entendue, et scelle pour un bon bout de temps
leur destin promis à être commun.

« J'ai connu ce que tu as connu et ce que tu connais. Sois
comme moi, exactement comme moi. Mets tes pas dans les
miens. Fais ce que j'ai fait, parcours mon chemin de vie,
fais l'économie d'une recherche ardue qui risque de te faire
perdre beaucoup de temps et d'énergie, fais tienne l'expérience qui est la mienne et que je mets sans réserve à ton
entier service. Je t'aime, tu sais ! Je t'aime plus que personne ne t'as aimée ou ne t'aimera jamais. Nul mieux que
moi ne pouvait ou ne saura chanter la beauté de ta peau
ou saluer l'éclat de ton regard. Aime-moi en retour. Aime-
moi comme je t'ai aimée, comme tu as su si bien m'aimer
au début de notre tête-à-tête, comme je continue de t'aimer
et comme je voudrais que tu m'aimes. Et si tu refuses ou
que tu n'oses pas continuer de le faire – car je te connais
et je sais que tout cela n'est qu'une question d'audace – ne
me trahis pas alors : aime qui me ressemble ; aime qui me

reçoit comme je voudrais que tu me reçoives, aime qui m'admet, aime qui m'aime, aime-moi dans qui m'évoque pour toi, en sachant que pour ma part, tout en le respectant et tout en devant l'admettre pour ne pas te faire de peine, il me restera à jamais dans la gorge et je ne l'admettrai jamais. »

Voilà ce qu'elle lui dit, en une sorte de prescription dont l'essence, écho figé de la relation homosexuelle du début de la vie, ne fait pas le moindre doute. Et, si cela ne lui a pas semblé suffire à convaincre, elle a tout loisir d'ajouter subrepticement pour finir d'enfoncer le clou : « Comment, tu ne veux pas ? Tu refuses ? Te défierais-tu de moi ? Me prêterais-tu quelque mauvais sentiment ? Nierais-tu mon désintéressement ? Me verrais-tu prendre un quelconque intérêt à mon incitation ? Mettrais-tu de la suspicion entre nous ? Me mépriserais-tu à ce point ? Est-ce là la seule estime que tu as pour moi ? C'est donc ainsi que tu comptes marquer ta reconnaissance à l'endroit des soins dont je t'ai entourée ? C'est comme ça que tu comptais m'en payer le prix ? C'était bien la peine d'avoir fait tout ce que j'ai fait pour toi ! » Quand ce type de discours ne va pas bien au-delà encore et n'affiche pas la demande comme une exigence pure et simple assortie de vexations écrasantes, sinon de menaces effrayantes. Le tout visant à faire comprendre, sans laisser le moindre choix, qu'il vaut mieux filer doux, un « ...sinon je suspens la vie que je t'ai donnée » étant implicitement accolé au message. Les formulations sont parfois strictement inverses sans pour autant produire moins de dégâts. Les « tu as raison... je suis bête... je suis nulle... je ne vaux rien, et moins encore !... pardonne-moi d'être comme je suis !... tu n'as vraiment pas de chance de m'avoir pour mère... mais, n'aie pas peur, je ne suis plus là pour très longtemps... tu seras bientôt débarrassée de moi... » sont choses courantes. On imagine leur effet. Mais ils ne sont encore rien en regard de l'estocade qui est donnée en des termes proprement grotesques et tellement insupportables qu'on ne peut pas les entendre ou accepter de les prendre en considération, alors même qu'ils portent le fer au plus vif de la plaie et qu'ils disent la partie la plus vraie de l'échange. Car, que ce soit dit et clamé, ou tu mais implicite, c'est toujours par un « tu veux ma mort ! » véhément ou accablé, que la harangue se termine – avatar déflagrant de ce fameux « amour à mort » que nous avons pu voir à l'œuvre. Un « tu veux ma mort ! » qui cherche à rappeler que la toute-puissance n'est tolérable, dans son exercice comme dans son vécu, que dans la seule expression de la sollicitude, laquelle ne semble être là que pour masquer la violence mortifère qui la sous-tend.

Le plus souvent, rien de tout cela n'est clairement signifié et encore moins, même au cours d'une dispute, fût-elle des plus violentes, dit d'un bloc. Si bien d'ailleurs que le condensé que j'en donne, et qui en est une ridicule caricature, risque de discréditer tout ce que j'essaye d'en dire. C'est, de fait, administré par toutes petites doses, distillé tout au long d'une vie d'échanges intenses. Dit par bribes, entre les mots, par petites touches traçantes, répétées et reprises en toutes occasions.

Est-il étonnant, compte tenu du silence entretenu autour de cette violence ordinaire, qu'on puisse assister à une désaffection du mariage ? Le mariage, officialisant symboliquement la subordination du premier lien à un second, ne peut être reçu, hors du soutien normatif d'une culture environnante, avec la moindre naturelle sympathie par une mère. À moins d'avoir à le subir avec les conséquences qu'on imagine, elle n'y consent le plus souvent qu'à la condition de ne rien voir changer [1] dans les liens déjà tissés, laissant alors entendre ses dispositions à cet égard et n'hésitant jamais à les défendre et à les faire savoir. C'est même en ces termes que le problème se trouve parfois posé quand, au fil du temps et de la maturation parfois favorable des jeunes liens, se fait jour la moindre menace de déso-

---

1. Ce que peut-être comprend, un peu trop bien, un homme qui tolère tout de sa belle-mère pour ne pas mettre sa compagne en difficulté. Mais la sympathie qu'il marque à ce lien, et la compréhension qu'il manifeste à ses implications, si elles aplanissent les difficultés sur le moment, ne font que pérenniser le conflit sous-jacent dont les effets ne feront que croître.

béissance ou, qui plus est, de rupture : « Ton enfant ou moi.
Tu dois choisir. Et je te conseille de faire le bon choix ! »
Piège des plus subtils qui soient puisqu'il allie la menace à
la culpabilisation.

J'ai vécu une histoire de cet ordre au tout début de mon
installation. Elle était tellement riche et elle m'a tellement
frappé que je n'ai pratiquement pas hésité à l'exploiter de
toutes sortes de manières dans nombre de mes écrits. Ici,
je la résume pour n'en tirer que ce qui est destiné à illustrer
le seul propos que je développe.

Il s'agissait d'un bébé de trois mois, un petit garçon, qui
avait une diarrhée banale et sans gravité. J'ai néanmoins eu
à le voir quatre fois à la demande de ses parents, sans parvenir ni à être inquiet de son état ni à comprendre ce qui
se passait. J'ai même été conduit, en désespoir de cause, à
l'hospitaliser vingt-quatre heures et pratiquement pour
rien. Mais à peine était-il sorti que j'ai été rappelé à son
chevet. Ne sachant plus quoi faire pour lui, je me suis soudain mis à être sensible à des éléments en principe strictement étrangers à la maladie ou à ce qu'auraient dû être
mes préoccupations. J'ai relevé le confort modeste de la
pièce et la rareté des meubles au milieu desquels trônait un
superbe lit blanc à barreaux. La maman, au crâne surmonté
d'un chignon en galette, était agenouillée devant le lit, faisant face à sa propre mère penchée de l'autre côté et porteuse elle aussi d'un chignon identique. Le père, quant à
lui, les mains dans les poches, faisait les cent pas, parcou-
rant la pièce de long en large.

Je revivais pour la cinquième fois exactement la même
scène, laquelle se rejouait pratiquement sans la moindre
nuance, dans le même décor et, je dois ajouter, avec les
mêmes dialogues ! Pour la cinquième fois, en effet, j'entendais la grand-mère, souriant de tous ses yeux derrière ses
épaisses lunettes de myope, me répéter la même phrase
toute simple, futile et anodine : « C'est normal, Docteur,
c'est leur premier, c'est un garçon, il a trois mois, il a de la
diarrhée ! » Je n'y avais encore jamais réagi, me contentant
de conférer à cette tautologie un sens des plus convenus.

Je l'entendais comme une vague et inutile phrase d'excuse, un de ces commentaires faits pour remplir le silence ou destinés à détendre l'atmosphère en impliquant l'auditeur dans une forme de connivence. Je pensais que cette grand-mère me disait à sa manière et dans son style propre : « Excusez-les, Docteur, c'est normal qu'ils fassent appel à vous si souvent ; ils sont inquiets parce que c'est leur premier enfant et qu'ils sont inexpérimentés ; c'est un garçon et ils voulaient tant un garçon ; il a trois mois, ce n'est pas très vieux, c'est même assez fragile ; il a de la diarrhée et on sait que la diarrhée a tué par le passé tant de bébés... » Or, cette fois, au lieu de me taire devant l'énoncé, j'ai lancé sèchement un claquant « et alors ? ». S'arrachant à la position dans laquelle je l'avais toujours vue, la grand-mère s'est soudain propulsée vers moi avec de grands gestes, jubilant littéralement, pour me déclarer : « Eh bien, Docteur, vous me voyez, moi ? Je suis la seconde enfant de ma mère. Avant moi, elle a eu un garçon, à trois mois il a eu de la diarrhée et il est mort. Ma fille que vous voyez là, c'est ma seconde enfant. Avant elle, j'ai eu un garçon ; à trois mois il eu de la diarrhée et il est mort. Alors vous comprenez ? C'est normal, c'est leur premier, c'est un garçon, il a trois mois, il a de la diarrhée, il va mourir ! »

Là, ce fut si net et si clairement hurlé que pendant un instant je n'en ai pas cru mes oreilles. La grand-mère, ayant aveuglément obéi à l'injonction de sa propre mère de l'imiter en tout point, a dû payer sa soumission du prix de la mort de son premier enfant. Si, même au prix de la mort imminente d'un nouvel enfant, elle jubile de voir l'histoire se reproduire, c'est parce que cela la dédouanerait enfin de sa conduite de fille tout en l'assurant que la sienne, elle aussi, sera en tout point sa fidèle reproduction.

Mais il n'en va pas toujours de même et d'autres fois cela prend une allure moins franche, moins affichée, plus pernicieuse, contre laquelle il est beaucoup plus difficile de se défendre. C'est ce qui est arrivé à une maman dont je garde un sentiment étrange, unique et rétrospectivement effrayé.

C'est au téléphone que j'ai eu mon premier contact avec elle. Elle avait une voix, qui aurait pu être chaude et agréable, si elle n'avait été assortie d'un débit phonatoire saccadé et faussement assuré qui la rendait proprement sinistre. Elle m'exposait avec force détails, plus anodins pourtant les uns que les autres, l'état de santé de ses jumeaux, un garçon, Igor, et une fille, Telma, âgés de quelques semaines à peine et habituellement suivis par mon associée alors absente. Rien, dans la collection des minuscules faits sur lesquels elle s'évertuait à s'attarder, ne pouvait justifier l'intensité de l'angoisse dont elle faisait preuve. Je l'ai laissé finir. Et elle a pris son temps. Désireux alors de détendre l'atmosphère, je lui ai dit, sur un ton ouvertement jovial quand j'ai pu prendre la parole, qu'à l'écoute de son discours il me semblait qu'elle n'avait rien de mieux à faire que de mettre tout simplement ses bébés à la poubelle et s'en procurer de nouveaux en meilleur état. Ce type d'intervention, qui résout habituellement tous les problèmes en déclenchant par son énormité un rire soulagé à l'autre bout du fil, m'a valu cette fois-là une réplique si choquée et si véhémente que j'ai eu beaucoup, beaucoup, de mal à rattraper le coup. Pour une fois, mon expérience, ma bouteille et mon sens de la relation ne m'ont vraiment pas paru de trop. Il ne m'avait jamais été donné dans ma vie de rencontrer une absence d'humour aussi radicale. Je m'en ouvris d'ailleurs par la suite à ma collègue qui avait déjà fait le même constat et qui m'a confessé vivre chaque rencontre avec cette mère comme une épreuve à la limite du supportable.

Cela ne m'a pas empêché de la rencontrer ultérieurement et de m'occuper à chaque fois de ses enfants, en gardant toujours à l'esprit le rejet qu'elle marquait de toute métaphore comme de toute forme de langage qui s'écartait un tant soit peu de la réalité la plus prosaïque. Elle a dû apprécier ma discipline puisqu'à mon grand dépit, et au soulagement avoué et ravi de mon associée, elle m'a élu comme consultant exclusif. Ainsi ai-je appris, au fil du temps, qu'elle s'était mariée et qu'elle avait procréé sur le tard – ce qui lui a fait apprécier sa grossesse gémellaire comme un don du ciel. Elle occupait une position sociale élevée et ses enfants étaient gardés à la maison par... sa mère, infirmière à la retraite, qui était veuve, dont elle était la fille unique et avec qui elle avait toujours habité – ce qui expliquait en partie, a-t-elle éprouvé le besoin de me préciser, pourquoi elle avait « mis si longtemps à (se) trouver un mari ».

Un soir, j'ai eu à la recevoir en urgence pour Igor qui avait alors six ou sept mois et qui souffrait d'une diarrhée profuse – probablement consécutive à une infection à Rotavirus dont nous avions une épidémie dans le quartier. Je lui ai longuement expliqué le mode d'installation de cette affection, son mécanisme et la manière toujours impressionnante dont elle évoluait. Malgré mes réassurances et le temps que j'ai passé à tenter de lui communiquer mon optimisme, elle restait plus agitée qu'elle ne l'était d'habitude et n'éprouvait aucune gêne à confesser cette angoisse que j'avais depuis longtemps repérée et dont je la savais structurellement on ne peut mieux pourvue. Sidérée comme elle l'était, elle ne pouvait manifestement pas en dire plus – et c'est presque toujours ainsi quand un symptôme occupe autant le devant de la scène. Elle a simplement avoué son étonnement d'avoir constaté que ses enfants, et son fils en particulier, tombaient malades toutes les fois que son mari s'absentait. J'ai pris tout le temps qu'il fallait pour lui dispenser les conseils idoines. J'ai veillé à ce qu'elle les ait compris et intégrés dans leur détail et je lui ai délivré une prescription où rien ne manquait.

Le lendemain matin, à huit heures tapantes, le téléphone sonnait à mon domicile. J'ai immédiatement reconnu sa voix sépulcrale. Fait inattendu, elle s'est confondue en excuses, en m'expliquant avoir lutté tout la nuit contre la tentation de m'appeler. Son fils allait très mal et elle demandait à ce que je le revoie de toute urgence. Je lui ai donné rendez-vous au cabinet pour la demi-heure suivante. L'état de Igor n'avait en réalité rien d'inquiétant. Mais il s'était vidé toute la nuit, comme je l'avais avertie qu'il le ferait et comme cela est de règle dans ce genre de tableau. Il avait néanmoins bu d'abondance, ce qui expliquait son excellent état.

Comme je lui faisais part de mes conclusions et que j'ai très prudemment tenté de lui dire mon étonnement, elle m'a raconté avoir dû déployer des trésors d'inertie pour résister pendant tout ce temps aux commentaires alarmistes répétés de sa mère qui, forte de son autorité professionnelle, la poussait à conduire Igor sans tarder à l'hôpital T. pour qu'il y fût admis. Forte de ce que je lui avais expliqué, elle avait obstinément refusé. Mais elle n'était pas parvenue, sur le coup de six heures et demie du matin, à empêcher sa mère de faire elle-même appel à un médecin d'urgence. Une jeune femme était arrivée quelques instants plus tard qui, au terme de son examen, avait abondé sans réserve dans le sens de l'hospitalisation. Elle n'a cependant pas plus réussi à la convaincre. Tant et si bien qu'elle s'est mise à lui raconter comment elle avait, elle-même, perdu un fils du même âge et de la même affection, quelques années auparavant. Elle me dit avoir été stupéfaite et presque déstabilisée par la confidence, et par le cortège de larmes qui l'ont accompagnée. Mais ce qui avait armé sa détermination à garder Igor avec elle c'est d'avoir repéré, dans l'insistant discours de sa mère, quelque chose de troublant, de suspect et d'effrayant à la fois. N'était-elle pas la mieux placée pour se rendre compte du bon état de l'enfant qui avait un regard vif, qui riait et qui gazouillait normalement à chaque réveil, buvant toujours de bon cœur ? Il était incompréhensible qu'elle ne tînt aucun compte de ces éléments. Et elle n'était certainement pas égoïste au point de vouloir se débarrasser des soins qui allaient se prolonger des jours durant. C'est en faisant le point de la sorte qu'elle s'est alors souvenu qu'un an environ avant sa naissance sa mère avait perdu d'une diarrhée profuse et malgré une hospitalisation dans le même hôpital T. où elle voulait qu'elle conduisît son fils, un garçon de l'âge actuel de Igor. Elles n'en avaient pas parlé ensemble, cette nuit-là, mais ça n'avait pas pu ne pas être dans l'air et ça l'avait en tout cas, elle, constamment poursuivie.

Je ne pouvais que me réjouir de sa conduite. Je me suis demandé si elle avait tiré tout le parti qu'il fallait du fait que la maladie avait atteint Igor plutôt que sa jumelle, et si elle en avait profité pour tenter de comprendre le déterminisme de sa grossesse gémellaire. Je n'ai en tout cas pas saisi, pour ma part, l'effet par lequel notre relation lui avait permis de reconnaître l'injonction de sa mère à la répétition et de refuser de s'y plier. Je ne pouvais pas moins pour autant lui rendre grâce, me surprenant à passer par-dessus son manque d'humour pour lui vouer un brin d'admiration sincère et attendrie. Je me suis plu à l'imaginer, telle la chèvre de Monsieur Seguin luttant jusqu'au matin contre un loup qu'elle était tout de même parvenue à vaincre et je me suis dit qu'elle avait décidément fait un grand pas en avant.

Le genre de pas qui dessille le regard. Parce que ce qu'il met en jeu apparaît vital à un point tel qu'il mobilise l'ensemble des mécanismes de défense et de simple conservation de soi. Il ne devient plus en effet possible de se laisser berner quand le voile se déchire et que la situation se découvre alors dans sa clarté aveuglante, avec ce qui continue d'y circuler de manipulation et de tromperie.

« Elle m'en veut de ce deuxième que j'ai fait sans son assentiment, me dit une jeune mère en pleurs. Au début, elle l'appelait "machin", ajoutant : "Excuse-moi, j'ai oublié son prénom. Tu sais que j'oublie facilement les prénoms." Elle m'a si souvent dit qu'il n'y avait de vrai que l'enfant unique ! Et elle entendait "fille unique" parce qu'elle ne m'a pas caché son dépit quand j'ai eu mon premier garçon. »

« Je ne peux pas lui pardonner, dit cette autre, de me laisser en plan comme elle le fait. Je suis en besoin de mère pour être mère moi-même et elle me plaque, là, sous prétexte que j'ai mis au monde un garçon au lieu de la fille qu'elle attendait. Comment je vais vivre ça ? Comment je vais vivre avec mon fils ce qu'elle me fait ? »

Plainte qui fait écho à une autre entendue le même jour : « Malgré les trois maris que j'ai eus et mes quatre enfants, je continue de n'avoir pas le droit à la parole. Et quand il m'arrive de protester, c'est pour l'entendre me traiter de "rescapée du bidet", de "fente puante" et autres gentillesses du même goût qui ne l'empêchent pas de se pavaner devant ses petits-enfants et de jouer les grand-mères modèles. »

Et qu'entendre derrière la plainte de celle-là qui, sur son lit d'hôpital, me raconte, désespérée, que lorsqu'elle a dit à sa mère qu'on avait décidé d'entreprendre chez elle une chimiothérapie, cette dernière lui a rétorqué : « Ah ! oui ! la chimiothérapie, je connais. C'est de cela qu'est morte ma mère. »

Quant à cette dernière, tout aussi émouvante que les précédentes, elle me raconte comment, à l'occasion du troisième anniversaire de son fils, elle a soudainement mis fin à une emprise dont elle ne s'était jamais rendu compte et qui avait failli à plusieurs reprises briser son ménage. « Nous avions décidé de cette fête pour toutes sortes de raisons dont, entre autres, le désir de sceller notre réconciliation après des semaines de tension et de disputes. Nous avions réuni nos familles et nos proches et j'avais invité une dizaine d'enfants – des copains de garderie et de square de Philippe – et leurs parents. Tout le monde était là et on n'attendait plus que ma mère pour commencer. Elle était en retard, comme toujours ; mais nous en avions l'habitude et je dois dire que j'ai toujours été attendrie par ce petit défaut que je mettais sur le compte d'une coquetterie stupide et inutile. On a sonné. Ça ne pouvait être qu'elle. C'était elle. Elle était cachée derrière un énorme bouquet de fleurs et un monceau de paquets-cadeau. Elle ne m'a pas laissé l'aider. Elle est rentrée comme une flèche, bousculant une ou deux chaises sur son passage, pour déposer ses colis sur le canapé. Je n'ai même pas eu le temps de lui dire qu'on n'avait pas encore commencé et qu'elle pouvait se détendre. Elle avait décidé de jouer les vrais bonnes grand-mères et de se consacrer totalement à Philippe qu'elle a voulu prendre sur ses genoux. Plusieurs fois de suite, le couvrant de baisers, elle a crié : " Philippe, mon Philippe, mon chéri, mon chéri, regarde tout ce que je t'ai apporté pour ton anniversaire, un bon anniversaire, un très bon na-ni-ver-saire, hou, hou ! " criait-elle. Elle ne semblait pas vouloir arrêter de si tôt son numéro. Et moi, je la regardais et je n'en croyais pas mes yeux. Je me demandais quand elle allait enfin s'apercevoir du ridicule de la situation. J'avais honte pour elle. Mais encore plus pour moi. Pas de

ses débordements, non, pour ça tout le monde la connaissait. Mais elle s'était trompée. Ce n'était pas Philippe qu'elle
avait dans les bras. Quand je le lui ai dit, tout doucement
à l'oreille, pour sauver la face, la sienne ou la mienne, je ne
sais pas, elle a jeté un regard circulaire et elle a dû parcourir à plusieurs reprises un à un les visages des enfants avant
de reconnaître son petit-fils ! »

Le débat des mères avec leur filles prend-il, en toutes circonstances, l'allure qu'il a dans ces quelques anecdotes
prises au hasard au milieu de bien d'autres que je ne peux
malheureusement pas aussi facilement rapporter ? Ou bien
n'emprunte-t-il cette voie que lorsque se fait jour, au regard
de la mère, un risque de rupture, et surtout de rupture radicale ? Mais rupture de quoi ? Rupture de la communication ? Rupture de la hiérarchie ? Rupture des liens d'allégeance ? Ou rupture encore de ce pont dont on a vu qu'il
avait valeur d'inscription dans l'éternité, qu'il nourrissait le
fantasme d'immortalité et qu'il parvenait à faire pièce à
l'angoisse de mort. Il en arrive alors que l'entretien d'un tel
fantasme requière une énergie si grande qu'on se prend à
vouloir en priver ceux qui viennent à la vie, et d'autant que,
garçons, ils signent, comme on le verra plus en détail, le
désir implicite et impertinent de cette fameuse rupture.

Ferdinand avait à peine quelques semaines qu'il m'in-
quiétait déjà beaucoup. Il était dans un état identique à
celui de la petite Léa dont j'ai déjà évoqué plus haut l'histoire. Ce tableau de passivité extrême, cette manière de se
laisser aller au point d'annuler tout tonus, cette façon de
refuser en quelque sorte de s'agripper à la vie, sont autant
de signes qui expriment une souffrance extrême chez le
nouveau-né. Souffrance qui peut emprunter divers relais et
surtout avoir diverses origines dont certaines authentiquement organiques. Au point qu'on ne peut jamais en décider
aisément et qu'on ne s'aventure dans son exploration que
sur la pointe des pieds, la moindre fausse manœuvre pouvant précipiter les troubles et aggraver de façon toujours
préjudiciable le désarroi déjà grand des parents. Ferdinand
était donc mou comme une poupée de chiffon. Il ne réa-

gissait pratiquement pas aux sollicitations. Il buvait sans grand entrain. Il avait un regard terne et lointain, semblant absent aussi bien à son environnement qu'à la vie tout court. Mais je n'avais relevé aucun signe objectif susceptible de faire penser à une quelconque atteinte de son corps. À notre seconde rencontre en quinze jours, son état n'avait guère évolué. Si bien que j'ai été conduit, comme je ne pouvais pas ne pas le faire, à tenter d'en trouver la cause par la prescription de différentes investigations. Tout cela m'a absorbé un long moment. Je ne croyais évidemment pas du tout que j'allais récolter le moindre indice. Mais la démarche me semblait indispensable au maintien du contact avec les parents. D'autant que la mère l'exigeait, déniant violemment et par avance qu'il eût pu y avoir le moindre problème de type relationnel avec ce garçon attendu, programmé et ô combien espéré. J'en étais ainsi à me battre avec mes pistes et mes doutes quand la clef de l'histoire me fut donnée par hasard. J'ai en effet reçu un coup de fil de la grand-tante maternelle de Ferdinand dont je soignais les petits-enfants après avoir soigné les parents de ces mêmes enfants quelques dizaines d'années auparavant. Elle s'est autorisée de tout cela pour m'appeler un jour sous prétexte de m'exprimer les inquiétudes qu'elle nourrissait sur le sort de son petit-neveu. Je l'ai longuement écoutée et je me suis chaudement félicité de son initiative.

Ainsi ai-je appris en effet que Ferdinand portait le prénom de feu le grand-père maternel de sa mère. Cet arrière grand-père, décédé depuis des lustres avait laissé une veuve, Lydia, qui continuait de mener leurs deux filles, dont la grand-mère maternelle du bébé, à la baguette. L'aïeul aurait paraît-il souffert toute sa vie de n'avoir pas eu de garçon. On a vu pourquoi les pères espèrent un fils et on n'a pas à mettre un tel souhait sur de prétendues attitudes sexistes. Mais de là à en faire le regret de toute une vie, il y a peut-être de la marge. On imagine en tout cas sans difficulté combien ce type d'information, quand elle est colportée au fil des générations, est par essence dialectisable sinon à mettre en doute. Rien n'est plus facile que d'attribuer à l'autre ses propres sentiments. Cela s'appelle, selon les codes de communication, projection ou manipulation – ce qui revient d'ailleurs au même. On sait aussi l'usage qui en est fréquemment fait, usage d'autant plus facile et abusif que l'intéressé n'est plus là pour se justifier ou opposer le moindre démenti. L'aïeule aura pu par exemple inventer elle-même le propos de toutes pièces pour masquer son propre regret ou pour rehausser et faire prévaloir la pureté de l'amour qu'elle, et elle seule, savait porter à ses filles, lesquelles auront pu reprendre par la suite l'information à leur propre compte, si tant est qu'elles ne l'aient pas inventée elles aussi de toutes pièces.

Et si des filles en arrivent à cette extrémité, ce n'est certainement pas tant pour déplorer la pauvreté de l'investissement de leur père sur elles que parce qu'elles se sont senties livrées, sans interposition aucune, à la toute-puissance de leur mère. La deuxième de ces filles-déjà-grand-mères-à-leur-tour, mon interlocutrice au téléphone, avait en tout cas fait en l'occurrence à son père deux petits-fils, alors que l'aînée n'avait eu, elle, que deux filles. La mère de Ferdinand était elle-même la deuxième enfant de sa mère. Sa sœur aînée avait eu deux filles et elle a eu une fille d'abord, Isabelle, puis Ferdinand ensuite. Or, cette fameuse grand-tante, en pleurant au téléphone, m'a raconté à un moment que sa sœur, la grand-mère de Ferdinand, avait dit à leur mère commune : « Tu vois, je te l'ai quand même fait ton Ferdinand. Ce n'est pas moi, d'accord, mais *c'est ma fille, et c'est tout comme, n'est-ce pas* [1] ? En tout cas, c'est un vrai Ferdinand, et c'est bien le prénom qui lui a été donné en premier. C'est même son seul prénom. Ce n'est pas comme ma sœur qui, quoi que tu lui en aies dit, n'a donné ce prénom qu'à son deuxième fils et encore en second seulement. »

Sans se laisser arrêter par la signification du système fort

---

1. C'est moi qui relève et souligne : la formule est si édifiante ! Moins cependant que celle de la mère d'une petite Éva me disant de sa propre mère : « C'est une louve. Elle me défend. Je ne doute pas de son amour. Elle me protège et je le sais. Mais à la limite, je sens que par mon expérience, c'est sa propre vie qu'elle recommence. »

répandu de la transmission des prénoms, on peut se demander ce qu'il en est en réalité de tout cela. La manière dont les choses semblaient s'être jouées du côté de la mère du bébé Ferdinand était relativement simple à deviner. On n'imagine pas sa mère avoir eu à son endroit une autre attitude que celle, autoritaire ou séductrice, qu'elle avait probablement reçue en héritage de la part de sa propre mère. Mais rien ne me permettait pour autant de savoir comment tout cela avait été vécu par le père du bébé. Il était présent à la consultation suivante et je me suis hâté de lui demander ce que représentait pour lui le prénom de son enfant. Il m'a déclaré avoir donné sans difficulté son accord à la décision de son épouse – « De toutes les manières je ne lui ai pas laissé le choix, a-t-elle sèchement ponctué, c'était ce prénom ou pas d'enfant ! » J'en étais encore à supputer les conséquences immédiates ou lointaines d'un tel diktat, quand je l'ai entendu ajouter qu'il se surprenait fréquemment à appeler son fils Virgile, poursuivant, devant l'étonnement que mon visage avait dû trahir, que c'était le prénom d'un enfant de sa sœur auquel il avait jadis été très attaché, qui avait suscité pour la première fois en lui l'envie d'être père et qui, malheureusement, était mort à quelques mois... de mort subite.

Tout devenait plus clair : indépendamment de la coloration que la narration conférait à sa parentalité, de quelque côté que lui fût donnée l'injonction, Ferdinand ne pouvait faire autrement qu'occuper une place de mort. Il ne savait somme toute pas comment occuper une place de vie. Le tableau d'indifférence, évoquant – non sans raison, pourrait-on dire ! – une surdité profonde ou une orientation autistique, a été levé à la suite de ce récit et Ferdinand a pu se développer sans souci.

Peut-être est-il difficile de comprendre comment sont intervenues, dans le destin de cet enfant, les relations des mères et des filles de son ascendance. Tout comme il peut paraître difficile de se retrouver dans cette topographie familiale. Un arbre généalogique permettrait sans doute d'y voir plus clair. On peut néanmoins se passer de sa représentation en reprenant simplement les différentes articulations de l'histoire.

On part d'un nouveau-né mâle souffrant, à la souffrance duquel la médecine ne parvient pas à fournir d'explication – à ceci près que cette souffrance est levée dès lors qu'un discours s'y applique, l'éclaire et permet aux protagonistes de mieux repérer leurs positions respectives dans le roman familial au sein duquel ils ont tenté d'élaborer un projet commun.

On remonte de ce nouveau-né à sa mère. Elle est la seconde des deux filles de sa propre mère et elle a commencé par donner naissance à une fille, comme si elle avait été tentée un moment, comme l'a fait sa sœur aînée au demeurant, de rentrer dans un schéma de reproduction à l'identique en passe de devenir traditionnel. À la génération au-dessus, on note en effet que la grand-mère maternelle du nouveau-né est la première de deux sœurs et qu'elle a pour sa part reproduit à l'identique la configuration familiale de sa propre mère : sa mère a eu deux filles, elle a deux filles. Sa sœur, en revanche, rompt avec ce modèle et en prend le strict contre-pied en mettant au monde deux garçons.

Quantité de paramètres interviennent certainement pour expliquer ce type d'évolution. Mais il n'est pas rare, comme je l'ai signalé en en relevant les effets potentiels, de rencontrer des reproductions à l'identique qui courent sur un nombre respectable de générations. Ce n'est pas de cela qu'il s'agit principalement ici. Il importe seulement de noter la manière dont une parole maternelle descend les générations en cascade : à l'encontre de ce à quoi on pourrait s'attendre, elle semble avoir un poids d'autant plus important qu'elle déboule de plus haut. Qu'elle soit, ici, mise à jour par un simple concours de circonstances et utilisée dans le traitement du cas, ne signifie pas pour autant que son impact ait été perçu ou mesuré de quelque façon que ce soit par l'un quelconque de ses destinataires. Je n'ai pas en effet fait état aux parents du petit Ferdinand du coup de fil de sa grand-tante maternelle. Pas plus que je ne suis d'ailleurs intervenu sur le propos de cette dernière. Or, que semble faire la grand-mère du bébé – qui ne peut pas même savoir ce que seront les conséquences de son attitude – avec son plaidoyer et ses protestations d'allégeance tels que les rapporte le récit de sa sœur, sinon tenter de se gagner les faveurs de sa vieille mère en la caressant dans le sens qu'elle croit être celui du poil.

Et une attitude susceptible de susciter un quelconque attendrissement si elle s'inscrivait dans les conduites d'enfants en bas âge, ne peut que surprendre quand elle est le fait de deux femmes en pleine possession de leurs moyens, pourvues d'une solide formation intellectuelle, ayant accompli des parcours professionnels impressionnants et, par-dessus tout, déjà grand-mères ! On peut imaginer l'étendue de leurs ressources mais on ne peut guère concevoir la vivacité de leurs sentiments et surtout le zèle qu'elles mettent à continuer de vouloir faire jouir [1] à qui mieux mieux... une indéboulonnable mère. Or, s'il en est ainsi, c'est qu'elles n'ont pas pu s'affranchir des liens singuliers et asymétriques qu'elles ont tissés dans leur premier âge et qu'elles restent convaincues que leur vie demeure entre les mains de leur mère. Laquelle a probablement cadenassé la situation sous la pression de facteurs opportuns sur lesquels elle a pu asseoir son pouvoir. Ce qui est toujours directement redevable à une histoire singulière.

Quand on songe à l'innocence des jeunes générations persuadées de ne décider, en toute chose, qu'en toute conscience et avec leur seule liberté de jugement, on reste rêveur ! Car nul ne peut agir, de quelque façon que ce soit, sans être soumis à son insu à des messages similaires dont il ignore aussi bien la nature que la teneur et qui resurgissent à son insu dans un symptôme de son enfant quand

---

1. ...et à faire vivre ! Car toute allégeance, qui met un individu en position de pouvoir et l'y conforte, le fait vivre d'autant en le laissant puiser, à sa seule guise, l'énergie dont il a besoin dans celle des individus qui lui sont soumis. Il n'est pas difficile d'imaginer les termes de l'inépuisable débat auquel ouvre ce type de situation. Le fait a récemment été souligné, et amplement commenté, pour expliquer l'extraordinaire survie du président François Mitterrand à son cancer.

ce n'est pas dans un des siens. Et, le pire, ou le plus terrible, c'est que les grand-mères et les arrière-grand-mères ne sont pas toujours vivantes, pas plus qu'il n'y a toujours de grand-tantes pour venir alléger le poids d'un destin en « caftant » opportunément, histoire de se faire consoler à bon prix !

Ce que disent ces histoires, c'est que des mères fortes de leur expérience en arrivent, communément et dans des circonstances qui paraissent toujours proprement incroyables, à tenter de dissuader leurs filles d'investir les garçons qu'elles ont eu le front – par quel effet de traîtrise, choquant et incompréhensible ? – de faire. C'est la manière qu'elles ont de dénoncer la mise en échec d'une transmission homosexuelle [1] à laquelle elles tiennent et dont elles cultivent une tenace nostalgie.

C'est l'histoire d'un petit Louis qui m'en a fourni la plus belle illustration.

Je me suis en effet longtemps demandé ce qui avait pu arriver à ses parents pour que sa mère m'annonce leur séparation alors qu'il avait à peine deux ou trois mois. Elle a ajouté ne rien y comprendre elle-même en précisant que c'était son mari qui était parti et qu'il l'avait fait sans lui fournir la moindre explication. Louis était leur premier. Mais moi, je n'en étais pas à mon premier constat d'accident de la paternité et je me proposais de saisir la moindre occasion d'en savoir plus avant de proposer mon aide éventuelle à ce couple. Ce que je m'applique toujours à faire, considérant systématiquement que le plus grand service que je puisse rendre à mon petit patient est encore de veiller

---

1. Il est important de néanmoins nuancer ce type de disposition en le rapportant, dans la dynamique que je décris comme la sienne, à notre sphère occidentale. Car on sait combien, en Orient proche ou lointain, ce sont les garçons qui sont de loin les plus investis. Est-ce à dire que les liens mères/filles s'y déploieraient sur un autre mode ou d'une autre manière ? Certainement pas. Cela relève d'une logique sur laquelle je reviendrai pour ne pas rompre l'exploration de la thématique que j'ai soulevée et qui s'avère toujours plus sournoise et plus discrète que ne le révèlent mes récits.

à la bonne entente de ses parents et de les aider à être les bons parents qu'en principe ils veulent toujours être. Comme ces deux-là s'étaient mis d'accord sur une présence commune et partagée autour de leur enfant, j'ai pris le parti, quand j'ai eu l'opportunité de recevoir le père seul, de l'interroger avec le plus de doigté dont j'étais capable sur ce qui s'était passé.

Il m'a fait une réponse que j'ai trouvée si opaque et si ambiguë que je l'ai prise pour une prière ferme et polie de me mêler de ce qui me regardait le plus strictement, à savoir, en l'occurrence, la vaccination de Louis et les modifications qui devaient être apportées à son régime. Il m'a dit : « J'ai peur de n'être pas assez femme pour elle. » J'en étais pour mes frais et j'ai renoncé à toute relance. Qu'avait-il pu vouloir me dire par là, lui qui était si mâle, avec son allure, sa calvitie, sa barbe drue et ses avant-bras étonnamment poilus ? Qu'il avait compris et suffisamment circonscrit son problème pour n'avoir besoin d'aucune aide ? Ou bien que la dissension portait sur la vie sexuelle du couple, qu'il en avait fait le tour et qu'il n'avait aucune envie de m'y mêler ? Toujours est-il que j'en suis resté là, m'étonnant simplement un peu plus à chaque rencontre de la confidence laconique que j'avais reçue et qui semblait si mal s'appliquer à une femme que je découvrais peu à peu rieuse, charmante et même coquette.

Au bout de quelques mois, elle arriva un beau jour chez moi toute joyeuse, m'annonçant d'entrée de jeu que la vie était décidément belle, qu'elle avait « du bonheur plein les mains et plein le corps », qu'elle était « depuis plusieurs mois sur un petit nuage », et que tout ça c'était parce qu'elle filait « le parfait amour. Devinez avec qui ? Avec le père de Louis ! ». Comme j'ai dû avoir une mine ébahie, elle a redoublé ses propos en m'assurant que son mari et elle n'avaient jamais été si bien ensemble. Elle a ajouté qu'ils étaient toujours séparés et que chacun d'eux avait gardé son propre appartement. « Je me demande pourquoi il continue de payer un loyer, a-t-elle poursuivi, il ne met pratiquement jamais plus les pieds chez lui. Il est toujours fourré chez moi. Et si vous saviez comme on est bien et comment Louis est heureux ! »

Alors que j'étais en train de me demander comment ils en étaient arrivés à user de cette distance pour résoudre leurs difficultés et mettre dans leurs vies le piquant qui semblait s'y être installé, elle a poursuivi : « Ah ! mais, attention ! Ma mère n'en sait rien. Il ne faudrait d'ailleurs pas qu'elle le sache. Elle me tuerait si elle savait que je couchais avec mon mari. » Était-ce, là, le contenu de la formule qui m'avait sidéré quelques mois auparavant ? Cet homme avait-il tenté de me dire à sa façon qu'il n'était jamais parvenu à défaire les liens de sa femme et de sa belle-mère ? Qu'il s'y était essayé. Qu'il avait cru pouvoir y arriver. Mais que ces liens avaient repris une force singulière après la naissance de Louis, finissant par pénétrer, envahir et empoisonner jusqu'à l'intimité du couple ? Que sa femme ne semblait plus être disponible à lui et trouver d'intérêt à l'homme qu'il était, lui signifiant sans doute le fait en ce lieu où il est le plus perceptible, au creux du lit ?

Il y aurait beaucoup à dire à partir de ces quelques propos réunis et de tout ce à quoi ils renvoient dans une vie de couple [1] en général et dans celle de ce couple en particulier. Ils laissent entrevoir la manière dont l'histoire de ces deux personnes leur a fait éprouver la nécessité de s'unir, de se désunir puis de s'unir à nouveau, avant de se désunir encore – ce qu'ils ont d'ailleurs fini par faire, définitivement vaincus l'un et l'autre par le poids et la densité d'une des relations les plus aliénantes et les plus difficiles à résoudre. « C'est simple, m'a dit un jour la mère de Louis en guise de commentaire de sa situation du moment, ma mère est une sorcière, elle a des antennes. Chaque fois que j'ai un rapport sexuel, fût-il accidentel, elle fait une poussée de psoriasis. J'ai beau avancer dans ma psychanalyse, rien ne change et je me demande d'ailleurs si quelque chose peut changer. Parce que de fait, c'est elle qui devrait être à ma place sur

---

1. J'ai largement traité cet aspect des choses dans mon ouvrage *Le Couple et l'enfant*, Paris, Odile Jacob, 1995.

le divan. Mais allez donc le lui dire ! Elle sait, et elle a toujours su tout, mieux que tout le monde ! »

Je me suis alors demandé ce qu'il en aurait été si le petit Louis avait été une petite Louise. Et je me suis aussitôt dit que cette question était stupide. Tant il est vrai que le sexe des enfants n'est pas à prendre comme un effet de hasard mais comme un phénomène toujours surdéterminé au premier chef par la relation que la mère entretient à ses deux parents et en particulier à sa propre mère.

Prenons le cas d'une fille à laquelle son expérience de vie n'a pas apporté la satisfaction qu'elle s'estimait en droit d'attendre, et qui n'a jamais cessé d'évoluer, face à une mère dominatrice, dans une terreur impossible à amender. Elle finit tôt ou tard par se soumettre, efface toute perception des faits de sa conscience et n'en laisse transparaître qu'un résidu sous la forme d'un symptôme, qu'elle cherchera d'ailleurs parfois à lever : elle ne procrée en effet pas du tout. Nous nous trouvons alors face à la figure inconsciente extrême d'une agression destinée à répondre, d'une façon économique et commandée par le contexte, à un comportement uniformément vécu comme agressif.

Quand elle est amenée à en parler, une telle femme raconte, volontiers et d'abondance, la mère parfaite qu'elle a eue et dont elle désespère de pouvoir égaler l'excellence au point d'avouer parfois que la perspective de la parentalité pour son propre compte lui paraîtrait équivaloir à un crime de lèse-majesté. On sait dans ce cas-là que l'efficacité du piège est redoutable et que le symptôme ne cédera pas de si tôt. Quand, en revanche, il lui arrive de confesser que son expérience l'a conduite à conclure que la vie d'enfant était un enfer et qu'elle ne voulait pour sa part à aucun prix infliger ce sort à un enfant, elle se met, sans toujours s'en apercevoir, sur une voie qui permet d'espérer un remaniement de son symptôme. Étant entendu que ces sentiments disparates peuvent coexister mais aussi évoluer au fil du temps et des rencontres adjuvantes qui peuvent survenir. On a alors la palette des femmes stériles aussi bien que des mères adoptantes ou des mères à première grossesse tardive ou très tardive, lesquelles, comme on le sait, et certainement pas par hasard, font, selon ma statistique personnelle, plus souvent des garçons que des filles. Il n'est pas impossible, soit dit en passant, que l'aide-soignante responsable de l'acte manqué qui visait la mère de Gwenael, était enfoncée, sans jamais s'en être douté, dans une problématique de ce type.

On peut à partir de ce premier constat, continuer d'examiner les éventualités, en fonction de l'intensité décroissante du sentiment de terreur et des facteurs environnementaux qui contribuent à l'exacerber, le maintenir ou l'atténuer.

Quand la terreur a été vécue à un niveau maximal mais qu'elle a été intériorisée comme un état naturel des choses que rien ne peut jamais dénoncer ou modifier, l'aliénation de la fille au désir de sa mère est totale. L'injonction de répétition, qui prend alors toute sa force, est suivie à la lettre et toute procréation ne pourra donner lieu qu'à une succession ininterrompue de filles. Un résultat strictement identique intervient au demeurant quand il y a entre fille et mère une entente parfaite, autrement dit la connivence, la complicité et la sérénité réputées devoir toujours marquer ces rapports. Autrement dit, et si on en juge aux résultats, la seconde attitude n'est rien d'autre qu'une sublimation sinon un masque de la première. Aucune révolte n'est parvenue à s'y faire jour et c'est à une succession de générations de femmes dévolues au culte du féminin qu'on assiste. On sait, en revenant à la mise en place du quatrième modèle de structure que j'ai décrit, ce que cela peut un jour produire : des garçons qui seront malmenés et offerts, en victimes propitiatoires, au conflit que leur ascendance féminine a toujours entretenu aux hommes.

Reste le cas où une prise de conscience de la terreur en a rencontré une dénonciation qui a permis l'organisation d'une forme minimale de défense. La perspective offerte par l'accès à la procréation est alors mise au plus tôt à profit et c'est plusieurs garçons de suite qui seront mis au monde. Manière subtile et élégante de faire échec à l'injonction de répétition et de se déprendre du sortilège du *continuum* tant encensé de ces corps désemboîtés les uns des autres comme autant de poupées russes. Sans compter que s'y mêle l'espoir implicite qu'un garçon, réputé marquer naturellement à sa mère un attachement minimal indéfectible, fera faire l'économie de ces assauts haineux qui ont douloureusement scandé l'expérience de vie. Ce qui n'est pas toujours repéré et peut même être sublimé sous la forme d'une crainte de ne pas pouvoir être, pour sa fille, une mère aussi parfaite que la sienne l'a été pour soi.

Si le schéma qui s'ébauche de la sorte pêche par une simplification excessive c'est pour n'avoir pas directement pris en considération une foule de paramètres susceptibles de le modifier du tout au tout. Effets de hasard ou de la stratégie mise en place par l'une ou l'autre des structures psychiques pour gérer une configuration relationnelle, ces facteurs participent à l'infinie variété des situations qui se rencontrent. Ainsi ne peut-on négliger l'importance de la proximité ou de l'éloignement géographiques, l'intensité de l'endo ou de l'exogamie ou la place que prend l'exotisme de certaines unions, tout comme leur rang d'ailleurs, dans une expérience préalable plus ou moins longue de conjugalité. Tout cela intervient en effet pour faire obstacle à l'injonction de répétition quand ce n'est pas pour en assurer l'efficience sous le couvert de conditions qui font alors office d'alibi.

Mais pour saisir la logique qui commande toutes ces conduites il faut examiner les faits non pas dans leur contexte immédiat mais à la lumière de la succession des générations, démarche qui a disparu depuis déjà longtemps des mœurs et des mentalités de nos sociétés et qui n'est pas prête d'y revenir. Ce qui reste néanmoins de plus déterminant encore c'est la rencontre avec un partenaire dont le choix n'est jamais un effet de hasard et qui n'opère pas lui non plus son choix aveuglément. Dans le cas, par exemple, des procréations tardives, le partenaire s'avère souvent avoir été lui-même malmené par une relation difficile à une mère dont il ne parvenait pas à se défaire. C'est la mise en commun salutaire de deux embryons de révolte qui aide les deux partenaires à vaincre leur hésitation et à franchir le pas. Dans le cas des maternités multiples de filles, il n'est pas rare que le partenaire de la mère soit lui-même dans une relation de vénération excessive à la sienne, si tant est qu'il n'ait pas souffert de l'ombre portée excessive d'un père écrasant. Le facteur commun aux deux partenaires leur permettra, là aussi, de mener à bien un projet dont les accents ne comportent aucune fausse note. L'une tente de se gagner par un tel moyen la grâce, toujours refusée d'une mère qui l'a toujours contrainte à évoluer dans la culpabilité, l'autre pense pouvoir faire l'économie de la relation haineuse qu'un fils, tout comme ce fut son cas, développera à son endroit. Il en va de même des maternités multiples de garçons où on s'aperçoit que père comme mère ont conçu à l'endroit de leurs mères respectives une défiance identique.

On pourrait se demander, en poursuivant le même raisonnement, comment il se fait que, dans certaines descendances, il y ait une forme d'alternance, régulière ou irrégulière, de filles et de garçons. On n'a pas besoin de faire appel à d'autres facteurs que ceux qui ont été décrits, c'est une simple question de comptabilité par rapport à une situation de départ. Il est par exemple possible que la naissance d'un enfant puisse à elle seule apurer une dette ou un compte, permettant alors la variable ultérieure, laquelle, opérant de même, remettrait en route l'alternance. On a payé l'octroi d'une fille à sa mère et cela a suffi pour recouvrer un équilibre relationnel qui permet de faire un garçon. On a fait un garçon et mis sa mère à distance, on peut alors lui concéder une fille. Dans l'un comme l'autre cas, c'est le fameux « choix du roi » supposé assurer la sérénité des rapports entre générations. Il arrive bien évidemment qu'il faille parfois deux enfants consécutifs, ou plus, du même sexe pour parvenir au même résultat. Sans oublier le cas intermédiaire où une mère fait une fille, en premier ou en second, pour l'élever d'une manière strictement inverse de celle qu'elle a connue et administrer à sa mère une sorte de leçon, lui permettant par la suite soit de continuer d'en faire d'autres, si son expérience ne l'a pas libérée de la terreur, soit de faire un garçon pour s'affranchir enfin du lien pesant qu'elle aura ainsi réussi à malmener sans trop grande crainte. Et s'il y a toujours des interrogations et des fantasmes autour de ce type de désir, c'est qu'aux dires de celles qui en ont fait l'expérience, la naissance d'une fille constituerait, plus que toute autre chose, le parachèvement ultime d'une vie féminine.

On en arriverait presque à conclure, en quelque sorte, que les fillettes seraient procréées sous la houlette d'une influence maternelle écrasante et prévalente de chaque côté de la parentalité et que les garçons seraient procréés à l'écart de cette même houlette. Cela permettrait-il de conclure que les garçons seraient procréés sous une éventuelle houlette des pères ? Le dire ainsi serait conférer aux hommes plus de place qu'ils n'en ont réellement dans le mécanisme de détermination du sexe des enfants [1]. Et j'ai assez insisté sur l'importance que j'accorde aux phénomènes biologiques pour ne pas m'égarer. J'ai déjà signalé que leur sperme fournit en quantité strictement équivalente les spermatozoïdes qui confèrent à l'embryon l'un ou l'autre sexe. Comme c'est une mécanique du corps féminin qui intervient dans ce cas-là il importe, pour ne pas perdre le fil du raisonnement, de strictement matricentrer le débat.

Je dirais donc pour résumer que, si tout enfant produit automatiquement un rapprochement de la mère à sa mère propre, cette proximité s'avère toujours plus grande si cet enfant est une fille que si c'est un garçon. Il n'y a pas seulement la fameuse poursuite du *continuum* qui rentre en jeu, il y a la tolérance supputée de ce que ne pourra pas ne pas produire, à lui seul, le rapprochement. De mère à fille à petite-fille, etc., ne rentre en jeu qu'une forme, élémentaire mais ô combien performante, de transmission, alors que le garçon, exclu de ce processus, sera, au mieux, offert par la mère au père comme le lieu qui permettra à ce père de transcender sa propre existence. Ce dont témoigne le statut du nom que seuls les garçons, dans l'écrasante majo-

---

1. Ce qui risque de ne pas être tout à fait de leur goût, eux qui ont si longtemps été à l'abri de leur implication éventuelle dans la stérilité de leurs couples.

rité des sociétés, transmettent, alors que les filles, pour-voyeuses d'enfants pour leurs compagnons, prendront et donneront le nom de ces derniers. Cette différence de dévo-lution étant elle-même à mettre au compte de la différence des sexes, tant il est vrai que transmission du côté féminin et transcendance du côté masculin, même destinées à faire échec à la mort, ne peuvent se mettre en place que dans une stricte homosexualité [1].

On conçoit néanmoins que cela ne puisse pas être sans effet sur l'investissement qui sera opéré sur l'enfant. De la fille chérie parce qu'on la croit capable de rassurer défini-tivement une mère irascible sur l'allégeance qu'on n'a jamais cessé de marquer à son endroit, au garçon surinvesti parce qu'on le dresse en preuve tangible de l'audace qu'on a eue et de la victoire qu'on a remportée, c'est toute la palette des variantes introduites par les faits de l'histoire qui défile. Car, même à occuper de tels statuts, une fille peut être cependant rejetée ou un garçon haï, si la place qu'ils se mettent à occuper dans la relation de leur mère à sa propre mère est vécue par la première comme la traduction par trop flagrante de la manière dont elle a subi, dans le silence, le poids de la seconde. C'est pourquoi – je le répète – on ne peut jamais comprendre un destin autrement qu'en

---

1. D'où la nécessité d'une double présence parentale. Car si le gar-çon est totalement livré au désir de transcendance de son père, et qu'aucune protection maternelle ne vienne réguler ce désir, le résultat est catastrophique : c'est la voie ouverte à la paranoïa. Et il suffit pour en prendre la mesure de lire, l'un après l'autre, le livre du président Daniel-Paul Schreiber (*Mémoires d'un névropathe*, Paris, Seuil, 1975 et « Points-Seuil », 1985) et le seul de son père traduit en français (D.G.M. Schreiber : *Gymnastique de chambre médicale et hygiénique*, Paris, Lyse-Ornicar, 1981) ; ou bien encore de voir le film de S. Hicks, *Shine*, 1996, qui en est une admirable illustration. Si les troubles entraînés par l'absence d'interposition paternelle entre mère et fille ont la réputation d'être moins graves, c'est parce que la fille a la faculté de thésauriser en quelque sorte son trouble pour le déverser sur son futur partenaire ou sur la génération suivante. C'est une idée fausse de croire un père nécessaire à son seul fils. Sa fille en a tout autant besoin, sinon plus encore si on ne s'arrête pas à une seule génération.

reprenant le parcours relationnel sur trois générations au moins.

Même après ces explications, et pour convaincantes qu'elles voudraient être, on pourrait penser, à la lecture des vignettes cliniques sur lesquelles je me suis appesanti, que je n'ai rien décrit d'autre que les étapes banales, inévitables et, somme toute, salutaires de la maturation d'un lien et les voies de parachèvement éventuelles d'une mère nouvelle. Les situations que j'ai rapportées sont malheureusement aujourd'hui l'occurrence la plus rare. Car, lorsque les choses se passent ainsi, il se crée des occasions qui permettent aux filles, toutes captives qu'elles soient, d'interroger, avec les moyens dont elles disposent, leur relation à leur mère et d'essayer de la faire bouger. Mais quand une sorte de consensus tacite étouffe la moindre de leur tentative et renforce leur soumission, c'est à l'option inverse qu'on assiste. La violence accumulée finit en effet tôt ou tard, par le mécanisme de déplacement qui a été évoqué, par faire irruption entre les partenaires et les éclabousser.

C'est ce qui se passe, de plus en plus, aujourd'hui avec la cascade de conséquences que l'on sait. Les couples se défont et les ménages se brisent à une allure qui ne cesse pas de préoccuper les juges aux affaires familiales confrontés à leur devoir de dire la loi, sans toujours avoir les moyens de comprendre la signification et les implications de cette déferlante et des décisions qu'elle leur impose. Les enfants sont bien sûr alors le plus souvent confiés à leur mère, laquelle, fréquemment démunie à bien des points de vue, se tourne vers ses parents qu'elle juge seuls aptes à répondre à ses besoins et prêts à mettre à son service un dévouement qui leur donne au demeurant, derrière leur dépit affiché, une nouvelle raison d'investir la vie. Leur présence auprès des enfants accumule jour après jour tant de preuves de son utilité qu'elle se résout le plus souvent par un rapprochement géographique destiné à charitablement ménager leur peine. C'est rarement le retour à la cohabitation sous le même toit. Mais les appartements voisins, dans le même quartier, dans le même immeuble, voire sur le même palier, sont devenus monnaie courante.

C'est peut-être la multiplication de ces cas de figure dans les jeunes générations, et l'allure quasi prévisible de ce qu'ils mettent en place, qui a fait réagir mes confrères pédiatres au point de les amener à interroger les références que nous étions censés constituer en leur demandant s'il ne fallait pas décidément « tuer les grand-mères ». Et si ces dernières ont été l'objet d'une si grande véhémence, c'est dans la mesure où ce sont elles, et pratiquement elles seules, qui finissent par prendre la direction des événements. Elles deviennent alors si concrètement présentes auprès de leurs petits-enfants qu'elles en arrivent parfois à dépouiller leurs filles des prérogatives de leurs maternités. Elles s'en montrent ouvertement ravies et leur adaptation à la situation s'avère si parfaite qu'elle semble être le résultat d'une forme de complot tramé à cette seule fin.

L'hypothèse n'est d'ailleurs pas si sotte à la lumière du démontage de la mécanique qui commande l'injonction de répétition. « Laisse-moi, diraient-elles à ces filles, continuer de m'adonner à la logique qui commande notre comportement, laisse-moi en retrouver la cohérence et me sentir à nouveau vibrante de vie. Toi, tu as devant toi toute l'étendue d'une existence. Et il ne te manquera pas d'occasions de procréer à nouveau et d'obtenir ainsi un enfant auprès duquel tu percevras le bonheur dont toi et moi savons l'étendue. Et même s'il n'est pas dans tes projets de satisfaire un tel caprice, tu sais au moins qu'il t'en reste toujours la possibilité, puisque la contraception dont tu uses ne fait que suspendre ta compétence. Alors, sois compréhensive. Permets-moi de me sentir encore vivre aussi fort que tu sais toi-même pouvoir le faire avec cet enfant. Ne me laisse pas glisser sur la pente de cette fin de vie dont l'angoisse ne cesse de me tarauder. N'a-t-il pas déjà été entendu entre nous que tu ne voulais pas ma mort ? » Et le débat de reprendre avec toujours la même véhémence. L'une n'a pas perdu un seul de ses moyens d'imposer son désir, pendant que l'autre ronge son frein et piaffe d'impatience en se demandant quand et comment, en dehors de l'intervention justement de la mort qu'il lui est interdit d'invoquer, il pourrait enfin être mis un terme à son asservissement. La claire conscience de la situation ne lui étant en l'occurrence d'aucune aide, puisque le vœu de mort, vœu tu et refoulé, ne fait qu'alimenter plus encore la culpabilité qui a toujours été la sienne.

On a souvent, sinon toujours, parlé de ces femmes qui font un enfant à leur père. La formulation n'est pas aisément saisissable parce que la chose se situe à un niveau plus profond encore de la psyché. Celles que j'ai rencontrées dans ma pratique – laquelle recoupe, comme je l'ai dit à plusieurs reprises, exactement celle de mes consœurs et confrères – semblent n'avoir jamais fait d'enfants autrement qu'à leur mère, croyant peut-être pouvoir s'affranchir, par cette attribution qui déborde le symbolique, d'un lien dans lequel en réalité elles ne font que s'enfermer un peu plus. À moins que tout cela ne soit qu'une apparence et qu'elles ne concèdent infiniment à leur mère que pour ne pas la voir leur reprocher leur attractivité coupable pour un père. Comme si la thématique de la trahison ne cessait pas d'être au centre du débat et que c'était toujours, et toujours, elle qui commandait les attitudes et les échanges. Ce qui rend compte de l'infinie variété des situations qui se rencontrent.

On peut néanmoins vérifier à cette occasion, qu'on retrouve une fois de plus, avec un autre style et sur un autre mode, mais avec une force similaire sinon plus grande, la violence des rapports qu'on veut faire croire réservée à la seule relation des pères et des fils. L'élaboration, probablement brouillonne au goût de certains, de parallèles entre les deux situations ne masque pas en effet son insuffisance. On n'en a pas fini avec les rouages de ces processus qui conduisent parfois à la tragédie, ni avec ces aller-retour imposés par une exploration qui ressemble à une tentative de mise à plat, nécessairement figée, de ce qui se présente toujours comme un volume, et un volume de surcroît mobile. Prendre les choses par un seul bout et croire pouvoir en épuiser ainsi les différents aspects exposerait en effet à négliger, et surtout à méconnaître, quantité de facteurs tout aussi importants, et parfois même plus importants encore, que ceux auxquels on avait décidé de consacrer son attention.

Ce n'est cependant pas une raison pour ne pas dénoncer, dès à présent, le silence entretenu autour de la relation mère/fille. Car, tout comme les femmes ont réussi, par leurs revendications, à se faire reconnaître le droit au plein exercice et à la pleine assomption de leur sexualité, elles ont à prendre conscience de leur position de cible privilégiée de la violence maternelle. Sous peine de continuer d'exercer en silence, sur leur partenaire et sur leur descendance, une violence similaire à celle qu'elles ont subie et qu'elles continuent de subir, et de bloquer le processus de leur épanouissement. Si on veut évacuer les phénomènes de déplacement et installer les individus de tout sexe dans leurs droits, et surtout dans leur dignité, encore faut-il que les places de chacun soient parfaitement repérables et clairement reconnues. Une telle tâche ne peut malheureusement pas être le fait d'initiatives isolées. Elle ne peut être menée à bien, comme on sera amené à le voir, que par une sollicitation et un consensus de l'environnement social.

Mères et filles

Elle avait fait quatre garçons, elle. Et encore n'ai-je eu aucune précision sur le sexe des fœtus avortés. Quatre garçons. Quelle insistance ! Que réglait-elle ? Avait-elle tant à régler, avec sa mère ? Et cela donne-t-il un sens quelconque à ce qui s'est produit pour son malheureux quatrième ?

Je ne m'étais pas posé ces questions et, sans doute ne l'aurais-je jamais fait, si cette écriture ne m'y avait contraint, me retrempant une fois de plus dans ma perplexité et me renvoyant sans complaisance à mes remords et à l'étendue de mes insuffisances. Je n'avais en effet rien compris de ce que je suis en train d'entrevoir et, fait aggravant, j'avais d'emblée installé notre relation dans le malentendu en me fiant à des appréciations erronées. Ne l'avais-je pas un peu vite décrétée ibérique en raison du seul nom qu'elle portait – qui n'était pas même le sien ! – et d'un aspect auquel je m'étais ou j'avais bien voulu me laisser prendre ? Je n'ai d'ailleurs pas cru, longtemps, devoir remettre en cause cette certitude. Il est vrai que le tableau de la maladie avait si violemment occupé le devant de la scène qu'il aurait rendu incongrue toute préoccupation autour d'un détail en apparence si futile.

Et que s'est-il passé pour que je n'aie pas prêté plus cas, dès les premiers instants de notre rencontre, à l'étrange appariement de ce fameux nom et du prénom de l'enfant qui, lui aussi, le portait ? Cela n'aurait-il pas dû me mettre un tant soit peu la puce à l'oreille et me faire au moins relever l'évolution consonantique qui semblait déjà marquer les prénoms des grands frères ? Angel et Carlos sonnaient on ne peut plus clairement et semblaient n'avoir été choisis que pour confirmer et conforter une identité apparemment bien assumée et destinée à être transmise sans le moindre malaise. Mais Raoul pouvait-il leur être associé sans réserve alors qu'il est aussi répandu en français qu'en espagnol ? N'aurais-je pas dû relever son ambivalence ? Elle m'aurait sans doute mis sur la voie en me faisant percevoir sa dimension de charnière. Il est vrai que l'hypothèse avec laquelle j'étais parti ne me laissait pas grande chance d'en être frappé et, l'aurais-je été, que j'aurais sans doute mis son choix au compte du lent, minimal et somme toute banal procédé d'intégration des populations migrantes – combien de Nadia, Samy, Miriam et autres Ianis n'ai-je pas sur mes fiches d'enfants maghrébins ! C'est seulement aujourd'hui que ce prénom m'apparaît comme l'amorce d'une évolution que le choix ultérieur de Gwenael aurait alors été destiné à radicaliser. Il en aura été comme si les deux premiers enfants avaient bien été inscrits dans la logique de leur nom, que le troisième en aurait été, ne fût-ce que légèrement, écarté pour que le quatrième puisse produire cet effet de rupture qui va bien au-delà de la simple assimilation à un contexte.

Mais comment aurais-je pu comprendre tout cela ? Comment pouvais-je imaginer que je me trouvais en présence d'un processus flagrant de ce que j'assimile à une dévolution et que je nomme comme tel ? Je n'avais évidemment pas la moindre idée de ce genre de choses et j'étais à des années-lumière d'en imaginer l'importance. Me l'aurait-on fait remarquer que j'aurais sans doute émis quelque réticence à y souscrire : j'avais une bien trop longue accoutumance à l'exotisme de mon propre prénom pour accepter ce type d'interrogation et aller chatouiller les zones obscures de ma propre histoire.

Il m'était bien plus facile d'éluder le problème en me

réfugiant derrière les traces de 1968 et les idées libertaires qui circulaient, alors, autour de l'éducation des enfants au point de brutalement faire éclore quantité de fantaisies. Je me souviens de consultations qui me conduisaient dans le même après-midi un Ivan-Illich mexicain après un Krishna savoyard pur beurre, un John parfait ch'timi, une Houria authentique lorraine ou un Mao cévenol grand teint ! Il est vrai que, même en pareille circonstance, rien n'est jamais de l'ordre du hasard. Mais m'avait-on seulement enseigné, signalé ou seulement laissé entendre, dans mon parcours professionnel, que le prénom d'un individu puisse avoir quelque importance et relever du registre du code ? C'est quelque chose que j'ai commencé à découvrir, seul et dans la surprise, avec justement ma petite Houria. Malgré son prénom arabe, elle était la fille d'un couple français homogène et des plus classiques. À ceci près cependant que son père avait un jour claqué la porte de l'usine dont il devait hériter parce qu'il ne supportait plus la manière dont son propre père, inqualifiable raciste, traitait son personnel immigré. Quand on sait que ce prénom signifie « indépendance », on devine ce qu'il peut en être du prix attaché à un tel choix. Je ne pouvais pas imaginer meilleure illustration pour me faire comprendre que l'enfant révèle, par le prénom qu'il reçoit, son statut de balise, plus ou moins clairement lisible, dans l'écoulement d'une histoire.

Je savais bien que, dans quantité de cultures, le nouveau-né reçoit toujours, par exemple, le prénom du dernier défunt de la famille ou bien celui d'un être cher plus ou moins récemment disparu. Mais je pensais qu'il s'agissait d'une forme de tradition folklorique sans signification réelle et seulement destinée à honorer les ascendances respectives des parents. Il m'a fallu longtemps pour comprendre que la dévolution qui se signale de cette manière n'est jamais neutre et qu'elle intervient toujours, qu'on le veuille ou pas, dans la suite des événements. L'enfant se sentant, plus ou moins consciemment, autant porteur des vertus de l'ancêtre que porté par les termes d'une décision qui lui vaut parfois, sinon toujours, ordre de mission.

On pourrait disserter longuement encore sur ce sujet qui

de fait s'avère inépuisable. Mais à quoi servirait de subodorer ou de vouloir souligner une éventuelle dévolution si ce n'était pour en tirer une lecture nouvelle des événements dans lesquels elle intervient ?

Puisque j'entreprends sans pudeur de rattraper ici le temps perdu et que j'évoque cette notion avec quelque insistance, force m'est de postuler que Gwenael, qui, comme tout enfant, en a certainement été l'objet, l'a été dans une direction dont je ne sais encore rien mais qui est, de toute évidence radicalement différente de celle de ses trois frères.

Et, si je veux en savoir plus, je dois revenir en tout premier lieu au laps de temps qui s'est écoulé entre sa naissance et celle du troisième. On sait qu'il a été occupé par des interruptions de grossesse. Mais faut-il en rester là, se contenter de les évoquer et de les entériner, sans leur chercher d'autre signification, ou bien importe-t-il d'interroger leur occurrence, leur nombre et leur effet, sinon leur insistante répétition ?

C'est en soi une erreur, et une grave erreur, de parler, comme on le fait en ce type d'occasions, d'enfants désirés ou non désirés. Ces expressions devraient être définitivement bannies du langage. D'enfants mis au monde, il n'y a que des enfants voulus ou non voulus. Un point c'est tout. Car tous les enfants sans exception sont, en toutes circonstances, dès leur conception et par définition, désirés. Le vouloir est en effet de l'ordre de la conscience et le désir de l'ordre de l'inconscient. Et il arrive, bien plus souvent qu'on ne le croit, que les deux instances soient en désaccord, voire en profond désaccord – ce qui ne veut d'ailleurs pas dire qu'on doive systématiquement se placer idéologiquement du côté de l'une plutôt que du côté de l'autre. Il se vérifie, néanmoins, que c'est toujours l'inconscient qui mène le jeu [1]. Et comme il n'a aucune difficulté à se jouer de la

---

1. Ce qui ouvre à un débat d'importance qu'il est impossible de développer ici. On est en effet trop facilement porté à croire que tout ce qui est issu de l'inconscient est au service des forces de vie – d'où, par exemple, l'inépuisable et difficile question de l'avortement – alors que les forces de mort y sont présentes au même titre. Le problème

volonté, il est à même de produire aussi bien des symptômes que des grossesses – ou encore des actes manqués comme celui de taille que l'on a vu l'aide-soignante commettre.

Ce qu'on sait avec certitude, c'est que les trois premiers enfants de cette mère ont été conçus dans un accord sans faille entre désir et vouloir alors que, pour les grossesses suivantes, le désir a répétitivement tenté de s'imposer sans jamais y être parvenu. Il aura fallu l'intervention de l'accoucheur, et rien moins que la menace de mort brandie, pour faire céder la volonté. Peut-on en conclure que ces aller-retour, entre l'éclosion insistante d'un désir et sa mise régulière en échec, n'ont produit aucun effet sur cette mère ? Même si le débat s'est déroulé dans des zones inaccessibles à sa conscience, il a certainement contribué à modifier, ou à accentuer, certains traits de son comportement. La sérénité dont elle a fait preuve, d'un bout à l'autre de l'histoire du cas, en constitue un exemple. Elle semblait tendue par une volonté farouche vouée à la défense d'objectifs que la situation nouvelle a, à chaque fois, redéfinie.

Mais cette disposition frappante était-elle ancienne – je n'oublie pas combien elle m'a impressionné dès notre première rencontre – ou bien était-elle récente et consécutive à la maladie grave de son enfant ?

C'est là que revient, une fois de plus, le rêve récurrent de la mise en terre et qu'on peut mieux comprendre que l'hospitalisation en ait suspendu la survenue. Il peut en effet être lu comme la poursuite du vœu de mort qu'elle avait eu sur cette grossesse comme sur les précédentes. Le diktat de l'accoucheur l'aura contrainte à mettre son vouloir au service de son désir. Les forces de vie auraient, autrement dit,

---

c'est qu'on ne sait pas, et qu'on ne peut pas, toujours le savoir ou en décider. Si bien qu'on ne peut jamais tout à fait escamoter la conscience qu'on prend des choses. Il est cependant difficile, sinon inepte et impossible, de la mettre totalement hors du champ d'influence de l'inconscient. Sauf à la fondre dans des mots d'ordre sociaux qui peuvent, au demeurant, eux-mêmes aller, sans qu'on le sache, dans un sens ou dans l'autre.

trouvé un allié pour s'imposer et permettre à l'enfant de
naître.

Ce premier niveau de lecture peut certes se soutenir.
Mais s'il n'y avait eu que des forces de vie en cause, et si
elles seules avaient été en lice, le rêve n'aurait eu aucune
raison de survenir et encore moins de se répéter. Le rejet
comme pure expression d'un non-vouloir ne vient jamais
hanter les nuits puisque le message onirique sourd toujours
de l'inconscient et que vouloir ou non-vouloir n'y sont pas
inscrits. Ce qui s'est mis en place de la sorte reste donc pour
l'instant incompréhensible. Tout ce qu'on peut en tirer c'est
que la maladie va équivaloir pour cette mère à une menace
de mise en acte de son vœu de mort. Elle a le réflexe de la
refuser et, bourrelée par sa culpabilité, elle réussit à
prendre la plus juste mesure des enjeux en décidant d'assumer la situation sans jamais s'en laisser déborder. Cet
enfant qu'elle n'avait pas voulu, cet enfant qui n'avait pas
de place objective dans le projet de vie qu'elle s'était
construit, dès lors qu'elle avait consenti à le laisser vivre
pour ne pas mourir elle-même, lui serait soudain apparu
comme ne devant pas et ne pouvant pas mourir – on ne
peut pas comprendre autrement qu'elle soit parvenue, au
point que l'on sait, à transmettre aux réanimateurs la certitude qui l'animait. Dès lors que sa volonté initiale d'avorter avait été mise en échec, son désir de donner vie avait
objectivement à occuper tout l'espace et ce qui était censé
le brider ne devait plus jamais à aucun prix se produire.
Cet enfant, ressuscité de diverses manières, devenait l'enfant auquel elle allait se vouer, auquel elle allait devoir se
consacrer, vis-à-vis duquel elle avait des devoirs et sur
lequel, somme toute elle pouvait s'estimer avoir quelques
droits. Il cessait d'être à l'enseigne de ses frères. Il lui apparaissait soudain comme étant enfin SON enfant. SON
enfant à ELLE. Et peut-être alors a-t-elle compris ce que,
quelque part, elle avait toujours su : qu'il était celui
qu'ELLE attendait, celui qu'ELLE désirait plus que tout
autre avoir et que, cinq fois de suite auparavant, sa raison,
sa volonté et sa relation à son environnement l'ont dissua-
dée de laisser venir au monde.

Ce qui explique que, même « cassé », même réduit à l'état d'une poupée de chiffon, elle continuera de lui être dévouée, de lui donner les soins dont on imagine sans difficulté la nature et la tendresse et, surtout, surtout, de croire, sans jamais marquer la moindre hésitation, à son inéluctable retour à une vie normale. Je peux d'ailleurs d'autant mieux le dire que je la verrai avec lui, des années durant, plusieurs fois par mois.

Et pendant tout ce temps qui me paraîtra, à chacune de nos rencontres, d'une épaisseur et d'une longueur éprouvantes, je ne saurai jamais quelle attitude avoir. Gwenael est en effet dans un état on ne peut plus grave. La vision que j'en ai, la première fois qu'il revient à mon cabinet, est tellement éloignée de l'impression de grâce et d'harmonie que j'avais gardée de notre premier contact, que j'en ai mal. Il est retourné à un état pire que fœtal. Un fœtus n'est pas encore un bébé, mais tout en lui porte la trace d'une organisation cohérente et dont l'efficience ultérieure ne fait pas de doute. Lui est, comme je l'ai déjà dit, une chiffe toute molle et désorganisée. Un grand corps chaud et vivant mais à la mécanique disloquée. Il ne tient pas assis, bien évidemment. Mais il ne tient pas non plus sa tête. Ses mains sont le siège de trémulations incessantes qui remontent en tremblements plus amples jusqu'aux avant-bras repliés le long du corps. Quant à ses yeux, au milieu de son visage dont toute mimique est absente, ils ne fixent rien, animés qu'ils sont de mouvements latéraux incessants et désordonnés.

Les consultations se succèdent toujours sur le même mode et longtemps rien ne change. Mon principal souci va consister à tenter de contrôler les convulsions qui surviennent périodiquement et dont on ne sait jamais, quand elles commencent, comment elles vont finir. La tâche n'est pas facile.

Parce qu'ils sont essentiellement mus par le résultat de leur action, rares sont les médecins qu'un tel état parvient à mobiliser. Je ne fais pas exception à la règle. Je me sens seul, désarmé et profondément découragé. Mais, même si je suis convaincu de l'inutilité de tout ce que je dis ou fais, mon implication dans l'histoire récente ne me permet en aucun cas de déserter mon poste. Sans doute suis-je mû à mon insu par l'infini respect que j'ai de la relation mère-enfant à laquelle je suis prêt à concéder – de par mon propre vécu, bien évidemment – les pouvoirs les plus étendus. Les avis dont je cherche à m'entourer à cet effet, tout autant que pour sortir de ma solitude, sont uniformément pessimistes. Les contrôles électroencéphalographiques sont décourageants et, plus encore, alarmants. On parle d'hypsarythmie, voire de syndrome de Lennox, deux entités également catastrophiques à l'époque. L'état clinique reste désespérément figé des mois durant et ne laisse pas entrevoir ou espérer le moindre progrès. Si sa tension et son état rénal, dont j'ai en charge la surveillance, ne posent aucun problème, Gwenael ne fait pas la plus petite acquisition.

Sa mère en a parfaitement conscience et elle semble parfois, pour paradoxal que cela puisse paraître, ne pas se faire d'illusion. Elle dit savoir que c'est très grave et plus encore que c'est très gravement compromis. Mais, à chaque fois qu'elle doit se confronter à cette écrasante réalité, elle la tempère, avec toujours son même délicieux sourire, du constat satisfait que son enfant est « tout de même vivant ». Ce qui, comme on peut l'imaginer, me renvoie à chaque fois au malaise qu'a mis en moi la version vraie de l'histoire que je n'ai jamais eu le cœur de lui confier. Réflexe de solidarité professionnelle ? Certainement pas ! Je pensais seulement devoir la préserver de l'horreur que j'avais moi-même conçue de cette révélation et je craignais – certainement à tort ! Et quelle bévue ne suis-je pas encore allé commettre ! – que la ténacité et la mobilisation qu'elle avait déployées depuis le début de la maladie eussent pu en être altérées. Erreur d'appréciation ? Sans doute puisque je n'avais pas encore appris (ou admis ?) à l'époque qu'il faut se méfier de la notion de victime et, qu'en règle générale, chacun, quoi qu'il lui advienne, est toujours, peu ou prou, partie prenante de son destin. Elle a d'ailleurs très tôt ajouté à son constat résigné « ...désormais TOUT va dépendre de moi ». Et elle l'a répété en maintes occasions. Et j'avoue avoir, à chaque fois, été rassuré de sentir que rien ne pouvait entamer sa détermination. Car je savais que j'en avais personnellement besoin pour supporter la situation et surtout continuer, je n'ai pas honte de le dire, de vivre nos rencontres.

Au bout de plusieurs mois, sous l'effet sans doute de l'imprégnation par le phénobarbital, les convulsions ont fini par se raréfier pour cesser tout à fait de se produire. Je note d'infimes progrès, du moins c'est elle qui me contraint presque à les noter : « Il tient sa tête »... « il tient assis »... « il se tourne dans son lit »... « il rampe »... « il regarde »..., me dit-elle en insistant. Moi, je ne demanderais pas mieux que de la croire. Mais je ne relève pas le moindre changement et je suis toujours aussi consterné. Force m'est, en effet, de constater que Gwenael garde un état d'agitation extrême et que son tableau est dominé par une incoordination totale. Je cache mal mon souci sinon mon désespoir. Elle s'en aperçoit. Elle en est déçue, navrée. Et, comme pour s'excuser ou quêter un bout d'encouragement, elle me dit toujours avant de s'en aller : « Nous n'avons pas de chance ensemble, vous ne le voyez pas aux bonnes heures ; c'est vrai qu'il est agité et intenable, mais c'est parce qu'il a sommeil ; il est toujours comme ça quand il a sommeil. » Ce à quoi je réponds invariablement : « Je vous crois, je crois chaque chose que vous dites ; c'est vrai qu'il doit avoir sommeil ; il faut continuer. » En n'hésitant pas à ajouter, sincère et sans le moindre calcul : « Ce que vous avez fait et ce que vous faites pour votre enfant, personne, je dis bien personne, n'aurait pu, ne pourrait ou ne peut le faire à votre place... »

Peu à peu, ces phrases, distribuées sur le mode d'une commisération qui ne veut pas dire son nom, quand elles ne sont pas doublées d'une certaine lâcheté et d'un difficile contrôle de la situation émotionnelle, vont prendre pour moi un tout autre sens. Je vais me surprendre à les dire avec plus de force, de sincérité et de conviction. Toute ma relation au cas va s'en trouver modifiée parce que, moi aussi, je vais me surprendre à commencer « d'y croire ». Par un effet d'imbibition ? Parce que je suis médecin et que la plus petite amélioration d'un tableau clinique me vaut encouragement et déclenche mon enthousiasme ? Parce que j'aurais, à mon insu et pour je ne sais quelle raison, changé plus que je ne l'aurais cru ? Peut-être. Mais je ne peux pas non plus m'empêcher de constater que les pronostics funestes attachés aux différentes entités électroencéphalographiques ne sont en tout cas pas au rendez-vous et qu'ils ne se réalisent en aucune manière. Et je ne peux pas nier, même si je ne parviens pas à l'expliquer, l'amélioration progressive, constante et objective qui se produit sous mes yeux proprement incrédules. À dix-neuf mois Gwenael s'assied, à vingt-deux mois il réagit à la vue de ses frères, à vingt-trois mois il accroche le regard, il marche à quatre pattes et il gazouille. À trente-cinq mois, il marche tout à fait, après que la cure chirurgicale – problématique, il a fallu se battre avec les chirurgiens réticents ! – de ses hernies l'ait débarrassé d'une gêne considérable. À la même époque, il se met à répéter beaucoup de mots et il commence même à entretenir un début de vraie communication. Ces chiffres peuvent paraître ridicules, mais rapportés à l'encéphalopathie initiale, ils constituent tout simplement d'incroyables et strictement inexplicables performances.

Il faut dire que le quotidien de la constellation familiale s'est étroitement organisé autour de lui. Son père et ses frères participent activement au maternage. Toute solution de placement, dans quelque perspective d'avenir que ce fût, ayant été d'emblée rejetée, les progrès sont vécus par chacun comme autant d'acquisitions et de victoires personnelles très encourageantes. Il se met même à régner dans la maison un certain bonheur. Le père de Gwenael est mécanicien moto. Son métier est, comme je l'apprends alors, relativement lucratif. Angel, Carlos et Raoul vont au lycée. Leur travail scolaire est satisfaisant. Raoul a traversé une phase un peu difficile. Il a été pendant quelque temps turbulent, opposant et coléreux. « Mais ça s'est vite arrangé, me dit sa mère. Au lieu de le punir ou de le gronder, je n'ai pas attendu Noël, sa fête ou son anniversaire pour lui offrir la montre de plongée dont il rêvait depuis longtemps. » Car toute la famille a depuis toujours eu un goût marqué pour la plongée et le ski nautique. Été comme hiver, on court en faire au moindre rayon de soleil sur les étangs de la région parisienne, m'apprend-elle, en me confiant que, pour sa part, elle a en plus une passion pour le cheval – ce qui, des années après, me permet de comprendre l'étonnant accoutrement dans lequel je l'avais vue les premières fois. Tout cela a repris son cours depuis que Gwenael a marqué quelques progrès et que les voisins acceptent de le garder quelques heures. Les fins de semaine on va en Normandie voir les grands-parents paternels : « Ils ont un grand jardin et les enfants aiment beaucoup cet endroit où ils ont pris leurs habitudes. » Une seule ombre cependant est venue récemment ternir le tableau : l'attitude de la grand-mère. « Elle ne m'aime pas, elle ne m'a jamais aimée. Mais là c'est pire. Elle est devenue folle. Elle n'arrête plus de me dire des méchancetés. Elle va même jusqu'à dire que Gwenael n'est pas de mon mari. Moi, je laisse courir. Mon mari ne l'aime pas. Parfois ils se disputent et il lui arrive même de la battre. De toutes les façons, il prend toujours mon parti. »

Je n'ai pas interrogé son propos sur-le-champ. Je n'aurais pas pu. Je lui étais bien trop acquis. C'est à elle et à elle seule que moi aussi, en toutes circonstances et quel qu'eût été le contexte, j'aurais donné raison. Même si j'avais plus ou moins enterré le souvenir des trois résurrections dont elle avait été l'auteur, ne l'ai-je pas vue, au fil de ces mois, recueillir les fruits de sa constance et retourner une fois de plus une situation pour laquelle la médecine n'aurait pas donné un liard ? J'étais gagné sans la moindre réserve aux bienfaits de sa très réelle et bénéfique toute-puissance et je ne pouvais pas l'imaginer, en quelque situation que ce fût, ne pas être dans le vrai. Mère aux pleins pouvoirs – comme avait certainement dû être la mienne en mon début de vie ! –, elle ne pouvait être que femme et épouse au-dessus de tout soupçon. Admirable de surcroît d'avoir la charité, comme elle l'a laissé entendre, de ne pas attiser le débat ! Exemplaire. Fascinante. Le redirais-je assez ?

C'est seulement aujourd'hui que la situation m'apparaît dans toute son étrangeté. Effet de la réflexion, de la dissection minutieuse que j'ai entreprise, ou bien encore de la distance qu'ont mise, entre elle et moi, sa mort, près de trois décennies écoulées et l'accumulation de désillusions sans nombre ? Je ne saurais le dire. Peut-être est-ce d'un mélange de tout cela que procède mon changement d'attitude. Non pas que mon émotion se soit émoussée. Elle est demeurée intacte et l'évocation de chaque épisode me noue les tripes et me bouleverse tout autant que lorsque je l'ai vécu. Mais je ne peux pas remettre indéfiniment le besoin que j'éprouve d'alléger cette culpabilité à laquelle je fais si fréquemment référence. Et je me sens contraint, au fil de cette écriture, d'aller jusqu'au bout de la déconstruction à laquelle je me suis attelé, en espérant que mon obstination parviendra à mettre à jour les ressorts restés dans l'ombre et qui, seuls, me permettront de voir plus clair dans ce que j'ai approché et à quoi je me suis certainement laissé prendre plus que je ne l'aurais dû.

Voilà en tout cas un couple qui n'aime pas ou plus une grand-mère paternelle et qui continue cependant de la fréquenter assidûment malgré la distance, au motif que les enfants seraient attachés à un lieu. L'argument ne me semble plus aujourd'hui du genre auquel on peut prêter une foi aveugle. Car de quels enfants est-il question sinon des trois premiers, compte tenu de l'état du quatrième ? Et pourquoi une mère, adorée de ces mêmes enfants et douée d'autant de bon sens que d'intuition, a-t-elle éprouvé le besoin de se faire un paravent de leur hypothétique besoin, alors qu'elle aurait pu, si tant est qu'elle l'eût dû, leur expliquer la situation et leur faire supporter une éventuelle privation ? Or, si une argumentation pèche à ce point dans le plaidoyer, n'est-ce pas tout le plaidoyer qui doit être remis en cause ? Et ne faut-il pas en réexaminer les termes en restant collé à la réalité des faits ? Sans aucun doute. J'ai longtemps hésité à le faire, sachant que je devrais alors prendre le parti d'un certain cynisme et postuler que la confidence que j'ai reçue devait être truffée de fausses excuses. Et que, de fait, cette femme, pour irréprochable qu'elle était, ne devait pas moins tirer pour elle-même un bénéfice minimal et direct de ces visites dont elle dénonçait le climat.

Il est vrai que l'hypothèse ne donne pas d'emblée

d'indication sur la nature d'un tel bénéfice, mais rien n'empêche d'en rechercher un et d'examiner, pour ce faire, les différentes possibilités à la lumière du contenu de l'histoire.

C'est, tout d'abord, la répétition des épisodes d'altercations qui doit être prise en considération. Elle ne cesse pas en effet de fonctionner comme une nécessité ou comme le fond immuable sur lequel tout se joue. Il y a quelque chose qui doit revenir – comme le rêve de la mise en terre – et revenir, à chaque fois, identique et à la même place. Mais quoi ? On peut d'emblée, malgré la mise en avant d'indices destinés à lui donner crédit, éliminer le scénario facile qui consisterait à attribuer à cette femme le souci de se voir répétitivement donner par son mari la preuve de son allégeance et de la préférence qu'il lui marquerait par rapport à sa propre mère. On la voit mal avoir ce genre de préoccupation par trop mesquine pour sa stature et dont rien ne montre qu'elle eût pu avoir un quelconque besoin. Il semble préférable de centrer la recherche sur l'échange qui tourne autour de Gwenael. Car c'est avant tout d'un jugement autour de ce dernier qu'il est question. Et d'un jugement qui n'est pas exprimé de n'importe quelle manière puisqu'il met proprement en doute la vertu de cette femme, la paternité de son mari et la filiation d'un de ses enfants.

C'est là que se trouve le noyau de l'insulte, mais c'est là aussi que s'accroche l'allusion à la folie. Et il en va comme si la confrontation de l'insulte et de l'allusion à la folie devait se répéter pour dégager le sens de leur étrange voisinage. L'accusation en elle-même ne peut être que rejetée puisqu'elle est évidemment aussi fausse que péremptoire. Mais pourquoi cette femme l'aura-t-elle relevée et en aura-t-elle conçu alors une si grande peine ? Si elle l'avait vécue comme réellement délirante, avait-elle besoin d'en faire le moindre cas ou de la rapporter à un tiers en cherchant à se gagner sa sympathie et à obtenir implicitement de lui qu'il la désavoue ou la condamne ? La seule explication, qui permette de donner sens à cette suite de paradoxes, c'est de considérer qu'elle ne donnait pas à son propos le simple statut d'une plainte mais celui d'une information, tout à la fois sur une situation de fait et sur une interprétation des plus sauvages qui lui demeurait opaque et aux effets de laquelle elle aurait cherché à résister ou à s'accoutumer.

Tout n'aurait donc été, en un condensé brutal, que l'écho assourdi et indéfiniment répété de ce que lui avaient déjà laissé entendre, à mon insu, nombre de mes propres interventions, celles qui la renvoyaient sans relâche au tête-à-tête qu'elle entretenait avec son enfant, à ce qu'elle faisait pour lui et au pouvoir immense qu'elle déployait dans leur relation. Elle m'aurait en quelque sorte signifié que je n'étais pas le seul à l'avoir plus ou moins clairement perçue – encore que, moi, en plus, je l'ai encouragée à être – dans la totale soumission à son désir, mais que de se l'entendre aussi souvent répéter lui était indispensable pour identifier enfin ce désir et faire ce qu'il fallait pour mieux en assumer les impératifs et les conséquences.

Or, de quel désir pouvait-il s'agir, sinon de celui dont Gwenael occupait le centre ? Gwenael, l'enfant dont la blondeur tranchait sur le teint mat de ses frères. Gwenael, l'enfant dont la prénomination était radicalement étrangère à l'univers ibérique univoque du reste de la famille. Gwenael, l'enfant handicapé, l'enfant destiné à être à jamais collé à sa mère, l'enfant dont la réalité de l'état permettait de n'envisager aucun partage. Gwenael, son enfant À elle, seulement À elle. Tellement À elle qu'il ne peut en aucune manière « être » issu du fils de cette belle-mère qui n'hésite pas – dans la lignée de ces cultures qui soutiennent, dans leur condamnation de l'adultère, que les effets en rejaillissent sur l'enfant qui en a été conçu – à en dénoncer le statut en s'autorisant d'un savoir sans illusion, le sien propre, celui de femme, d'épouse, de procréatrice et de mère.

On se retrouve une fois de plus dans le cadre de ces rapports, qui ont été développés, entre brus et belles-mères et dont on a vu, qu'usant d'un subtil mécanisme de déplacement, ils sont porteurs de tout l'insaisissable de la communication entre filles et mères mais, aussi et en particulier, de la communication des femmes entre elles.

Combien souvent ne voit-on pas les belles-mères adresser des reproches à leurs belles-filles, s'instaurant les gar-

MÈRES ET FILLES   233

diennes jalouses et véhémentes des intérêts de leurs fils et
se permettant de dire tout haut ce que ces derniers ne
s'autoriseraient pas même à penser. Pourquoi l'audace dont
elles font alors preuve, comme la faculté qu'elles s'octroient
de juger des comportements ne manquent-elles jamais de
faire mouche ? Il en va comme si elles se mettaient à
déployer une finesse de perception et une clairvoyance
étonnantes dans la lecture d'une conduite féminine dont
elles sauraient, pour en avoir été et en être expertes, tous
les ressorts. Il serait alors implicitement entendu qu'entre
femmes on saurait de quoi on parle. Et qu'une femme, si
elle peut prétendre berner à sa guise un homme nécessairement grossier, pataud, naïf, crédule et ignorant, ne peut
pas espérer en berner longtemps une autre. Ce n'est ni de
la paranoïa ni de l'hystérie. Ce n'est pas non plus une pré-
rogative de l'âge ou un effet de la jalousie et du refus de
céder la place dans un ordre de préférence. Cela ressortit,
encore une fois, du seul registre sexuel et renvoie à ce sexe
même – réputé à juste titre mystérieux, puisqu'il l'est pour
les femmes elles-mêmes – qu'elles ont en partage et dont
elles auraient un bout de savoir commun. Elles savent, les
unes comme les autres, et par l'expérience de leur corps
propre, que le désir qu'elles peuvent y concevoir, même
quand il les submerge et les affole, demeure imperceptible
au regard et ne trahit jamais leurs dispositions au point de
leur permettre d'en jouer à leur guise [1]. C'est pourquoi elles
n'ont d'ailleurs que faire de preuves tangibles ou concrètes
et que, réceptives et soucieuses de l'apparence, elles n'en
présentent pas moins une sensibilité exacerbée à une parole
qui peut d'autant plus les blesser qu'elle émane d'une autre
femme, autrement dit d'une qui sait tout, elle aussi, des
stratégies de la mascarade.

Est-ce à dire que cela doive introduire au registre du

---

1. Ce qui explique, soit dit au passage, que la pornographie soit du
seul goût masculin. Comme si les hommes pensaient pouvoir, par son
entremise, pénétrer un mystère qu'ils subodorent et dont ils veulent
obstinément convertir le perçu en des termes qui leur soient
accessibles.

secret et de tout ce qui peut s'y déployer ? Pourquoi pas ?
Ce ne serait pas inintéressant. Mais on a déjà assez à faire
ici avec l'opacité des mouvements de l'inconscient. Et
d'autant qu'il semble que les femmes entre elles y auraient
apparemment un accès plus aisé et plus immédiat – c'est
en tout cas ce dont témoigne le brutal propos de la belle-
mère. Mais si cette dernière avait réussi à porter, par-delà
le sordide procès d'adultère, une accusation qui a fait
mouche, c'est qu'elle avait la faculté de le faire depuis une
position incontestable de savoir et en étant sûre d'être
entendue. Et ce serait alors au nom d'un universel auquel
elle n'aurait pas seule accès, mais qu'elle aurait en partage
avec toutes les femmes y compris sa belle-fille. On peut
même se demander si l'insistance, la violence et la férocité
de son discours n'expriment pas autant, sinon plus encore,
sa jalousie et son dépit que les reproches qu'il est censé
adresser.

C'est comme si elle accusait la mère de Gwenael d'avoir
cédé à un penchant condamnable, de ne pas s'être défendue
contre une propension dont elle est elle-même avertie puisqu'elle serait commune à toutes les femmes. C'est comme
si elle lui avait dit : « Où as-tu trouvé la force et la détermination pour t'adonner au pouvoir qui nous est interdit,
mais que nous avons, nous les femmes, de tracter, vers nous
et vers notre histoire, notre progéniture et de ne laisser personne y avoir accès ? Comment t'es-tu autorisé cette trahison ? Te fallait-il à ce point l'accomplir ? Ne pouvais-tu pas
t'en tenir à ce que tu avais déjà et à la ligne de conduite
que tu avais observée jusque-là ? Tu as franchi le pas. Et te
voilà. Te voilà jouissant d'un bonheur dont je me suis privée, que je n'ai pas connu, que je ne connaîtrai jamais et
dont je me dois même de taire la nostalgie. Je t'en veux et
je t'envie. Je t'envie et je t'en veux. Et d'autant que c'est de
mon propre fils que tu t'es servie. Il t'aura consenti cette
embardée comme s'il avait su ton vœu secret. Comment as-
tu pu si bien le circonvenir ? Est-ce ta séduction qui a joué
ou bien as-tu réussi à exploiter chez lui une disposition qu'il
savait avoir ? Car le plus terrible et que je sais, c'est qu'il
aura sans doute souscrit à ton vœu au nom même de ce

regret que j'ai toujours porté, moi, sa mère, en moi, et que je n'ai jamais réussi à étouffer ou à faire taire au point qu'il n'a pas pu ne pas le percevoir. Ce regret d'avoir dû m'éloigner, plus que je ne l'aurais souhaité, de mon histoire, de mes lieux d'origine, et par-dessus tout de ma mère. Ce regret de l'avoir fuie et d'avoir pris mes distances à elle par ce garçon. Je t'appréciais d'avoir par trois fois fait comme moi. Mais voilà que tu te commets dans un interdit, que je t'avais crue avoir assumé et mis à l'écart, que j'avais cru moi aussi avoir assumé et définitivement mis à l'écart. Tu me contrains à reconnaître, aujourd'hui qu'il n'a jamais cessé de me démanger. Je ne peux que te haïr puisque tu m'obliges à reconnaître ma propre forfaiture. Et c'est justice que tu me haïsses en retour. Nous ne pouvons que nous haïr, puisque le malheur que nous avons désormais en partage relève autant de ta responsabilité que de la mienne. Malheur à notre engeance ! Malheur aux femmes ! Trompeuses elles sont, et elles ne peuvent pas éviter de l'être. Elles le sont par essence. Insupportable et haïssable destin ! »

J'imagine sans peine la répulsion que peut susciter la lecture de ce nouveau monologue fictif et fou, comme j'imagine la défiance qu'il peut entraîner à l'endroit de ce que j'essaye d'avancer pourtant prudemment. Qu'est-ce donc que cette propension féminine universelle que j'invoque et que je mets au centre de l'échange informulé et informulable ? Qu'est-ce que ce désir de mère de vouloir tracter un enfant du côté de sa propre histoire ? Et que vient-il faire ici ? Rien de plus que ce dont j'ai parlé d'abondance [1], et sur quoi j'aurai encore à revenir, en termes de relation mère-enfant, en termes de structure, en termes de vie et de mort. Tout cela n'en est, en fin de compte, qu'une illustration clinique particulièrement parlante. Car, au fil de nos consultations, j'ai pu reconstituer par bribes l'histoire de la mère de Gwenael.

---

1. Voir en particulier *Une place pour le père*, *op. cit.* et *De l'inceste*, *op. cit.*

Elle est née dans un petit hameau de Bretagne. On l'aura probablement déjà deviné. Mais on peut aussi – sans grand effort en raison de ce que j'ai raconté – imaginer la profonde surprise qu'a suscitée en moi, quand je l'ai reçue, cette information. Je mesurais du coup l'étendue de l'erreur sur laquelle j'avais fonctionné et le temps que j'avais perdu à essayer obstinément de raccrocher ensemble des indices hétéroclites. Je me sentais une fois de plus désespérément étranger à ce terroir auquel j'avais cru devoir et pouvoir me fondre et dont j'avais à convenir qu'il me manquait les repères les plus élémentaires. J'étais persuadé que les femmes bretonnes étaient toujours de solides, plantureuses et blondes créatures, à l'image de ces jeunes filles que je recrutais depuis quelque temps et qui prenaient nos deux enfants en même temps, en les coinçant chacun sous un bras, pour faire cesser leurs caprices et les porter d'autorité de leur chambre à la baignoire. Était-il possible qu'il en fût de toutes petites, fluettes et brunes ? J'étais complètement perdu.

Ce qui n'a fait que me raccrocher un peu plus à Gwenael dont je découvrais soudain l'origine du prénom, de la blondeur et de l'atypie physique. J'étais, bien sûr, encore très loin d'évoquer ou de comprendre la dévolution dont il a été l'objet ou l'amorce de cette sorte de retour aux sources qu'avait probablement déjà introduite la prénomination de Raoul. Tout cela ne viendra qu'après, petit à petit et tout aux long de ces dizaines d'années qui se sont écoulées. Si bien que, même si cela peut sentir à plein nez l'artifice, j'avoue avoir volontairement construit mon récit pour ne pas révéler ces détails plus tôt. Il m'a en effet semblé important de maintenir un certain niveau de méconnaissance pour rendre compte du degré d'errements et d'erreurs dans lesquels j'ai longtemps pataugé. Je ne sais pas si j'ai réussi à donner une idée de la naïveté dans laquelle j'ai été. Je ne peux que l'espérer. Car je n'ai pas trouvé de meilleur moyen pour montrer combien, sur ce terrain concret aussi bien que dans le sujet théorique dont je traite, il faut se méfier des apparences et se garder des conclusions hâtives ou réductrices. Tout est toujours encore plus complexe qu'on ne peut l'imaginer.

Elle était donc bretonne. Et elle a vécu jusqu'à l'âge de quinze ans dans son village natal. Elle était la troisième de quatre enfants. Elle avait deux frères plus âgés qu'elle et une sœur plus jeune – qui « vit toujours là-bas », a-t-elle éprouvé le besoin de préciser avec un ton curieux, quand elle m'en a parlé. De sa propre mère, elle m'a dit la connaître très mal et avoir eu peu d'échanges avec elle. Elle me l'a décrite comme une femme peu expansive et silencieuse, à la limite, sauvage et dure. Mais elle s'est empressée, comme on l'imagine, de l'excuser sinon de l'absoudre. Elle semblait ne vouloir ni, surtout, ne pouvoir rien en dire de mal. Et j'ai une fois de plus mis son attitude sur la grandeur d'âme dont je l'avais une fois pour toutes créditée.

Mais n'en est-il pas fréquemment ainsi ? Et est-ce si rare que les filles maltraitées, voire les plus maltraitées, par leur mère, cherchent obstinément à lui fournir une foule de circonstances atténuantes ? Elles s'évertuent en général à lui construire ou lui reconstruire, parfois de toutes pièces, une histoire émouvante, un mélo, susceptible d'excuser son aveuglement, ses insuffisances ou sa maladresse comme la souffrance qu'elle n'a pourtant pas manqué de leur infliger. Manière de la faire passer pour toujours empressée, constamment dévouée, nécessairement admirable, très naturellement aimante, en un mot, intouchable. Et c'est bien de cela qu'il s'agit. Elles en ont souffert, mais elles ne lui gardent pas de rancune tant elles ont compris le poids de l'adversité qu'elle a eue à affronter. Pas de crime de lèse-maternité ! Jamais. En aucun cas ! Car ça, c'est ce qui ne se pardonne pas. Et l'impasse qui se dessine est terrible, puisque ce qui s'y joue c'est tout le processus de l'identification comme celui de l'inévitable solidarité sexuelle face à la similitude des destins.

Je ne peux pas cracher sur ma mère sans me renier et me détruire puisque j'ai longtemps rêvé d'être comme elle en désespérant souvent y parvenir un jour. Je ne peux pas la regarder comme je sens, aujourd'hui, qu'elle est en réalité, puisque c'est son exemple qui m'a happée, qui m'a

hantée, qui m'a inspirée. Je ne peux tout de même pas
m'être trompée à ce point. Je n'ai pas pu me construire sur
du semblant. Ce serait effrayant ! Je n'ai pas pu me laisser
prendre à une image. C'est impossible ! Et, me le dirait-on,
que je récuserais une telle opinion. Je veux bien avoir évolué. Mais je reste tout de même celle que j'ai toujours été,
depuis ce tout premier âge où le son de sa voix, son parfum,
son sourire, le bruit de ses pas suffisaient à me donner l'idée
la plus juste de toute la merveille du monde. L'amoindrir
c'est m'amoindrir. La casser c'est me casser. La mépriser
c'est me mépriser. La juger c'est, non seulement me juger,
mais m'exposer à être un jour jugée à mon tour. Et
comment imaginer que j'aie pu un jour ne pas m'en sentir
aimée. Si je ne l'avais connue aimante et si je ne la reconnaissais pas encore à ce jour aimante, que pourrais-je faire
de ce désert affectif et pourrais-je me sentir un jour digne
d'un quelconque amour ? Il n'est pas possible qu'il en soit
comme il m'arrive de penser qu'il en est et que je me surprends alors à me trouver clairvoyante. C'est moi qui ai dû
faillir. Ça ne peut être que moi. C'est certainement moi qui
l'ai déçue. C'est moi qui n'ai pas été à la hauteur et qui n'ai
pas dû répondre à son attente. C'est moi, ingrate, stupide
et égoïste, qui n'ai pas su l'apprécier et la comprendre. Et
me voilà à tempêter bêtement une fois de plus comme
l'insupportable petite fille gâtée que j'ai dû être.

Irréprochables. Les mères sont par définition irréprochables. Tout le monde le sait. Tout le monde le reconnaît.
Et il ne manque pas d'occasion pour qu'on le proclame et
le répète. La noblesse de la tâche maternelle n'est-elle pas
portée au pinacle ? N'est-elle pas encensée jusque par les
institutions ? N'est-elle pas le socle de toute morale ? N'est-
ce pas elle qu'on invoque pour consoler de tout malheur ?
Et peut-elle seulement être prise en défaut, sauf par l'imbécile que je suis ? Je vais me taire. C'est sûrement ce que
j'ai de mieux à faire. Enfouir tout ça. M'amender, me repen-
tir, espérer seulement qu'il n'est pas trop tard.

Et voilà comment, plus souvent qu'on ne le croit, les filles
étouffent leurs revendications, parfois les plus légitimes, en
fabriquant à l'ascendance le roman qui leur convient. Elles

n'ont pas la chance, comme leurs frères, d'être incitées par l'environnement à ne pas hésiter à se dresser et à se confronter de toutes les manières possibles à leur parent du même sexe. Ce serait ingérable, ça ferait désordre. Et surtout bien trop de peine à ces mêmes frères qui, quel que soit leur âge, gardent à leurs mamans – sur lesquelles souvent ils s'appuient pour mener à bien leur combat contre le père – un attachement si indéfectible qu'ils sont prêts à étouffer dans l'œuf la plus petite critique. Un ressort, un de plus et pourquoi pas celui-là, de l'ordre social masculin qui, de diverses manières et en divers lieux, soumet les sœurs avec l'assentiment et la complicité des mères. On ne laisse pas de choix, à ces sœurs, autrement dit aux femmes. N'est-il pas suffisant qu'on leur ait concédé l'exercice d'une sexualité et l'accès au plaisir ? Et voilà comment, ne pouvant pas se faire reconnaître, se connaître ou être les filles de leurs mères, elles refoulent violemment leur agressivité et la subliment en devenant un jour les mères de leurs mères à qui elles ne marchanderont ni le dévouement, ni la soumission, ni la disponibilité. Luttant sans relâche contre ce qui remonte en elles et qu'elles enfouissent, non sans savoir que, le jour où cela ressortira, ce sera sous une forme surprenante et qu'il leur vaudra mieux se garder des retours de bâton. Au point qu'il est permis de concevoir que toute forme d'entente et surtout d'adulation qu'elles manifestent n'est que le masque d'une indicible terreur, taraudante et dévoreuse d'énergie. J'ai dit plus haut ce qu'il en était de leur capacité de procréer ou non et l'importance qu'il faut accorder au sexe des enfants qu'elles mettent éventuellement au monde.

Elle a donc fait des garçons, elle. Seule signature qu'elle se soit autorisée de sa révolte. Elle n'aura jamais rien dit. Elle aura tout accepté. Mais elle aura refusé obstinément de reproduire à l'identique la relation qui lui a été infligée et qu'elle a subie en silence et dans le silence. Et je la croirais volontiers n'ayant avorté que de fœtus mâles, remettant d'une fois sur l'autre, et sans jamais se résoudre à la tenir, la promesse qu'elle avait dû se faire, à chaque fois, de faire

une fille à sa mère, histoire de renouer peut-être avec elle
un nœud qui n'a en réalité jamais existé – c'est un des sens
que contient l'allusion à la sœur, « qui vit toujours là-bas ».
Et, c'est parce qu'elle devait avoir perçu que cette ultime
grossesse portait encore un garçon qu'elle a dû former une
fois de plus le projet d'en avorter. Comme si elle avait
compris qu'elle n'avait pas encore assez évolué et que, cette
fois encore, elle n'était pas prête à s'acquitter de sa dette.
C'était sans compter, hélas, avec la menace de l'accoucheur.
Plus d'avortement, avait-il décrété. Et la voilà contrainte de
manifester une fois de plus l'envers de la soumission dans
laquelle, derrière ses apparences rassurantes, elle s'est toujours sentie être. Sans compter le deuil qu'elle avait à faire
de quelque grossesse ultérieure, car la raison et les contin-
gences peuvent aussi parfois autoriser la pose de limites
dans un projet de vie. Elle n'a pas dû être étonnée que ce
fût un garçon qui naquît. Je ne sais pas ce que cela a pu
lui faire qu'il fût blond et si différent des autres. Nous n'en
avons jamais parlé. J'imagine seulement qu'elle aura pu se
sentir à mi-chemin de la satisfaction. Peut-être cela a-t-il
dû lui paraître suffisant au milieu de la masse de soucis
qu'elle avait à affronter. Peut-être l'a-t-elle accepté avec ses
caractéristiques – en sachant qu'elle n'en était certainement
pas innocente – et l'a-t-elle consacré en lui donnant son
prénom breton : Gwenael. Peut-être aura-t-elle considéré
que sa dette, à défaut d'être totalement apurée, l'aura été
au moins à moitié – ce qui est réputé être toujours mieux
que rien. Mais, même si tout cela peut paraître et plausible
et cohérent, il ne semble pas qu'on ait encore atteint le fin
fond de l'exploitation du cas.

Car, si son récit fait mention de la manière dont sa belle-
mère a réagi à la dévolution signée par le prénom, il ne dit
pas comment sa mère a accueilli cette naissance. Sans
doute aurait-elle trouvé le moyen de lui mettre dans la
bouche des paroles chaleureuses et encourageantes. Mais
je ne crois pas qu'il en ait été ainsi. Sans quoi elle n'aurait
pas manqué de monter le fait en épingle et de s'en féliciter
sur fond d'une histoire qu'elle m'a racontée et qui m'est

d'emblée apparue comme suffisamment tragique pour
n'avoir pas manqué de semer le malheur.

À dix-sept ans, d'une liaison passagère, sa mère avait en
effet eu un bébé, un garçon. À l'époque un tel événement
était chose grave sinon inadmissible. Pour sauver les apparences et s'éviter le déshonneur, sa famille, furieuse, avait
décidé de l'éloigner sinon de la bannir. On lui trouva aussitôt une place de nourrice allaitante à Paris [1]. Et pour ne
pas que son lait tarît en raison de la durée du voyage, on
la fit accompagner de sa jeune sœur qui était chargée de
ramener le bébé après qu'il eût maintenu la sécrétion lac-
tée. Sur le chemin du retour, le bébé était mort dans le
train, de froid et de faim. On ne lui en a rien dit et elle n'a
appris le fait qu'incidemment et plusieurs mois plus tard.
Elle a alors quitté ses patrons, elle est retournée dans son
hameau, elle a épousé un homme âgé, le premier qui avait
bien voulu s'accommoder de son honneur entaché, elle s'est
définitivement cloîtrée dans son silence et elle a fait coup
sur coup quatre enfants. De son père, la mère de Gwenael
parle peu. Il était à ses dires timide, très discret, effacé
presque, silencieux lui aussi mais tendre. C'est elle qu'il pré-
férait de ses enfants. C'est pourquoi elle a tenu à le soigner
personnellement jusqu'à sa mort.

L'histoire s'avère, à l'examen, en parfaite conformité
avec les attendus que j'ai esquissés plus haut. Sa recons-
titution est hélas tragiquement insuffisante pour une
exploitation plus poussée. Je l'ai recueillie comme j'ai pu
et je n'aurais pas pu le faire, alors, d'une autre manière,
tant était indigente ma formation à la recension et au
repérage des éléments d'importance. Si elle donne de précieuses indications sur les grandes lignes qui l'ont par-
courue et dont l'intérêt n'est certainement pas négligeable,
elle comporte quantité de lacunes, ne serait-ce que sur
l'âge des différents protagonistes, leur rang de naissance,

---

1. Ce genre d'emploi était courant, voire prisé et recherché, à
l'époque : le lait maternel constituait en effet la nourriture quasi exclusive des tout-petits ; et, quand une mère ne pouvait pas ou ne voulait
pas allaiter, elle louait les services d'une autre aux seins performants.

la distribution des prénoms y compris celui du bébé mort, l'environnement social et familial, en particulier grand-parental, comme la datation et les conditions de son recueil. Tant il est vrai que la manière dont s'agence peu à peu un roman familial est hautement constitutive de la personnalité de celui qui le vit et qui se le reconstruit pour en assumer les données.

À la lumière de ce qui a été avancé sur la distribution des sexes et sur l'indice qu'elle constitue pour saisir la nature de la relation d'une mère à sa propre mère, on peut déjà tirer argument de la mise au monde, par la grand-mère maternelle de Gwenael, de trois garçons successifs. Il aurait certes été intéressant d'avoir à cet égard de plus amples détails sur le débat qui a conduit les parents de la jeune fille qui avait « fauté » à l'exiler. De la mère ou du père, lequel avait été le plus outré et lequel avait été le plus véhément ? La mère avait-elle assuré la compréhension, la protection et la sollicitude attendues d'elle par sa fille dans ce genre de circonstances, ou bien avait-elle un peu trop vite soutenu le désaveu paternel ?

On ne peut évidemment rien en dire de consistant. On peut cependant soutenir que si, une fois mort son premier garçon, l'impétrante en a mis coup sur coup deux autres au monde, il y a fort à parier qu'elle avait à apurer avec cette mère un compte des plus sérieux. La naissance de la mère de Gwenael aurait pu alors faire office de remise des compteurs à zéro et signer la fin d'un conflit inconscient qui aurait été jugé comme ayant suffisamment duré. La suite de l'histoire montre, en bien des points, qu'elle a servi de fait à la poursuite et au parachèvement de ce même conflit. Elle aurait été, comme cela arrive, la manière dont sa mère aurait signifié à la sienne propre, qu'ayant été par trois fois rassurée sur son autonomie décisionnelle en ayant pu refuser, en en payant la première fois le prix, la reproduction à l'identique, elle pouvait enfin se permettre de mettre au monde une fille grâce à laquelle elle pourra reprendre son aventure et mettre éventuellement en lumière le mauvais traitement dont elle considérait avoir été l'objet. Elle sera, avec cette fille, la mère que sa mère n'aura pas été avec elle. Et elle démontrera, par l'idée accrochée à son projet, que toute la violence dont elle a été victime et qu'elle s'est évertuée à dénoncer est consistante.

On comprend qu'une fille qui naît après autant de garçons, si elle semble parfois annoncer la réconciliation imminente en rétablissant le *continuum* des corps féminins, permet toujours à sa mère de la concéder, à la sienne propre, en position de force. On conçoit qu'elle ne peut alors être attendue, espérée, pensée, perçue, investie et vécue que comme un outil et un moyen. Et pas du tout comme celle qui est appelée à reproduire simplement ladite mère, et à la reproduire si bien, qu'elle pourra en être chérie sans limite pour lui avoir permis de se reconnaître, et de se projeter en elle, en un véritable clone fantasmatique. La mission, proprement vengeresse et toujours lourde, qui lui échoit, s'avère pratiquement impossible à satisfaire puisque, quelle que sera son application à l'accomplir, elle ne pourra jamais tout à fait réintégrer le giron maternel et être l'objet de l'amour tranquille, gratifiant et surtout gratuit qui est réputé en sourdre. Et cette mission le sera d'autant plus, dans le cas précis, qu'elle sera bétonnée par le silence menaçant et mortifère qui l'aura entourée.

C'est, comme cela arrive toujours, ce que ne pouvait pas savoir la mère de Gwenael quand elle a essayé de se gagner les faveurs et la reconnaissance de la sienne propre en reprenant intégralement son parcours. À quinze ans, elle va en effet accepter d'être, à son tour, placée par ses parents à Paris. Comme bonne à tout faire chez un médecin. Ce sera un peu plus tôt dans sa vie que cela l'aura été pour sa mère et elle n'aura pas non plus été contrainte d'en passer d'emblée par la « faute » et le bébé mort qui marqueront, qu'on le veuille ou pas, son histoire. Il faut bien que certaines corrections surviennent dans la reproduction d'une trajectoire. N'est-ce pas d'ailleurs le destin de ce type de projet ? Les mères en conviennent sans difficulté. Quant aux filles, elles s'y lancent avec l'espoir secret de voir leur soumission, et leur volonté de se surpasser, leur valoir quelque admiration, quelque remerciement ou quelque reconnaissance. On pourrait évidemment ne voir dans tout cela qu'une construction qui prendrait prétexte d'un effet de hasard, au motif que la Bretagne d'alors était réputée fournir en abondance ce type de main-d'œuvre et que l'aventure de cette toute jeune fille était somme toute strictement similaire à celle de milliers d'autres. Ne l'ai-je pas d'ailleurs moi-même vérifié pour mon propre compte ? Pour ne pas perdre le fil de mon propos, et parce qu'elles en sont truffées, je ne m'attarderai pas sur cette nouvelle – et percutante ! – rencontre de nos deux histoires. Je reviendrai seulement sur la remarque faite sur la sœur qui « vit toujours là-bas ».

L'insistance qui y a été mise semble destinée à introduire, pour discrète qu'elle soit, une forme de contrepoint dans le déroulement du récit. Elle confirme un peu plus l'hypothèse que je soutiens. Comme pour dire, avec toute l'ambiguïté que peut receler le propos, qu'il y en a qui sont invitées, sinon contraintes, à l'exil alors que d'autres sont autorisées, sinon invitées, à demeurer sur place. Et qu'il en va comme si certaines étaient « naturellement » autorisées à mettre leurs pas dans ceux de leur mère et n'avaient aucun effort à produire pour cela, alors que d'autres doivent y appliquer et leur conscience et leur volonté pour y parvenir, comme si, terrifiées, elles avaient compris qu'elles n'avaient pas d'autre droit. Aux unes les avantages immédiatement concédés, aux autres les tourments d'une épreuve qui, loin de constituer un préalable, semble destinée à n'avoir pas de fin.

Et c'est un des paradoxes à souligner dans ce type de situation. Car si j'ai décrit par le détail, plus haut, la violence qui circule entre mères et filles et que j'ai mis au principe de son existence une injonction de répétition du côté des mères et une forme de rétivité réactionnelle à s'exécuter du côté des filles, je n'ai traité de cela que comme si une mère n'avait qu'une fille et une seule ou, ce qui revient au même, comme si elle agissait pareillement avec toutes ses filles. Il serait regrettable de laisser plus longtemps courir une telle erreur. J'aurais dû d'emblée laisser entendre qu'il n'en est, de fait, jamais ainsi. Est-ce cependant un hasard que je ne l'aie pas fait et que, parvenu à ce point de mon écriture, je ne prenne pas la peine de procéder à sa toute simple correction en amont ? Je ne le crois pas. Car, comme mon travail tente d'aller du plus simple au plus complexe, et que ce que je décrivais me semblait déjà difficile à faire passer, j'ai cru pouvoir laisser pour cette occasion le complément nécessaire à la compréhension de cette singulière dynamique.

Quitte donc à me répéter et à alourdir mon exposé, je dirai que dans une famille où il y a plusieurs filles, l'injonction de répétition n'en vise jamais qu'une seule et que le choix qui en est opéré par la mère l'est plus sous la pression d'effets d'histoire qu'en rapport avec le rang de naissance de l'enfant. Ce n'est donc pas toujours la première née qui est l'objet de l'élection. Ce peut être la quatrième, la seconde ou la cinquième ! Il n'en va d'ailleurs pas autrement – et pourquoi ne pas le signaler ? – dans les rapports similaires des pères à l'un de leurs fils. À ceci près, cependant, que les fils peuvent bénéficier, et bénéficient souvent, d'une égale protection de leur mère, alors que la protection similaire des filles par leur père ne peut que se heurter à l'obstination et à la rigidité d'une passion maternelle difficile à endiguer ou à circonvenir.

Ce qu'on peut néanmoins parfois remarquer c'est que, dans un groupe de sœurs, c'est celle qui correspond au rang de naissance de la mère qui est privilégiée. D'autres fois, les premières nées ne sont pas investies parce qu'elles sont l'objet d'une dévolution préalablement convenue et consentie à certaines personnes de l'ascendance. La première fille sera dévolue à la grand-mère maternelle ou paternelle, si ce n'est à une tante ou à une marraine, la seconde le sera à une autre, etc. Si bien que la mère, cédant aux pressions de l'entourage, attendra d'épuiser les concessions avant de s'adonner à son élection. D'autres fois encore, il s'agira d'un moment fécond de la vie du couple, ou bien d'une qualité singulière de plaisir sexuel ressenti, consciemment ou non, lors de la conception, quand ce n'est pas un tissu fantasmatique particulier qui aura fondé le désir et scandé le temps de la grossesse. Mais ce sont, là, de vagues exemples. Ils sont loin d'épuiser les facteurs qui rentrent en jeu et dont le nombre et la spécificité défient toute prétention à l'exhaustivité comme pour mieux encore rendre compte de la palette de nuances produite par leur intrication.

Ce qui n'empêche cependant pas de faire un constat qui, lui, est régulier et se retrouve dans toutes les configurations. Si les filles visées par l'injonction maternelle envient en effet celles qui ne le sont pas, ces dernières ne cachent pas leur déconvenue et le regret qu'elles ont de n'y avoir pas été peu ou prou soumises. Comme si elles considéraient que s'établissait, là, une sorte de différence insupportable. On pourrait dès lors croire que les premières n'ont pas de raisons objectives d'être insatisfaites de leur sort. Or, ce n'est pas le cas. Car on relève que celles qui sont contraintes par l'injonction se battent au nom de leur aspiration à ce qu'elles pensent pouvoir être leur liberté et que celles qui en sont tenues à l'écart, et auraient toutes raisons de se sentir un large accès à cette même fameuse liberté, regrettent l'absence de bridage dont elles sont portées à se croire victimes. Serait-ce qu'il n'y aurait pas d'autre liberté que celle qui se conquiert ? Une telle idée, si elle était exacte, devrait armer la détermination des élues, et les conduire à une inventivité dont elles ne font pas toujours preuve, ou bien réduire les autres à une résignation qui rétrécirait singulièrement leur horizon. Or, dans l'un comme dans l'autre cas, il n'en va jamais ainsi. Il faut donc croire que c'est d'autre chose encore qu'il s'agit. Et qu'il n'est décidément pas plus simple d'être fille que mère. Encore que ce genre de difficulté, pour insupportable qu'il soit, fait la vie et l'humain, puisque les fils et les pères ne sont pas logés à une enseigne tellement plus enviable et que, quelle que soit la géographie des rapports entre individus d'une même famille, les problèmes ont été, sont et seront toujours au rendez-vous.

J'ai montré que l'injonction de répétition était la manière dont la mère, se projetant littéralement dans sa fille, et assurée de pouvoir en faire son clone, combattait la peur de sa propre mort et entretenait ainsi le fantasme de son immortalité. La fille ainsi investie peut donc s'octroyer sans crainte, en retour, une palette étendue de réactions, y compris celle d'émettre un vœu de mort [1] sur une mère qu'elle perçoit nimbée de son inentamable toute-puissance et comme surprotégée par son fameux fantasme. Son aventure œdipienne se traverserait du coup plus aisément, puisqu'elle payerait en quelque sorte, de l'épreuve qui lui échoit, la fameuse trahison qu'elle ne peut pas ne pas opérer alors de son premier objet d'amour. Un prêté pour un rendu, les comptes sont clairs. Elle peut faire ce qu'elle veut en étant pratiquement sûre de ne jamais rencontrer de réprobation. Ce qui n'est pas le cas pour la fille qui n'est pas soumise à l'injonction de répétition. Celle-là resterait en quelque sorte en rade puisqu'elle se trouverait confrontée à la culpabilité générée par cette même fameuse trahison de la période œdipienne. C'est pourquoi elle va s'acharner à se gagner sa mère, à répéter le plus fidèlement possible son aventure, voire à la parachever, sans pour autant parvenir, pour curieux que cela soit en apparence, à mettre un terme à sa course ou à se voir reconnaître un jour le mérite de son intention.

Trahison ou pas ? Trahison assumée ou trahison génératrice de culpabilité ? C'est, d'une façon ou d'une autre, encore et toujours, de la nature, du devenir et des impasses du tout premier amour qu'il est question.

Faut-il rappeler une fois de plus que cet amour est fabriqué par tout ce qui, du biologique, vient signifier la persistance d'une relation porteuse de vie ? Et que la mère est vécue par son tout-petit, garçon ou fille, comme celle qui a toujours le pouvoir d'éloigner de lui la mort et, en conséquence, de le livrer à cette même mort en suspendant

---

1. Il n'est pas nécessaire pour cela qu'elle formule un souhait réel, ou qu'elle prenne une conscience nette de la violence qui l'anime. Il lui suffit d'imaginer simplement ce que serait sa vie une fois sa mère morte. Au niveau inconscient c'est strictement équivalent. C'est dire la fréquence, sinon la banalité, d'un tel vœu.

l'exercice de son pouvoir [1]. Mais tout cela n'a qu'un temps et une fois assuré, et suffisamment assuré, en principe, de sa survie, ce même tout-petit va un jour naturellement se découvrir, dans un mélange d'horreur et de jubilation, coupé du corps de sa mère et devant s'assumer comme lui-même, accéder, autrement dit, à son identité propre.

Or c'est autour de ce processus que se concentrent, très tôt, la plupart des problèmes relationnels que les filles, de quelque rang qu'elles soient et quelque statut qu'elles aient, rencontrent avec leur mère.

Une fille est en effet traversée, dans le petit âge, par la crainte de ne jamais pouvoir se détacher, pour devenir elle-même, d'une mère à laquelle elle se sent violemment atta-chée. Et ce d'autant qu'elle sait en être issue et qu'elle se sait, surtout, faite comme elle. La question qu'elle est ame-née à se poser, même si elle n'est jamais repérée ou for-mulée, est infiniment plus angoissante qu'on ne peut l'ima-giner. À un premier et hésitant « qui suis-je ? », succède assez vite un problématique « suis-je moi ? » qui laisse entendre un « suis-je moi réelle, vivante, autonome et consistante, ou seulement son reflet, autrement dit rien de plus qu'une illusion sur laquelle, elle, aura indéfiniment tout pouvoir » ?

J'ai vécu une illustration de cette indescriptible angoisse dans mon cabinet et la chose se passait pourtant entre... deux frères ! Je crois n'avoir jamais rien vécu d'aussi insup-portable. L'aîné, âgé d'environ sept ans avait, dès le départ, on ne peut plus mal encaissé la venue de son puîné plus jeune que lui d'un peu moins de quatre ans. Et il n'avait eu de cesse de l'agresser, au ravissement affiché de leur mère commune, bêtement fière d'être l'objet privilégié de cette

---

1. Il est important de signaler que ce sentiment ne faiblit pas plus qu'il ne disparaît avec le temps. On a vu la grand-mère et la grand-tante du petit Ferdinand se livrer à leurs acrobaties pour retrouver le giron obsolète où elles croient pouvoir toujours puiser l'essence homo-sexuelle d'un amour dont elles font le support de leur inscription dans la vie.

double et dévorante passion. J'avais vainement essayé, par des conseils que je pensais audibles, de tempérer le conflit. Les motivations profondes de la mère lui fournissaient hélas, en la circonstance, de si substantiels bénéfices qu'il était pratiquement impossible de la mobiliser. Le recours au père n'avait pas été plus payant : il semblait lui aussi se repaître du conflit qu'il avait sous les yeux et qui lui paraissait rattraper celui qu'il n'avait toujours pas résolu dans la relation à un frère plus jeune, aussi haï que son second l'était par son aîné. Chaque consultation me ramenait le détail d'altercations qui se poursuivaient, d'ailleurs, en ma présence.

Je n'aimais pas du tout le regard jouisseur et les attitudes sadiques de l'aîné que j'engueulais copieusement, étonné tout de même que le plus petit, au regard doux et misérable, s'interposât aussi souvent entre nous en prenant ouvertement la défense de son grand frère. Je ne pouvais pas croire à la fameuse thématique de la commune jouissance du tortionnaire et de la victime et j'en avais conclu que les erreurs d'éducation produisaient de bien singuliers effets. J'ai décidé un jour de prendre mon parti des choses, de faire l'économie de mes interventions et d'en éviter le piège. À peine rentrés ensemble les deux enfants ont repris le cours de leurs échanges. Le petit est allé chercher un jouet et aussitôt son frère est venu le lui prendre au motif qu'il l'avait remarqué le premier et que c'était précisément celui qu'il voulait. Abandonnant le terrain sans la moindre résistance, il est alors allé jouer sur la balance. Son frère l'en a immédiatement éjecté. Encore une fois, il s'est laissé faire et il est allé s'asseoir sur la chaise à bascule d'où son frère est bien évidemment venu le déloger. Le manège a ainsi continué pendant quelques minutes à une vitesse incroyable et avec une violence, administrée et subie, insupportable. Jusqu'au moment où le petit s'est soudain campé, les mains dans le dos au milieu de la pièce, arrêtant de son regard brun, immense et pitoyable, l'élan de son frère en lui disant : « Est-ce que ti'es moi ? Et moi, est-ce que ch'uis toi ? Ch'ais pus si ch'uis moi ou si ch'uis toi. Dis, tu peux m'dire si ch'uis toi ? Tu peux m'dire si ti'es moi ?

P't-ête ch'uis toi ? P't-ête ch'uis pas moi ? P't-ête ch'uis moi ? P't-ête ch'uis pas toi ? P't-ête ti'es toi ? Dis, tu sais, toi ? Tu veux bien m'dire ? » J'en étais bouleversé et je n'osais croire au génie de ces questions. Il avait dit tout ça d'un trait. Et il était là, toujours debout, avec son regard levé et toute la gravité et le désespoir du monde qui étaient venus s'y nicher. Sa mère continuait d'arborer son même sourire niais quand le grand frère, se tordant les bras et les mains, a tourné vers moi des yeux dans lesquels se lisait une sorte de stupeur déconfite avant d'aller s'asseoir seul sur le canapé et de s'absorber dans la contemplation silencieuse d'un puzzle.

Pour que, même sur un presque voyou de sept ans, l'intervention de ce petit bonhomme ait produit un tel effet, et que j'en aie moi-même été remué à ce point, il faut croire qu'elle est nodale et qu'elle ne peut laisser personne indifférent. Et pour cause, puisqu'elle fait écho à une autre que chacun ne peut pas ne pas s'être posée à un moment crucial de son existence, quand, confronté à l'écrasant de sa relation duelle initiale, il a cru perdre jusqu'à la notion de son identité.

Quand il se pose ce type de question face à sa mère – car, lui aussi, le fait –, le garçon a, sauf exception, toute faculté de la résoudre en se référant simplement à la différence des sexes. C'est ce dont témoigne la cascade des questions dans laquelle il se lance même s'il ne peut éviter de les assortir de l'envie comme de l'angoisse de se voir amputé de ce qui le distingue [1]. Il parvient en tout cas, assez vite et sans grande difficulté, à savoir qu'il est lui et pas sa mère et que

---

1. Angoisse contre laquelle il se défend en investissant tous les jouets à potentiel agressif (épée, revolver, mitraillette, fusées, etc.), en s'identifiant aux personnages surpuissants (les Spiderman, Superman et autres Batman qui ont relégué aux oubliettes notre pitoyable Zorro) ou en maniant des monstres (ah ! les dinosaures !) qu'il peut se permettre de maîtriser à son gré. Ces jouets sont ceux des petits garçons et ce n'est ni un hasard ni un effet de censure qu'ils n'intéressent pas les filles. Elles ne craignent pas tout naturellement en effet, elles, d'être castrées.

sa mère est sa mère et pas lui. Il perçoit bien qu'il ressemble à son père. Mais jamais, de ce côté-là, il n'éprouve la crainte d'une confusion. Et ce, pour la simple et bonne raison que, même s'il peut en être proche et y être profondément attaché, son père, c'est, comme je l'ai déjà dit, ce tiers qui lui est totalement étranger : il ne l'a jamais porté dans son ventre et il n'a jamais engrammé en lui d'alphabet perceptuel qui permet l'établissement d'une communication immédiate.

Et voilà, repéré et désigné, ce qui conditionne le destin de la fillette et qui risque parfois de la faire sombrer dans la tragédie. Un tout petit organe, une toute petite chose qui aurait pu dépasser, lui rendre le minuscule mais indispensable service dont a bénéficié son frère, et qui s'avère lui faire cruellement défaut. Un organe somme toute ridicule, mais ô combien primordial, cependant, en ce que c'est sur lui que s'accroche la différence et qu'il préserve son porteur de la menaçante confusion, même si ce dernier peut paradoxalement concevoir quelque dépit de cette impossibilité. Elle aura, elle, sa vie durant, la nostalgie de sa possession et elle ne manquera pas d'entretenir à son endroit une relation passionnelle qui a beaucoup fait couler l'encre des féministes, au point de desservir la cause qu'elles prétendaient défendre et de semer, dans ce registre délicat, les plus regrettables malentendus.

On doit à Freud, sur le sujet, le célèbre concept de « *penisneid* » – c'est-à-dire l'« envie du pénis » – qui a tout déclenché et qui a valu à son auteur de voir récusé, même par certains courants psychanalytiques féminins, l'ensemble de ses propos sur la féminité, au motif que tout cela n'était qu'allégations machistes et que les femmes retiraient assez de plaisir de leur sexe propre pour n'avoir pas plus envie de la possession d'un sexe autre que de tirer gloriole de la faculté de pisser debout. Ce qui prouve qu'à lire en diagonale des écrits fondamentaux et à rester ainsi à la surface des choses, on ne fait pas que lourdement se méprendre mais on milite pour la généralisation d'une confusion qui renvoie à une autre dont on ne serait pas encore sorti ou dont on ne voudrait jamais sortir.

Revenons donc à cette envie et à l'émotion soulevée par le questionnement identitaire du petit patient de la dernière histoire. Cela permettra de retrouver le branchement de la difficulté commune, et cependant différente, éprouvée par les filles soumises à l'injonction de répétition et par celles qui y sont tenues à l'écart. L'une comme l'autre ne peuvent éviter le débat sur leur existence propre. À l'une comme à l'autre il manquera toujours cet appendice différenciant. Et l'une comme l'autre chercheront à l'avoir dès qu'elles le pourront. Ce qui est somme toute heureux, puisque c'est ce qui fondera leur intérêt pour un partenaire qui le leur donnera et qui les fera se prêter volontiers à un accouplement, sinon le rechercher [1]. On sait que, lorsque les circonstances leur auront interdit tout accès à ce type de recherche, elles n'auront pas d'autre choix que de privilégier leur orientation homosexuelle initiale et d'en faire leur orientation exclusive. Elles concevront donc un jour. Et l'enfant qu'elles mettront au monde par leur sexe leur fera, en quelque sorte et peu ou prou, office de ce qui leur aura manqué et qu'elles auront donc heureusement eu raison de chercher à avoir. Autre raison qu'elles pourraient invoquer, s'il en était besoin, pour justifier l'intensité de l'investissement qu'elles opèrent sur cet enfant, de quelque sexe qu'il soit. Mais les différentes étapes de leur parcours sont trop distantes les unes des autres dans le temps pour être vécues hors d'une attente habitée par l'angoisse et où l'impatience le dispute à la menace de déconfiture.

---

1. Si cela jette quelque lumière supplémentaire sur la nature de l'expérience que les mères, les brus et les belles-mères ont en commun et qui fait pont entre elles, cela permet surtout de comprendre la racine des troubles sexuels qui peuvent affecter les couples : un homme pourrait craindre de rencontrer dans sa partenaire la mère à laquelle il s'était senti prêt dans son petit âge à sacrifier son organe différenciant ; une femme, restée rivée à sa mère et qui n'a jamais éprouvé, ou qui a violemment réprimé l'envie, de ce même organe, ne l'investirait d'aucune façon. Le premier expédierait, dans les meilleurs cas, son devoir à vive allure ; la seconde le subirait passivement comme pour disqualifier l'organe qui lui est offert et offrir son impavidité sur l'autel du culte maternel.

Une petite Léa de trois ans m'avait été conduite parce qu'elle éprouvait le besoin de faire pipi toutes les trois minutes. J'ai exploré son trouble sans découvrir la moindre maladie. Or, au cours de la consultation où je faisais part de mes conclusions à sa mère, elle était arrivée dans le cabinet avec un poupon à zizi qui traînait dans ma salle d'attente et elle avait véhémentement refusé de s'en séparer au moment de partir, déclarant clairement qu'elle le voulait pour elle et qu'elle avait l'intention de l'emporter chez elle. Saynète qui eût pu être anodine ou attendrissante, si la mère ne s'était mise en tête de vouloir violemment lui en imposer l'abandon, manifestant une colère et une rage sans proportion avec les circonstances : elle était verte et elle agissait comme si sa fille avait commis la pire des inconvenances, n'hésitant pas à entreprendre de lui arracher des mains le malheureux poupon. Tant et si bien que, les voyant l'une et l'autre hurlant à qui mieux mieux et agrippées autour du même objet qu'aucune d'elles ne voulait lâcher, je suis intervenu pour mettre fin à la dispute et dire à Léa que je lui donnais bien volontiers le poupon et qu'elle pouvait l'emporter. Alors que je me serais attendu à voir l'incident se clore sur le mode le plus simple, j'ai eu à affronter le regard noir et réprobateur de la mère qui, après avoir lâché l'objet, a eu un sourire en coin et m'a dit : « Elle a de la chance, elle. Il suffit qu'elle demande pour obtenir. Il y en a qui passent leur vie à attendre sans rien avoir. » Propos que je n'ai pas pu ne pas entendre comme exprimant intégralement la problématique dans laquelle cette mère se débattait depuis déjà quelque temps. Aussi n'ai-je pas été surpris d'apprendre, quelques semaines plus tard, que Léa allait tout à fait bien depuis cet incident et qu'elle n'avait plus manifesté le moindre intérêt pour le poupon qu'elle avait emporté.

Les différences introduites par les règles sociales prennent, en ce point précis, tout leur poids et leur signification. Les discriminations sans nombre ne manqueront pas d'y être repérées par la fillette et de générer chez elle un légitime et toujours pathétique appel au secours. Il est heureux alors qu'une mère puisse être retrouvée, généreuse, aimante, disponible et secourable, dispensatrice par-dessus tout de cet incomparable regard où on peut se noyer avec délice et se voir comme dans le miroir le plus complaisant qui soit.

« Miroir, miroir, dis-moi si je suis la plus belle... » Le conte de fée illustre l'étape tout en dénonçant, pertinent et moralisateur, les excès de ce type de recours. C'est que le miroir ou le regard maternel ne sont pas anodins dans leurs effets. Le regard maternel surtout ! Regard qui peut réfléchir autant qu'absorber et qui peut faire du recours au miroir un jeu hautement interactif. Les effets de l'échange ne sont pas en effet les mêmes quand la mère regarde sa fille et la laisse puiser dans ce regard tout ce dont elle a besoin et quand c'est elle qui se regarde dans sa fille et se noie, à en perdre conscience, dans la lumière de ses yeux. Ce regard maternel peut donc être doué de propriétés de consolation et d'édification, en arrivant même parfois à tomber dans des excès dommageables, ou bien être profondément tourné vers lui-même et, sans cesser d'être captivant, être vécu par l'enfant comme quasi abandonnique. Dans le premier cas, c'est un regard proprement compensateur, parce qu'il s'avère capable d'aider à supporter le manque à défaut de le combler. Dans le second, il serait quêteur de compensation, parce qu'il trahirait alors la problématique que la mère continue d'entretenir à son propre manque et dont elle transmet du coup intégralement la teneur à sa fille. Or c'est ce regard qui procède à la mise en place du narcissisme dit d'étayage parce qu'il aide l'enfant à suffisamment s'aimer pour pouvoir aimer à son tour.

Mais comme rien n'est jamais simple et que les comportements des individus sont, comme il a déjà été dit à plusieurs reprises, porteurs d'influences qui déboulent sur eux, en cascade, depuis le sommet de leur histoire, il est important de signaler que prétendre analyser de façon précise ce qui se passe à un moment figé de vie est une pure illusion. L'arrêt sur image ne préjuge ni de l'avant ni de l'après de l'image et interdit formellement tout avis péremptoire sur l'ensemble d'une séquence. Autant donc le savoir, et surtout le dire, pour ne pas être tenté de croire que le recours à l'artifice que j'utilise peut donner autre chose qu'une idée grossière et nécessairement distordue de la façon dont s'agence une relation. Comme il faut toujours, néanmoins, un point de départ pour décrire un enchaînement de faits, je laisserai délibérément de côté tout ce qui vient avant ce que j'entreprends de décrire.

Ainsi le regard compensateur viendrait-il parfois tenir la promesse que la mère, dépitée ou par trop ravie, aurait faite à sa fille de l'aider à accrocher le regard qui ne se sera pas arrêté, à la naissance, sur son pubis lisse. Car il ne faut pas oublier que c'est toujours un regard qui confère, à l'humain, dès sa venue au monde, son identité sexuelle. De cette fille ainsi survalorisée, et qui se sera laissé prendre aux sortilèges de cette survalorisation, on dira plus tard qu'elle est « phallique ». Le mot est d'ailleurs presque rentré dans la langue courante – serait-ce un signe de la fréquence accrue du tableau clinique ? Manière de dire de cette fille qu'elle s'est suffisamment prêtée – mais aurait-elle pu faire autrement ? – à être l'instrument de puissance de sa mère pour finir par croire qu'elle s'en serait elle-même pourvue. Conditionnée à ne rien attendre des autres et sursaturée par la satisfaction que lui a apportée sa relation exclusive à cette mère, elle ne fera en elle aucune place au doute ou à la saine torture de ce manque qui fait percevoir à chacun qu'il est en train de vivre. Après une enfance de chipie prête à se prendre pour une princesse dont rien ne peut démentir le statut, elle deviendra hautaine, sèche, péremptoire, cassante et insensible à ce qui peut se passer hors de son étroit champ d'intérêt.

Si rien, dans son aventure d'enfant, ne vient la détromper, corriger son appréciation ou infléchir son parcours, elle fera partie du lot de ces femmes glaciales au narcissisme ravageur et dont il est ordinairement convenu qu'elles sont dominatrices, frustrantes, égotistes, castratrices et mortifères. De ces femmes qui, curieuse conjonction, parviennent à leurs fins en toutes circonstances quand elles ne sont pas l'objet d'une adulation qui, pour paraître incompréhensible à certains, ne leur permet pas moins de briguer et d'obtenir les positions sociales les plus enviées.

Ce n'est en tout cas d'aucune d'entre elles qu'on entendra la moindre plainte et ce ne sont pas elles non plus qu'on rencontrera dans les salles d'attente des psychanalystes, si ce n'est pour sacrifier à une mode et mieux légitimer encore le pouvoir auquel elles ne cessent de prétendre et qu'il leur importe tant d'exercer. Elles procréeront, ou ne procréeront pas, en fonction d'événements susceptibles d'ébranler, à défaut d'entamer, leurs certitudes. Mais celle qui procrée mettra au monde une fille pour l'investissement de laquelle elle est prête à se débarrasser aussitôt du géniteur et à qui elle ne manquera pas de transmettre, en plus du message qu'elle a elle-même reçu, ses propre convictions ; laquelle fille à son tour, etc. Il a été dit, à propos de la quatrième forme de structure les méfaits qui se récolteront à une génération plus ou moins lointaine sur un garçon.

Quand, en revanche, le regard ne se fait pas source insistante de compensation, les problèmes ne sont paradoxalement guère moindres que dans le cas précédent. Car la fillette, en attente de la lueur qui devrait y circuler et lui donner une idée de son existence, sinon de son statut, ne peut pas s'en passer. Aussi le quêtera-t-elle longtemps quoique toujours en vain. Avec ce qu'on imagine comme dépit et comme sentiment de frustration. Mais peut-elle faire autrement, elle qui aime si fort qu'elle n'imagine pas son amour ne pas pouvoir être payé de retour. D'autant que sa mère ne manquera évidemment jamais à son endroit ni de tendresse, ni de dévouement, ni d'aucune des qualités qu'elle est en droit d'attendre d'elle ; et qu'il suffirait d'à peine un peu plus pour que tout soit bien. Mais le message qu'elle en reçoit, de quelque manière que l'une ou l'autre veuille le régir, sera immanquablement entendu comme porteur d'un découragement à valeur d'alibi. Selon le contexte, elle pourra le prendre pour un « encore ! » informulable et déjà accablé, avec tous les sous-entendus possibles, ou un « j'ai déjà donné », ou bien encore un « tu ressembles trop à ma belle-mère », quand ce n'est pas un « pourquoi as-tu trahi la soumission de laquelle je ne suis pas sortie ? » qui n'est pas sans rappeler un « comment vais-je affronter ceux qui attendaient de moi un garçon ? »

ou introduire un « il fallait bien que tu viennes me rappeler la sœur que j'ai eue après moi ». Ce qui reste toujours supportable au regard de l'écrasant et insupportable « je n'y peux rien, la place est déjà prise » ou pire encore le « je ne peux pas me diviser et j'ai donné tout ce que j'avais ».

On peut continuer longtemps l'énumération de ces motifs que les filles invoquent dans leurs récits pour rendre compte de la relation qu'elles ont entretenue à leur mère, on n'en épuisera jamais la palette. Et on ne parviendra jamais à rendre compte de la variété des situations qui se rencontrent en clinique, y compris celles qui se présentent pour des sœurs jumelles dont le vécu n'est jamais, pour leur mère, identique de l'une à l'autre. La constante de ces situations étant que, même quand le ton de la confidence emprunte la voie de la rage et traduit une vieille et inépuisable revendication, l'ensemble du propos semble toujours vouloir plaider non pas contre mais pour la mère et lui fournir des circonstances atténuantes. Comme s'il y flottait une sourde et mystérieuse terreur destinée à cantonner le ressentiment dans des limites raisonnables. « Voilà pourquoi je suis ainsi », semblent-elles dire. « J'aurais pu être mieux si... », tentent-elles en vain d'ajouter parce qu'elles s'empressent de laisser entendre : « Il vaut tout de même mieux encore que je sois ainsi que de ne pas être du tout. »

Ainsi chacune de celles-là prend-elle à sa façon, pour l'accepter et l'assumer en dépassant sa déconvenue, la mesure du destin qui lui a échu, parvenant parfois alors à comprendre comment il a pu être cadenassé dans le premier âge. La mise en place de son narcissisme ne s'est pas, en effet, faite de la même manière que pour celle qui a pu se croire pourvue. Dans un débat qui tourne autour de l'avoir ou pas, elle n'a pu que percevoir la faille de départ dont elle garde la trace. Non seulement elle n'avait pas l'organe différenciant, mais elle n'en a pas même eu un substitut sous la forme de ce regard à potentiel valorisant. Elle se perçoit comme n'ayant pas de quoi se consoler, donner le change ou faire illusion. Elle est, autrement dit, totalement dépourvue. Ce qui la maintient indéfiniment dans le danger d'une confusion et ne lui permet pas, en toute sécurité, de se différencier de sa mère, lui faisant courir le risque de se voir interdit l'accès à la conscience de sa propre autonomie. Or ce danger n'est pas hypothétique. Il existe bien et il peut conduire à toutes les formes d'inhibition. C'est peut-être, d'ailleurs, sa fréquence qui peut le mieux rendre compte de l'étendue du malaise féminin, lequel, tôt ou tard et comme il ne pourra pas ne pas le faire, éclaboussera par déplacement l'environnement immédiat ou élargi. Et pourtant ! Quel paradoxe ! Car n'est-ce pas cette fille-là qui occupe la position la plus conforme au génie de son sexe ? N'est-ce pas elle qui, à l'écart de toute imbécile, illusoire et inutile greffe de virilité, pourrait le mieux développer ses potentialités spécifiques ?

On le vérifie quand, sous l'effet de rencontres ou d'événements fortuits survenant dans son histoire, il lui arrive de prendre conscience de la chance qui est la sienne. Elle surmonte alors ce qu'elle a longtemps cru être son handicap et elle se met à jouer, avec une aisance enviable, d'un registre relationnel dont elle découvre avec bonheur qu'il n'a pas été saturé. Ce qui lui permet de trouver de substantielles compensations à ce qu'elle avait perçu comme un sort inique, lui révèle l'état enviable de perméabilité à l'autre qui est le sien, la sort de sa prostration et en fait un être social hautement apprécié. Elle continuera longtemps encore d'être, bien entendu, fascinée par cette autre, écrasante, qu'elle ne manquera pas de rencontrer en multiples exemplaires et dont elle enviera, dans une bouffée de nostalgie, le sort clos et pavé de certitudes. Si bien qu'elle mettra longtemps à comprendre, si tant est qu'elle y parvienne, que c'est elle qui est dans le don, que c'est elle qui évolue dans l'histoire, que c'est elle qui gère le devenir, que c'est elle qui conquiert la liberté et qui, en un mot, occupe pleinement la vie. Ce qui n'est pas seulement salutaire pour son compagnon ou pour son environnement. Car sa descendance immédiate et lointaine continuera longtemps d'en tirer bénéfice.

On aura compris que c'est entre les deux figures extrêmes que j'ai esquissées que se situent les innombrables nuances affectant les femmes, filles et mères que nous croisons ou que nous pouvons croiser dans notre quotidien. Et cette extrême variabilité des situations, loin de produire un effet de casse-tête ou de rendre insolubles les problèmes qui peuvent se rencontrer, constitue bien au contraire, pour chacun et chacune, la garantie de son originalité, tout comme elle l'ancre de façon plus vivifiante encore dans son histoire.

On peut reprendre, ici et maintenant, la déplorable trajectoire pourtant longtemps accomplie sans faute, de la mère de Gwenael.

Elle est donc partie, reprenant pour la corriger, au point où elle a viré au tragique, l'aventure de sa mère. Elle s'est construit une existence simple et bonne qui eût pu satisfaire quiconque et qui l'a sans doute longtemps satisfaite. Tout aurait sans doute pu continuer ainsi si le silence de sa mère ne l'avait elle-même réduite au silence avant de la contraindre à reprendre une course sans fin. Il aurait suffi, pour que tout fût différent, que cette mère lui reconnût quelque mérite ou lui marquât un intérêt substantiel en acceptant de sortir de son interminable deuil et de la contemplation mortifère de sa faille narcissique. Au lieu de quoi, l'abandonnant à son sort, elle a accepté son éloignement géographique et l'inévitable effilochage de leur relation. Si bien qu'elle a cru, elle, devoir proroger son parcours et fournir d'autres preuves encore. Les grossesses se sont succédé qu'elle n'a pas hésité à interrompre. Comme pour, dans l'après-coup, perpétrer en plusieurs exemplaires l'avortement que sa mère n'a pas accompli et qui aurait en son temps scellé autrement son destin. À moins que la concession de Raoul, comme charnière dans l'exécution de son projet, ne lui ait un moment fait espérer qu'un enfant peu ou prou dévolu à son histoire eût pu être rendu à sa mère en remplacement du bébé mort.

Cela donnerait sens au suicide ultérieur de ce garçon : sa vie était si fortement accrochée à celle de sa mère que la perspective de la disparition de celle-ci ne pouvait que le renvoyer à un statut qui lui serait devenu insupportable. Mais ce n'est qu'une hypothèse. Puis, voilà qu'un jour, un

accoucheur, avec sa science, vient mettre un holà autoritaire à sa compulsion. Un fils lui naît. Il ne pourra pas,
celui-là, ne pas être breton. Et c'est avec lui que le dévouement qu'elle marque à l'histoire de sa mère ira, à son insu,
jusqu'à l'horreur. Car cet enfant devra mourir. Ce sera lui
l'enfant mort. Et il serait évidemment mort si la médecine
n'avait pas tant fait pour lui. Il serait mort si elle-même
n'avait pas réagi comme elle l'a fait, bouleversant l'injonction de son inconscient en récoltant, autour d'elle, tous les
bouts de désir de vie qu'elle pouvait rencontrer et qu'elle a
portés jusqu'à lui. Jusqu'au jour où la rencontre avec une
fille de salle, qui l'aura soupçonnée de ne pas être pour rien
dans tout cela, va lui faire payer sa témérité et la renvoyer
brutalement à son vœu initial.

D'où on revient, une fois encore, au rêve récurrent qui
prend ici une tout autre signification : l'enfant est porté en
terre par son père et ses trois frères. S'il est mort dans le
rêve c'est parce qu'il doit mourir pour que la tâche qu'elle
s'était fixée aille jusqu'à son terme. Et si son père et ses
frères sont vêtus de « violet », ce serait comme si elle les
percevait « violés » dans leur quotidien par ce que son
inconscient lui commande à elle et à elle seule. À moins
que le « violet » ne soit là comme un signifiant flottant et
ne vienne présentifier le « viol » dont elle aura pu croire,
pour je ne sais quelle raison, que sa mère a été victime. Les
deux interprétations ne sont d'ailleurs ni les seules possibles, ni exclusives l'une de l'autre. Mais qui peut dire
aujourd'hui celle qui est la bonne ? Et importe-t-il de le
savoir autrement que pour montrer les impasses dans lesquelles leur histoire oblige parfois les filles à se fourvoyer.
Ces filles qui ne comprennent pas pourquoi elles sont en
« surnombre » et pourquoi leur mère les a faites alors
qu'elle avait déjà, ou qu'elle aura par la suite, celle dont à
l'évidence elle veut à tout prix faire son clone.

Loin d'être des moindres, leur question est d'une importance cruciale. Et elle mérite probablement plus que toute
autre, sinon de recevoir une réponse, du moins l'esquisse
de quelque hypothèse.

C'est le spectacle des fillettes jouant à la poupée qui peut apporter un début d'éclairage. On sait qu'elles en ont en général plusieurs. Des Barbie, le plus souvent, aujourd'hui – et ce n'est pas pour rien puisque ces poupées représentent leur mère et que cela leur permet d'explorer l'étendue des sentiments qu'elles lui portent, comme elles leur permettent de se défendre contre elle en entretenant l'illusion qu'elles la dominent. Or, ces poupées ne sont pas logées à la même enseigne : il y a celle que l'on coiffe, celle que l'on choie, celle que l'on bichonne, celle que l'on bisouille, celle que l'on dresse à coups de semonce et aussi celle que l'on punit. Dans le brouillard qui caractérise leur univers affectif, les fillettes explorent par leur entremise la multiplicité des personnages qui les habitent et celle des situations qu'elles vivent. Et c'est par ce jeu qu'elles parviennent à prendre quelque conscience de leur être ou, autrement dit, à se repérer comme un sujet traversé par le désir.

Je postule que les mères obéissent à leur insu, pour ce qui les concerne, à une logique de la multiplication de filles qui n'est ni gratuite ni cynique ni foncièrement ou délibérément malfaisante. Et je ne doute pas un instant – je pense l'avoir assez laissé entendre – de la qualité de leur investissement et de l'authenticité de l'amour qu'elles portent en conscience à chacune de ces filles en surnombre. Les nuances qu'elles mettent en place se situent ailleurs.

De fille visée par l'injonction de répétition, il y en a toujours une. Celle-là est choisie, comme je l'ai laissé entendre, en fonction de données d'une histoire et sous la pression de l'angoisse de mort – et du fantasme d'immortalité destiné à la contrebattre – qui anime chaque mère. Et elle est choisie en conséquence de la sorte, même par une mère qui n'a pas été l'objet d'une injonction de la part de sa propre mère. Tout cela relèverait d'une forme de physiologie de l'humain puisque le pendant en a été signalé chez les hommes sous forme de l'élection d'un fils que le père se choisit pour transcender son existence et lui donner sens.

Qu'on se le dise donc. Et qu'on sache qu'il n'est pas une génération qui puisse échapper à ce mécanisme.

Les autres filles, pour leur part, ne seraient pas tenues, comme elles le croient souvent, à l'écart du désir de leur

mère. Sans quoi elles ne seraient pas venues au monde.
Elles recevraient elles, sans le savoir, une mission d'un
autre ordre et qui, pour difficile à mettre en œuvre n'en est
pas moins noble. Il en ira comme si leur mère, plus ou
moins clairement consciente de la souffrance qu'entraîne,
qu'elles le veuillent ou non, le statut qu'elles ont ou non
expérimenté et qu'elles ont, déjà ou pas encore, conféré à
leur sœur, voudraient les en préserver en les mettant à son
écart. Chacune de celles-là ne sera destinée, pour sa mère,
qu'à mettre en œuvre la part de liberté qu'elle n'a pas toujours eu loisir d'expérimenter comme elle l'aurait désiré.
C'est pour cette raison qu'elle les tiendra donc à distance,
qu'elle se fera discrète, non invasive, respectueuse de leurs
prérogatives – toutes attitudes susceptibles de la faire croire
rejetante ou abandonnique. Nombre d'entre elles ont souvent compris cela à demi-mot et parviennent tôt ou tard à
cultiver un bonheur tranquille et de bon aloi. D'autres n'y
ont rien vu qui pût les satisfaire et souhaitent parfois leur
vie durant s'être trompées dans l'appréciation de leur sort.
Elles n'auront pas compris que la trépidation et le bouil-
lonnement intérieurs avec lesquels elles ont toujours vu
leur mère accueillir la sœur dont elles envient le sort, s'ils
semblent traduire un attachement inconsidéré, masquent
de fait le peu de confiance que la mère fait à l'autonomie
de son élue, craignant autant sa disparition physique que
la mise en échec de la demande qu'elle lui a adressée. Ce
sont donc elles qui se lancent dans la course infinie qu'on
leur connaît, manière d'être toujours prêtes pour le jour où
leur mérite sera reconnu et qu'on leur donnera acte des
vertus de leur piété filiale.

Tout cela serait tellement plus simple, tellement plus
facile à vivre si on pouvait seulement y mettre un peu de
langage, ne pas ruminer ses déconvenues, ne pas tomber
dans les pièges et les leurres d'un illusoire pouvoir, ne pas
céder au poids de l'histoire, ne pas laisser le silence s'installer et tout ruiner. Ce qui n'est bien sûr pas facile quand
tout est profondément enraciné et qu'on évolue dans des
sociétés où l'éphémère a été mis au pinacle et où les effets
du temps et de la transmission ont été vidés de tout leur

sens. Mais tout pourrait être encore rattrapé s'il pouvait seulement y avoir une forme de médiation, une forme d'ordre serein, qui puisse mettre, entre les filles et leur mère l'indispensable distance qui les préserveraient, les unes des autres, les unes et les autres, de la confusion et du malheur.

D'un père à l'autre

Elle avait semble-t-il compris, elle, la nécessité d'une médiation. Tout autant, en tout cas, que l'enjeu de la mission à laquelle elle a toujours su devoir se plier. Et sans doute ne s'est-elle lancée dans l'aventure que nantie de la sécurité dont elle avait joui jusque-là, et assurée que la garantie dont elle avait bénéficié continuerait de la couvrir le temps qu'il lui faudrait pour s'acquitter de sa tâche. Comme si elle avait senti, sinon tout à fait compris, que remettre ses pas dans ceux de sa mère n'allait jamais sans risque et qu'une telle entreprise requérant une solide protection. La tentation n'y est-elle pas grande en effet d'assouvir le désir, demeuré vivace, de se glisser dans la catégorie des sœurs visées par l'injonction de répétition ? C'est si simple de se conformer à une telle mission. Saurait-il y avoir de meilleur moyen pour être sûre de devenir enfin elle, cette mère, de se fondre à elle, de se confondre avec elle ? Et quel plaisir n'y aurait-il pas alors de s'offrir ainsi, à elle, dans la surprise, sans réserve et sans nuance ? Comme un clone, son clone, le seul, le vrai, assumé sans restriction celui-là, parce que réalisé avec amour et sans une once de mauvaise grâce.

Mais sa probité a dû aussi l'amener à comprendre que céder à une telle tentation, l'exposait à trahir l'essentiel de sa mission. Car la satisfaction de son ambition l'aurait alors conduite à reproduire le parcours à l'identique en faisant fi des aménagements et des corrections qu'elle était tenue de produire. C'est sûrement en ce point précis qu'elle a dû percevoir la nécessité et les vertus de la médiation dont elle savait avoir disposé. Comme s'il la lui avait fallu pour s'extraire du débat qu'elle a toujours entretenu entre son désir fou et son devoir, se préserver de toute dérive et se sentir ramenée sans relâche à la conscience aiguë de son identité propre. C'est elle, elle-elle et pas elle-sa-mère, qui reprendra le parcours pour l'accomplir et, enfin, le corriger.

C'est certainement ce que laissait entendre son allusion à son père, à la tendresse particulière qu'il lui avait manifestée et aux devoirs qu'elle n'a pas manqué de lui rendre en retour. Manière d'expliquer l'ancrage qu'il avait toujours constitué pour elle et la sécurité qu'elle savait pouvoir trouver dans sa référence et son évocation. Ne me signifiait-elle pas que c'est parce qu'il avait été là, et seulement parce qu'il avait été là, qu'elle a pu prendre le risque qu'elle a pris et faire ce qu'elle a fait ? J'avais en tout cas l'information encore à l'oreille quand je l'ai entendue me raconter par le détail la suite de son aventure et la manière dont elle avait somme toute réussi à corriger celle, malheureuse, de sa mère.

Elle avait donc été, elle aussi, placée à Paris. Sans avoir eu à vivre les horreurs que l'on sait. Les patrons qui l'avaient engagée – lui était médecin ; quelle coïncidence encore ! – ne lui ont marchandé ni leur attention ni leur sollicitude. Ils se sont comportés avec elle comme de véritables parents de substitution. Ils veillaient attentivement sur elle et surveillaient jalousement ses sorties comme ses fréquentations. Aussi est-ce à eux en tout premier lieu qu'elle a tenu à présenter celui qui deviendra son mari et qu'elle avait rencontré, assez rapidement, sous des auspices « authentiquement romanesques ».

Poussée par l'envie de se distraire et par la curiosité naturelle des filles de son âge, elle avait commis l'imprudence de se rendre seule, un jour qu'elle était de repos, à la foire du Trône. Mal lui en a pris. Parce qu'elle s'est rapidement trouvée assaillie par de mauvais garçons dont elle ne savait plus, au milieu de la foule indifférente, comment se débarrasser. C'est alors qu'elle l'a vu arriver. Il a suffi que leurs « regards se croisent » pour qu'elle se soit « sentie sauvée ». Il était « beau, costaud, déterminé, vif et athlétique ». Il lui a vite « offert, chevaleresque, la protection de son imposante carrure et de sa gentillesse. Les autres ont vite compris leur malheur. Ils ont déguerpi sans se le faire dire deux fois ». Ils se sont « retrouvés », elle et lui, « en tête-à-tête ». Elle l'a remercié, bien entendu. Mais, sans trop savoir « comment le faire », elle tenait aussi à lui marquer sa « reconnaissance ». Elle lui a donc « laissé l'initiative » en décidant par avance de ne pas se préoccuper « de ce qui pouvait se produire ». Elle lui a « donné » sa « confiance ». Et elle s'est dit que, même si elle ne savait pas pourquoi, elle sentait qu'elle pouvait « avoir vraiment confiance en lui ». Elle était « sûre qu'aucun mal ne pouvait » lui « venir de lui ». Ils ont « passé le reste de l'après midi ensemble » « Un après-midi de rêve » dont elle a « gardé intact le souvenir de chaque instant ». Le soir venu, elle a accepté qu'il la raccompagne. « Il n'a pas eu de geste déplacé, il n'a pas eu une seule attitude » qui ne l'ait « séduite ». Ils vivaient « les premières heures » de ce que sera leur « vie commune » et « c'était comme » s'ils s'étaient « connus depuis toujours » et qu'ils savaient « devoir ne plus jamais » se « quitter. » Ils n'ont plus cessé de se revoir. Elle a vite appris qu'« il travaillait comme mécano à Paris » et qu'« il était le fils unique d'un couple de réfugiés espagnols installés en Normandie ». Quand, au bout de quelques semaines, il l'a « emmenée là-bas » pour la « présenter à ses parents », sa « future belle-mère » lui a « aussitôt battu froid ». Mais ils n'ont pas « tenu compte de son humeur ». Ils sont passé « par-dessus sa réticence ». Ils ont « ensemble choisi la voie de leur entente » et ils se sont « mariés très vite ». Les parents bretons n'ont connu leur gendre que le jour du mariage. Elle avait à peine dix-sept ans et lui dix-neuf. « Jusqu'à la maladie de Gwenael, notre vie a été un parfait roman d'amour », a-t-elle ajouté – ce que je n'ai eu aucune difficulté à croire.

J'avais écouté son récit sans l'interrompre et je n'avais pas cessé de la suivre mentalement dans son périple. Je me suis surpris à déplorer, à un moment, que ma propre employée n'ait pas eu, dans des circonstances similaires, la même chance. Était-ce parce que les mauvais garçons l'étaient devenus un peu plus encore ? Que les foules avaient gagné en lâcheté ? Que la curiosité des jeunes filles s'était passablement accrue ? Ou que les individus « chevaleresques » avaient définitivement déserté notre environnement ? Je remuais à toute vitesse des pensées de cet ordre quand je l'ai entendue poursuivre : « ... Voyez-vous, le plus triste dans tout ce qui nous est arrivé, c'est qu'auparavant j'étais une épouse avant d'être une mère, maintenant, je suis d'abord et avant tout une mère... »

J'ai tout de suite senti, sans trop savoir pourquoi, que cette réflexion me mettait mal à l'aise. Et c'est sans doute pour en atténuer les effets que je me suis réfugié dans l'évocation de l'intensité et de la sensualité de l'étreinte dans laquelle je l'avais surprise avec son mari, sur le palier de la chambre d'hôpital, ce fameux matin de Noël. Que voulait-elle, que cherchait-elle à me dire, à quoi je me suis obstinément fait sourd puisque j'ai mis fin à la consultation un peu précipitamment et sans rien dire de plus ?

Singulière bonne femme ! Tout familiarisé que j'étais à sa stature et au regard qu'elle jetait sur le monde, elle m'étonnait une fois de plus ! Avec quelle subtilité et quelle audace poursuivait-elle l'examen de sa situation. Avec quelle précision et quelle assurance ne maniait-elle pas des concepts dont je mettrai des années à mesurer la pertinence.

Tout comme elle avait remis Raoul à flot en lui offrant un cadeau au lieu de le gronder, elle m'a offert, ce jour-là, sa confidence en retour de mon inefficacité, et elle m'a tracté vers les réalités d'une vie à côté de laquelle j'étais en train de passer. Elle m'a signalé, en quelques mots, un état patent des choses, attirant mon attention sur un universel dont je ne soupçonnais pas même l'existence. Elle m'a incité, avec sa douceur habituelle, à mettre côte à côte deux catégories dont je n'imaginais pas même alors qu'elles eussent pu être distinctes, ne pas naturellement coexister ou avoir à entretenir entre elles une forme quelconque de hiérarchie.

Je n'ai bien sûr pas répondu sur-le-champ à son invitation. Que pouvait signifier pour moi l'étrange fracture qu'elle décrivait, le curieux dilemme dont elle faisait état, ou la façon singulière qu'elle avait de vivre son quotidien ? Je ne voulais rien savoir d'un tel débat. Comment aurais-je pu imaginer qu'il pût avoir quelque part à se tenir, quand ma trajectoire ne m'y avait encore jamais confronté ? Les catégories qu'elle évoquait n'étaient pas les miennes. N'avais-je pas le sentiment d'être, tout à la fois et sans effort, époux et père ? Et je ne notais pas la moindre différence ou le moindre lien de subordination entre ce que je percevais n'être rien de plus que les deux facettes d'un même rôle qu'elle s'obstinait, seule me semblait-il, à baptiser différemment en fonction des circonstances.

La brutalité de sa formulation ne m'a cependant plus lâché. Si bien que tout en me confortant dans mes certitudes, j'ai commencé par me demander si je ne me trouvais pas confronté à un débat typiquement et exclusivement féminin, auquel cas, il était moins étonnant que je n'y comprenne pas grand-chose. Mais mon épouse n'était-elle pas mon épouse et m'arrivait-il seulement de la sentir autre, même si elle était la mère de mes enfants ? Il me semblait que ces deux rôles étaient, tout simplement et sans disjonction possible, nichés en elle. Où donc pouvaient se situer les difficultés qu'elle aurait pu être amenée à éventuellement ressentir et que cette confidence m'invitait à postuler ? Je ne l'imaginais pas pouvoir éprouver le moindre mal à passer d'un de ses états à l'autre. Et je ne voyais pas pourquoi j'allais me mettre en peine de me poser des questions sur son attitude à mon égard, quand elle était avec mes enfants, ou lui supposer des préoccupations quelconques autour de ses enfants, quand nous étions en tête-à-tête et occupés l'un de l'autre.

Ces considérations, même si je voulais bien les entendre, ne me semblaient décidément pas plus être les miennes que celles de quiconque, excepté cette mère singulière. Ma faculté de concevoir la situation qu'elle m'exposait s'étant somme toute heurtée à mon vécu d'une situation similaire que je ne tenais pas à déranger, j'ai balayé mes derniers scrupules en décidant que je ne devais pas être le seul à qui des distinguos, aussi subtils que ceux auxquels j'étais confronté, pouvaient poser problème. Il est vrai que nous ne partageons pas tous la même faculté d'introspection. Et que la plupart des individus que nous sommes, étroitement retranchés derrière les défenses dont ils ont hérissé leur psyché tout au long de leurs années d'apprentissage de la vie, rechignent à interroger les choix qu'ils ont opérés ou les certitudes qu'ils se sont forgées. Il me faudra des années pour comprendre que les notions, qu'elle avait mises si tôt en avant, m'étaient restées inaccessibles parce que je n'avais, jamais de ma vie, perçu ma mère – veuve d'un homme qui, même mort, avait toujours eu une présence formidable au sein de la famille – en être de près ou de loin concernée.

Je ne tombe donc pas dans l'excès quand je donne, à la formulation toute simple qu'elle m'a adressée, la valeur d'une interprétation qui aura fait singulièrement mouche, me contraignant à m'en emparer pour la reprendre ensuite et tenter d'en saisir la moindre implication. Tout mon travail de réflexion et l'ensemble de mon parcours ultérieur lui resteront en quelque sorte redevables. Je mettrai des années à mesurer l'étendue des horizons qu'elle avait voulu, à m'entraîner à sa suite, me faire entrevoir. Et quand je franchirai le pas, je m'engouffrerai dans une aventure qui n'a toujours pas vu sa fin et au sein de laquelle cette écriture constitue l'hommage, hélas tardif, que je lui rends et le seul moyen que j'ai trouvé pour apurer un tant soit peu ma dette à son endroit.

L'épouse, me disait-elle donc, avait vu s'altérer, au fil des événements, sa faculté de circuler entre les différents statuts qui étaient les siens et semblait s'être désormais fixée à celui de mère.

N'était-ce pas ce que la grand-mère paternelle avait très vite compris ? Et ce ne sont certainement pas les coups que lui portait son fils qui seront parvenus à modifier son attitude ou à la faire changer d'avis. Femme, épouse et mère, elle était en position de savoir ce que c'est qu'être épouse et ce que c'est qu'être mère, ce que signifie être l'une puis l'autre, passer de l'une à l'autre et de l'autre à l'une, être l'une plus que l'autre, être d'abord l'une puis l'autre ou l'inverse, être enfin l'une seulement et pas l'autre – étant entendu que dans ce dernier cas, c'est, en règle générale, la mère qui prime. On a vu que la violence de son accusation et sa vaine tentative de remettre son fils au premier plan dans les préoccupations de sa bru, procédaient d'une intuition de la signification et des conséquences de ce type de priorité. On peut ajouter, sans risque d'erreur, que sa propre expérience d'épouse et de mère ne l'aura probablement entretenue dans aucune illusion et qu'elle savait, en revanche, qu'on subit plus qu'on ne maîtrise ce genre de situation. Ses reproches n'auraient donc servi qu'à hurler son dépit et sa douleur ? Peut-être ? Mais peut-être n'ont-ils pas été pour rien dans le progrès des interrogations de sa belle-fille, laquelle aura tenté d'en tirer parti, et en aurait sans doute tiré parti si elle avait eu la chance de poser ses questions à un praticien moins coincé, moins obtus et moins sourd que je ne l'étais.

Est-ce à dire que ce sont les femmes qui savent le mieux ce qu'il en est de la vie ? Et que ce sont elles qui peuvent le mieux définir ce qui est indispensable à son plein épanouissement ? L'hypothèse, valorisante et flatteuse, est probablement défendable. Au point d'ailleurs que nombre de mères seraient sans doute prêtes à y souscrire, sans prendre cependant garde au fait que la responsabilité qu'elles en hériteraient, leur rendrait proprement insupportable la culpabilité, déjà si grande, dans laquelle les met leur simple accès à la maternité.

Cette mère n'hésite pas, en tout cas, elle, à se saisir du problème à bras-le-corps et à affronter, pour en saisir les implications et les conséquences, la curieuse et inévitable division dont elle a fait état.

Qu'a-t-elle dit en substance ? Qu'elle s'est toujours sue et qu'elle se savait être tout à la fois épouse et mère sans éprouver de difficulté à passer de l'un à l'autre des deux

états, avouant s'être néanmoins sentie, jusque-là, mieux dis-
posée à l'endroit de l'état d'épouse qu'à celui de l'état de
mère. Comme si elle ne pouvait s'empêcher d'éprouver un
certain arrachement quand il lui fallait passer du premier
au second des deux états et de ne pouvoir assumer le
second sans se sentir envahie par la rémanence du premier.
On l'imaginerait volontiers être demeurée sous le charme
de la rencontre initiale et visitée sans relâche par les échos
que cette rencontre a semés en elle. Elle serait demeurée
une amante immuable et elle aurait mis cette disposition
au principe premier de toute son action. Un sort rêvé en
quelque sorte. Avec, en arrière-plan, une question d'importance sur la singulière détermination qui ne cesse de le promouvoir. Comment cela a-t-il pu aussi longtemps défier le
temps qui passe et dont on sait combien il émousse les perceptions les plus subtiles comme les plus fortes ? Était-ce
parce qu'elle avait décidé de privilégier les deux statuts
qu'elle a évoqués au détriment d'un troisième qu'elle aura
voulu occulter ? On peut en effet relever qu'à cette occasion
– est-ce un hasard ? –, elle n'a pas fait la moindre allusion
au statut de fille qui demeurait pourtant encore le sien. Pen-
sait-elle en avoir été depuis longtemps totalement affran-
chie ou bien se sentait-elle ne l'avoir jamais été et a-t-elle
préféré ne pas en faire état ? À moins qu'elle ne se soit sue
l'être et ne plus l'être tout à la fois et, qu'avec sa sagesse
habituelle, elle a jugé inutile d'en dire quoi que ce soit.

Son silence sur ce point n'en est, en tout cas, pas moins
éloquent. Puisque, malgré les indications qu'elle donne sur
l'atmosphère de la rencontre avec ce garçon qui deviendra
son mari, elle ne fait pas directement état des oscillations
que, fine comme elle l'était, elle n'a pas dû manquer de percevoir entre son état de fille et son état de jeune femme
captivée par l'amour naissant. Aurait-elle eu à plus en dire ?
Peut-être pas. Mais elle a toujours parlé si juste, et tellement à fleur d'inconscient, qu'on aurait pu s'attendre de sa
part à des formulations nouvelles et à un enseignement
neuf sur ce type d'événement.

Elle a en tout cas insisté sur la vitesse avec laquelle les
destins se sont noués. S'il ne s'est pas agi de quelque chose

de l'ordre du coup de foudre, cela s'est néanmoins passé comme si toutes les caractéristiques de la rencontre avaient été sues par avance et avaient comblé, on ne peut mieux, les exigences d'une attente jusque-là informelle. En ce point encore, son histoire rejoint une dimension paradigmatique. Car, il suffit de reprendre les éléments du récit qu'elle m'en a fait, pour repérer la stricte conformité de son objet d'amour avec le modèle ancien qu'elle a toujours eu en elle et qu'elle a forgé, comme chacune et chacun – faut-il encore le rappeler ? –, sur la relation à sa mère.

Ce garçon n'était pas un inconnu pour elle. Elle a toujours su et son existence et ce qu'il pouvait et devait lui apporter. Elle le savait lui être destiné et elle se savait destinée à lui. Elle ne savait pas quand elle le rencontrerait. Elle savait seulement qu'elle le rencontrerait un jour et que, ce jour-là, elle le reconnaîtrait à coup sûr. Il était, autrement dit, littéralement inscrit dans son parcours de vie.

On se retrouve dans la thématique classique du prince charmant qui essaie une pantoufle de vair ou qui donne un baiser sur la bouche de la belle endormie. Il ne l'a donc pas surprise, il l'a émerveillée. Il ne l'a pas conquise, elle lui était gagnée – « un jour mon Prince viendra... ». Et, pour couronner le tout, il est intervenu – et, là aussi, on rejoint le conte – à la place exacte qu'il ne pouvait pourtant pas savoir, lui, devoir occuper. Ne l'a-t-il pas tirée des pattes de ses agresseurs, lui évitant symboliquement ce viol qui aura pu hanter son histoire ? Et ne l'a-t-il pas rapidement inscrite dans une union officielle, la préservant une fois pour toutes de la fameuse « faute » qu'il fallait à tout prix éviter ? C'est bien lui, tel qu'il était, qu'elle devait croiser. Lui qui l'a charmée, lui, beau, jeune et fort, et pas un homme plus âgé, qui aura tout au plus bien voulu d'elle, comme ce fut le cas pour sa mère.

D'autres qu'elle, lancées dans des aventures similaires et vivant des attentes identiques, n'ont pas sa chance et sont parfois contraintes de procéder par l'inévitable système d'essais-erreurs avant de rencontrer l'homme qui leur convient – et encore n'y parviennent-elles pas toujours ! Elle, elle l'a trouvé ainsi, tout de suite, au cœur d'une atmosphère de violence. Il a été tel qu'il a été, devenant, à leur double insu, l'agent dont elle avait besoin pour parachever la mission implicite qui lui avait été impartie pour finir de régler les comptes avec son histoire. Elle pouvait totalement l'investir comme son objet d'amour. Il était celui-là qui l'a ramenée à ses émotions toutes premières. Celui qui lui a ouvert à nouveau le temps, qui lui a permis de retrouver dans son présent le passé destiné à impulser son avenir. Celui qui l'a mobilisée, qui a envahi sa pensée, qui a fait d'elle un être neuf. Celui par lequel elle était enfin parvenue à conquérir sa liberté. Celui qui, parce qu'il était parvenu à chasser jusqu'au souvenir, jusqu'à la trace, du modèle qu'elle avait longtemps eu en elle, lui permettait d'affronter la durée. Il aura constitué l'ultime médiation dont elle avait besoin. Elle fera en sorte qu'il le reste à jamais. Et, à cause de ce qui s'est passé dans un simple échange de regards, elle a su qu'elle pouvait se fier à lui, qu'il était capable, lui, de la préserver pour toujours enfin de l'emprise de sa mère sur elle. La sécurité qu'il lui a apportée lui est alors sans doute apparue comme équivalant, au point de pouvoir la relayer, à celle qu'elle avait trouvée jadis dans l'investissement de son père. Encore qu'elle ait semblé avoir quantité d'avantages sur cette dernière. Car, si l'appui qui lui avait jadis été nécessaire, pour convertir l'homosexualité de son premier lien, s'était accompagné d'un remords doublé d'un sentiment de trahison, celui-là était tout à fait indemne de l'un comme de l'autre. Elle ne prenait en effet rien qui eût appartenu à qui que se soit, sauf peut-être à la mère de ce garçon, si tant est que cela fût admissible et qu'on se réfère au fait que cette dernière, d'emblée, lui « a battu froid ». Mais elle a, semble-t-il, réussi à ranger cela dans un ordre des choses qui la concernait moins et qui, longtemps, ne lui a pas posé de problèmes.

On retrouve, au détour et en filigrane de ce récit, le sens symbolique du mariage comme rituel par lequel les contractants prennent à témoin le corps social pour se déclarer conjoints et se définir désormais par les liens qu'ils nouent, lesquels supplantent leurs statuts antérieurs de fils et fille de leurs parents respectifs. C'est peut-être ce qui explique son existence, dans toutes les cultures, et qu'il puisse ne pas toujours tourner à la catastrophe quand il a été – comme cela s'est longtemps produit et comme cela continue de se produire dans nombre de sociétés – arrangé par avance entre les parents des conjoints. Car, dans ces cas-là, ce qui intervient au premier chef, c'est le fait que les parents signifient clairement, à leurs enfants respectifs – qui doivent eux-mêmes l'entendre –, qu'ils n'ont plus à se préoccuper d'eux plus longtemps : une forme, en quelque sorte, de mise à zéro des compteurs de l'histoire, laquelle ne peut jamais se construire de façon correcte autrement qu'en respectant, de la manière la plus rigoureuse et la plus précise, la succession des générations.

C'est, en tout cas, de cette façon que, pour elle, son aventure de fille a paru toucher à sa fin : une rencontre aux effets fulgurants, scellée officiellement et promise au plus bel avenir. Elle le vérifiera, des années durant, par le bonheur tranquille qu'elle ne cesse de goûter et qui la laisse croire aux vertus définitives de sa condition nouvelle.

Le bilan qu'elle aurait pu en établir lui aurait certainement paru des plus méritoires. Il aurait dû mettre, et sans doute aurait-il mis, un terme à sa course infinie, s'il avait seulement pu être reconnu comme tel, si sa mère lui en avait donné, d'une manière ou d'une autre, une forme de quitus. Or, on sait dans quel silence le dépit et le deuil inachevé ont enfermé cette dernière.

Elle saura, longtemps, en prendre son parti. Elle abandonnera sa mère à son père. Les parents, c'est fait pour ça. Pour se retrouver un jour seuls et, dans le meilleur cas, heureux de l'être, parce qu'ils auront compris qu'ils ont accompli leur devoir et qu'ils ont conduit, comme ils l'ont pu et le plus loin qu'il leur était possible de le faire, leurs enfants sur les chemins de la vie. Elle sera donc épouse. Épouse avant toute autre condition. Épouse et heureuse de l'être parce que tout l'autorise à l'être. À l'amour déferlant qu'elle n'a pas pu jadis ne pas concevoir pour sa mère, elle peut se permettre de substituer un amour qui la satisfait au plus haut point puisque l'accomplissement de son parcours sans faute, l'absout à jamais du sombre écho de la fameuse et inexpiable trahison.

Il est bon de reprendre et de tenter de corriger, ici, en une brève incise, une idée fausse et tenace, à laquelle j'ai déjà fait allusion : celle qui laisserait croire que, tout comme les hommes épouseraient leur mère ou leur sœur, les filles épouseraient en général leur père ou leur frère. Le cas de figure peut en effet se voir. Mais il a toujours une signification singulière. Il témoigne du fait que le détachement initial, par le truchement de l'investissement du père, ne se serait pas fait en son heure et de manière satisfaisante. Si bien que la fille, encore et toujours terrifiée par la violence de la présence en elle d'un attachement excessif à sa mère, ne peut pas faire autrement que reproduire l'interposition à l'identique sinon la pérenniser. Ce qui laisse supposer la lourdeur des liens de subordination.

Une fixation de cet ordre au père n'est pas en effet, loin s'en faut, la règle. Ce dernier n'ayant pas à se situer autrement que comme le simple garant de la conversion du premier lien de sa fille. Incitant, ce faisant, cette dernière à faire, de ce qu'elle perçoit d'amour à l'aube de son existence, un modèle à imiter sur le fond et pas dans la forme. Il l'aide à en garder intacte l'idée de son seul contenu et à se débarrasser de l'attrait trompeur de son contenant, en sachant que le relais de son action sera un jour pris par le partenaire que sa fille se sera choisi. Et ce n'est pas une petite affaire, puisque la reconnaissance de l'amour en soi et sa validation confèrent à ce qui y circule l'estampille de la vie et de ce qui fait échec à la mort. Comme la mêmeté ne crée rien et que la différence est au principe de toute individualité, autrement dit de ce qui donne à chacun la conscience de son inscription originale dans la vie, les pères ont, semble-t-il procédé ainsi de tout temps et sous toutes les latitudes, écartant leurs filles de leurs mères respectives et les confiant, en les prenant par la main, à l'homme qui leur est dévolu. C'est ce que constatent au demeurant des anthropologues quand ils soulignent, quelquefois sur un mode étonné sinon outré, que les hommes ont procédé et procèdent toujours à l'échange des femmes.

Or, pour être répandu à ce point, ce type de disposition doit certainement avoir une fonction totalement étrangère à ce dont on s'évertue à vouloir faire le fondement d'une guerre cruelle et délibérée des sexes. Cette fonction, pour singulière qu'elle soit, c'est encore dans l'histoire de la mère de Gwenael qu'on peut l'approcher et en faire la lecture.

Voilà une femme dont le moins qu'on puisse dire c'est qu'elle parle toujours avec une justesse impressionnante des choses de la vie. Si elle le fait si bien, et dans un champ si vaste comme le montrent ses interventions, c'est probablement entre autres raisons, du fait d'avoir aussi été mère. Et d'avoir admirablement compris les enjeux de la mutation que l'événement produit dans la psyché féminine – je m'y suis assez étendu pour ne pas y revenir. On a vu que, s'étant soigneusement acquittée de son devoir à l'endroit de sa propre mère et ayant trouvé dans son mari l'instrument de son autonomie et de sa liberté, elle a mis au monde une série de garçons. Mais de quelle manière commente-t-elle l'expérience de mère qui a été la sienne ? En la disant, longtemps sinon toujours, avoir été seconde par rapport à celle d'épouse.

Elle nous apprend, par là, que le fait d'être d'abord une épouse avant d'être une mère a constitué, pour elle – mais pourquoi, diable, ne le ferait-il pas pour toute femme ? – le moyen le plus sûr d'asseoir son identité propre. C'est-à-dire son identité au regard de celle qui l'avait longtemps définie comme la fille de ses parents, et en particulier comme la fille de sa mère, et comme l'exécutante potentielle, à défaut d'une injonction de répétition, d'une mission qui lui a été impartie dès sa conception, voire avant même cette conception.

Il suffit, pour mesurer l'importance de ce choix prioritaire, de revenir au débat esquissé plus haut autour du statut de ce que j'ai appelé l'organe différenciant. C'est en faisant enfin sien cet organe dans l'union sexuelle qu'une femme peut se l'approprier tout à fait et se débarrasser de l'angoisse qui la tiraillait depuis toujours et sortir enfin de la confusion. Elle sait alors, sur-le-champ et à coup sûr, qu'elle n'est plus d'aucune façon sa mère, et elle peut même entreprendre de faire le deuil du rêve qu'elle avait caressé de l'être un jour. Encore faut-il, bien évidemment, qu'elle ne subisse pas cette union, mais qu'elle ait toutes les raisons de l'apprécier, de l'investir, voire d'y marquer un certain goût. Qu'elle n'en prenne pas la seule matérialité comme une vérité, à l'image de ces femmes qui se lancent dans une course éperdue et collectionnent les partenaires dans l'espoir d'en trouver enfin un qui fasse vraiment l'affaire. Une union féconde de tous ses effets possibles ne va pas toujours de soi. Il suffit, pour s'en convaincre, d'évoquer la multiplicité des recettes mécanicistes réclamées aux sexologues par leurs patientes insatisfaites. On a, alors, le moyen de comprendre que l'harmonie dont j'esquisse les contours est plus rare qu'on ne pourrait le croire. Et, qu'autrement dit, le bonheur de la rencontre qu'a faite la mère de Gwenael ne court pas les rues. Pour la simple raison que la mainmise maternelle sur les filles est devenue, ces dernières décennies, si lourde que peu d'entre elles parviennent à suffisamment s'en affranchir. Il n'est pas d'ailleurs nécessaire d'aller chercher plus loin la raison de la désaffection actuelle du mariage, de l'ascension des courbes de divortialité et de la précarité des couples qui s'entêtent cependant à se former.

On pourrait marquer quelque réticence à cette série de conclusions en invoquant la brièveté relative de l'acte sexuel. Et on pourrait avoir quelque difficulté à lui imaginer les effets rémanents que suggère mon propos. Ce serait faire peu de cas de ses propriétés intrinsèques – un orgasme ne s'inscrit pas dans le seul corps, il laisse bien plus de traces encore dans la psyché – des effets de sa répétition – quel extraordinaire disjoncteur ! – et surtout des modalités de son exécution. Je ne rentrerai pas, à ce sujet, quoiqu'il y aurait beaucoup à en dire, dans le détail d'une description qui n'a pas sa place ici. Je reviendrai seulement, une fois encore, à la confidence de la mère de Gwenael.

Elle dit, somme toute et pour mieux schématiser son propos, avoir investi quasi exclusivement l'horizontal de son système relationnel, et avoir réussi, par son entremise – pour ne pas trop vite dire par son interposition –, à se protéger durablement de tout ce qui pouvait la tracter du côté du vertical du même système, autrement dit de sa mère comme de ses enfants. Elle laisse entendre qu'en raison de la logique d'une histoire et de l'écoulement du temps, c'est de la satisfaction sans réserve de ce préalable que le reste découle. Si la mère des enfants parvient à user dans son présent, et à mettre en réserve pour son avenir, l'intensité de ce qu'elle a perçu dans son passé, les personnages de ce passé deviennent moins encombrants. Si bien que ce qu'elle a vécu avec eux se teinte sérieusement d'obsolescence, libère l'esprit d'initiative et impulse la créativité. Ce qu'elle aura vécu lui appartiendra en propre et lui permettra d'en produire aussi bien une transmission qu'un enseignement. Si, en revanche, elle ne parvient pas à se disjoindre de ce passé, qu'elle sent ne pas pouvoir en disposer et qu'elle s'en laisse agripper, elle ne pourra jamais faire autre chose qu'y conglutiner ses propres enfants. La verticalité aura primé sur l'horizontalité et cette dernière risque alors de ne plus jamais pouvoir être investie.

L'installation satisfaisante dans l'horizontalité ne s'obtient évidemment pas toujours rapidement comme en témoignent les fameuses et classiques crises du couple, dont on ne sait jamais par avance où elles vont conduire tant l'aiguille y flirte dangereusement avec le vertical [1]. Chacun des partenaires, repris à son insu par ses démons d'antan, envoie en effet à la face de l'autre, les reproches qui le traversent et dont il ne peut suspecter ni l'origine ni

----

1. C'est ce qu'on peut voir à l'œuvre jusque dans l'adultère et en particulier dans l'adultère féminin. Si on en juge tout au moins par le fait que l'attrait de l'amant réside dans la transgression rendue possible d'un interdit qui n'est pas sans faire écho à celui qui avait jadis pimenté la période œdipienne. Un tel passage à l'acte équivaudrait de la part d'une femme au moyen qu'elle se serait trouvé pour combattre un trop violent retour du maternel en elle : le partenaire habituel faisant alors office de mère et l'amant de père ; le tout évidemment à une échelle autre et commandée comme d'habitude par les fameux mécanismes de déplacement.

le phénomène de déplacement dont ils procèdent. Les échanges y font un tel concours de fureur qu'on ne croit pas pouvoir les voir un jour s'éteindre. La scène produit néanmoins ses effets et fait subrepticement reconnaître à chacun l'inanité de la violence qui a embrasé l'atmosphère. Ce sont alors les retrouvailles, tôt ou tard scandées par l'acte sexuel qui avait été jusque-là suspendu et qui confère à l'un comme à l'autre des protagonistes la conscience de sa propre identité avant de lui donner la conscience de celle de l'autre. L'horizontal reprend le dessus et le vertical est à nouveau relégué à la place qui devrait toujours être la sienne, celle d'une ligne en pointillé dont on sait devoir mieux se garder et avec laquelle, scène après scène, on apprend à composer.

On peut en tout cas, conclure de ce développement, que la famille de Gwenael n'a pas seulement bénéficié d'une excellente mère, mais d'un couple parental amoureux et uni au point que s'en détache une figure paternelle d'une qualité irréprochable.

Ce qui n'est peut-être pas plus simple à comprendre qu'à admettre. Car, si on a pu à maintes reprises entrevoir le couple, on n'a pas beaucoup vu le père à l'œuvre. Ou, tout au plus ne l'a-t-on vu, le plus souvent, que maladroit, effondré ou en pleurs. Ce qui ne semble pas autoriser à l'encenser. On a généralement en effet du père et de sa fonction paternelle une vision plus avantageuse et autrement plus étoffée que celle, squelettique, qui ressort de ma description.

Un père n'est-il pas, en effet, censé intervenir de toutes les façons possibles dans la vie de son enfant ? N'est-il pas classiquement décrit comme celui qui, sous peine de déchoir aux yeux de tout le monde, se doit d'assister sa compagne en salle de travail, de lui tenir la main, de l'aider à régler son souffle puis, le moment venu, de couper le cordon ombilical de son nouveau-né et de lui donner son premier bain ? N'est-il pas celui qu'on invite, au nom de la plus naturelle galanterie, à se montrer compréhensif à l'endroit de la mère, à ne pas marquer d'impatience face à son indisponibilité, à la soulager de tout ou partie de ses tâches courantes ? N'est-il pas celui qui doit donner les biberons quand le sein ne suffit plus ou que les réveils nocturnes se multiplient ? Celui qui doit savoir résoudre le problème des modes de garde, en négocier les éventuels contrats, assister aux réunions des parents de la crèche, se rendre le plus souvent possible chez le pédiatre, la maîtresse d'école maternelle, puis plus tard, chez l'institutrice, les professeurs et les proviseurs ? N'est-il pas celui qui a tous les droits d'intervenir, activement et avec sa réalité, quelque maladroite et brutale qu'elle pût être, dans la vie de son enfant pour le séparer de sa mère ? N'est-il pas celui qui doit envoyer au lit, tancer, ordonner, réprimander, punir, dire la limite, s'imposer et imposer la loi à toute la maisonnée ? Celui dont on attend qu'il surveille les devoirs, les résultats scolaires et les sorties ? Celui contre lequel chacun se sent le droit de se dresser, mais dont la seule évocation devrait faire taire les conflits ? Celui enfin que tout enfant, fille ou garçon se doit un jour ou l'autre de « tuer » ?

Toutes choses dont il ne semble pas qu'on puisse, de près ou de loin, créditer ce père auquel je m'évertue à distribuer des louanges.

Se sera-t-il conformé alors, lui, à un autre aspect du discours qu'on entend tenir autour du personnage qu'il représente et dont on prétend qu'il ne ferait rien de plus, par ses actes, que s'acquitter du tribut compensatoire au fait de n'avoir pas porté l'enfant dans son ventre et de n'avoir pas connu les méfaits de la déformation du corps, de l'angoisse du devenir et de la dureté d'une authentique épreuve physique que le très récent usage de la péridurale est à peine parvenu à soulager ? Se sera-t-il comporté comme le protecteur de sa cellule, veillant à lui fournir le confort et la sécurité matérielle ? Ou bien aura-t-il été celui qui a œuvré en tous sens à être le plus discret possible et cependant le plus présent, dans l'accueil et le bonheur de recevoir, et de sa compagne et de son enfant, la reconnaissance d'une place qui ne lui aura pas beaucoup coûté et qui paraît, somme toute, n'avoir qu'une importance négligeable quand on la rapporte au résultat produit par une simple paillette de sperme ? On serait tenté de le croire si on s'en tient à la discrétion extrême de son action directe, telle que la rapporte le récit. Et pourtant !

Il n'est, en tout cas, certainement pas ce père dont on se croit autorisé à attendre tant de choses qu'on ne prend pas garde, dans le discours qu'on tient à son propos, qu'on l'éjecte encore plus sûrement qu'on ne l'a jamais fait jusqu'à présent, de l'univers familial. Car cet amoncellement de recettes, cette focalisation sur la problématique qu'il soulève, cette sollicitude excessive qu'on lui marque de toutes parts et qui masque mal l'angoisse et la violence dont elle procède, sont autant de manifestations d'un désir de le réduire au silence, de l'écraser et de l'adapter, du mieux possible, au modèle social dans lequel il évolue. Qu'on ne s'y trompe pas ! Si on prétend qu'il doit être comme ceci ou comme cela, qu'il doit absolument faire ceci ou cela, ce n'est pas pour lui restaurer sa dignité et le remettre à la place qui est la sienne. C'est pour le mettre en échec et pour qu'advienne enfin l'uniformisation souhaitée, elle-même destinée à faire en sorte que nul ne puisse accéder un jour à sa propre condition et développer ses potentialités singulières.

Combien de fois, et devant combien de publics étonnés, n'ai-je pas eu à reprendre, dans leur matérialité, ces recettes, ces définitions et ces attentes auxquelles il est fait tant de publicité, pour montrer l'obscène hypocrisie de ce qui n'est rien d'autre que la tentative outrancière de convertir à tout prix le père à la plus radicale maternisation. Qu'on n'aille cependant pas se méprendre sur le sens de mon propos. Je ne suis pas en train de professer que les diverses activités que j'ai énoncées lui soient interdites. Loin s'en faut ! Il a toute liberté de les ignorer et de s'y soustraire, de les promouvoir, de s'y adonner ou de les assumer, comme il a d'ailleurs cette même liberté pour toutes autres initiatives dont il viendrait à décider. Mais à la condition expresse qu'elles émanent de sa seule et unique volonté et qu'elles ne lui soient jamais, jamais, d'aucune façon, prescrites ou imposées par qui que ce soit. Car, dans ce cas-là, elles ne feraient que le disqualifier puisqu'elles le soumettraient à une injonction extérieure à sa personne et qu'elles le déposséderaient alors de sa capacité première et fondamentale de décision et d'initiative. Il faut, en un mot et sous peine d'en user les effets, être économe jusqu'à la parcimonie de l'usage du père et du recours direct à lui !

Celui de Gwenael ne s'inscrit en tout cas, lui, dans aucun des cadres qu'on croit devoir le définir et je continue pourtant de le prétendre avoir été d'une excellente qualité. Au nom de quoi et en quoi son exemple peut-il renseigner sur ce qui fait un père ?

Au nom de ce qu'on peut lire clairement et très précisément dans le récit que sa femme fait de leur histoire commune et en particulier de la sienne propre. Le premier constat qu'on y fait, c'est qu'elle a d'abord commencé par bénéficier d'un père de qualité. Et ce n'est pas sans importance puisqu'on peut en déduire que c'est grâce au père qu'elle a eu qu'elle a réussi à fabriquer celui, de la même eau, qu'elle a offert à ses enfants. Elle sera passée sans la moindre difficulté d'une médiation à une autre, d'une médiation qui l'a protégée à une autre destinée à protéger ses enfants. Elle aura en quelque sorte vogué d'un père à l'autre.

Or, il n'y a pas de meilleure condition que celle-là pour FAIRE un père.

Il en est toujours ainsi. Et on peut dire que c'est parce qu'elle a pu repérer l'importance pour elle du père qu'elle a eu, qu'une fille, quand elle devient mère, peut concevoir l'importance de celui qu'elle veut offrir à ses enfants et qu'elle s'évertuera à fabriquer, à construire, à mettre en place en artisan consciencieux. Non pas en exigeant de lui la satisfaction de certaines conditions artificielles, mais en se liant à lui, et mieux encore en s'aliénant à lui, par des liens directs au sein desquels la relation sexuelle occupe le tout premier plan. Si cette formulation peut paraître brutale ou restrictive, je veux bien la tempérer en disant qu'on ne peut pas mieux définir un père qu'en le reconnaissant comme celui dont la mère des enfants est amoureuse et, mieux encore, sans cesse amoureuse. Sachant les enjeux de cet amour, comme elle sait ce même amour au fondement de sa sécurité et de son identité, par essence, fragile et

chancelante. Il m'est arrivé maintes fois de le faire entendre
à des mères, obstinées à ne pas vouloir donner le nom de
son père à leur enfant, en leur disant que cet enfant avait
autant droit au nom de son père qu'elles s'estimaient avoir
le droit au nom du leur.

Il y a bien eu de cela dans l'histoire du grand-père maternel de Gwenael – puisque c'est à lui qu'on remonte et qu'on
ne dispose d'aucun matériel pour monter plus haut dans
l'ascendance – même si ce qu'on peut dire se résume à ce
que sa fille en a elle-même dit. Il a, certes, été cet homme
âgé qui a accepté de convoler avec une femme à l'honneur
entaché et fonder une famille avec elle alors que la société
locale, ses parents y compris, avait obstinément voulu la
bannir. Qu'il ait été un homme « d'occasion » – comme on
le dirait d'une voiture – que sa femme n'a ni choisi ni aimé
spontanément, il n'a certainement pas manqué d'en être
rapidement investi. C'est en cela qu'il aura été fait père. La
meilleure preuve en est que son épouse lui a marqué sa
reconnaissance en lui donnant coup sur coup deux garçons
– deux héritiers de son nom. L'interposant efficacement
entre sa mère et elle, en se permettant au passage, grâce et
en hommage à lui, de signifier, le plus clairement possible,
à cette dernière son refus de la reproduire à l'identique.
C'est cela qui fait un père, et cela avant tout autre critère.
C'est en effet probablement la définition première et la définition la plus rigoureuse qu'on puisse donner de sa fonction : être celui qui parvient, avec le consentement préalable [1] qu'il en obtient, à séparer sa femme, la mère de ses

---

1. Ce bémol n'est pas sans importance. La clinique démontre en
effet que, sans ce consentement préalable, l'entreprise s'avère des plus
ardues. Ce qui ne veut pas dire qu'elle soit impossible à mener à bien.
Car il faut faire confiance à la réactivité de l'enfant pour produire les
symptômes qui dénonceraient cette viciation de l'harmonie et pour
conduire les parents à en débattre. Tout un pan de la pathologie pédiatrique l'illustre à la perfection – j'aurais pu dire : l'illustre à la père-
fection. Encore faut-il que les deux parents veuillent l'entendre de
cette oreille et ne prennent pas paresseusement la voie de la séparation
aujourd'hui si commode et si facile à obtenir.

enfants, de sa propre mère, c'est-à-dire la grand-mère maternelle de ces mêmes enfants.

Une telle conduite n'a, en tout cas, pas pu échapper aux enfants de ce premier couple. Elle aura constitué un exemple édifiant pour eux. Le père a incontestablement été perçu, dans son essence, comme un recours potentiel suffisamment probant pour mériter d'être investi et servir de modèle à la constitution d'autres, en même place, à la génération suivante. Ce qui n'a rien d'étonnant tant il est vrai que, c'est pour avoir perçu l'importance que son père avait pour sa mère, qu'une fille saura, comme il a déjà été dit, donner sa place au père des siens, tout comme un garçon saura occuper la place qui lui échoit et tenir une parole tranquille et consistante face à la mère de ses enfants. C'est cela qu'on appelle des effets d'histoire. Laquelle ne se résume pas, bien entendu, à la pitoyable tranche de vie à laquelle nos contemporains s'efforcent de la restreindre, mais inclut tout ce qui vient ou qui est venu des générations antérieures. Avec, à chaque passage générationnel, la fragilité de la transmission d'une harmonie possible ou la constante aggravation des distorsions qui ont eu cours. Au point que ce qui peut s'y reconnaître, avec une régularité confondante, c'est l'importance que revêt toujours, non pas seulement l'état de santé d'un couple parental, mais, à l'intérieur de ce couple, l'attitude d'une mère face à un père.

La place du père [1], c'est donc, encore et toujours, d'une disposition maternelle qu'elle dépend et qu'elle découle. C'est, autrement dit, encore et toujours, une histoire de femmes. Une histoire de règlements de comptes entre femmes. Une histoire de place à occuper au milieu de femmes. Manière de dire que ce qui fait – ou ne fait pas – un père c'est la femme qu'il s'est choisie avec ce qui se rattache de femmes sur elle et à elle.

Pourquoi ? Pourquoi cette radicalité qu'il est si difficile

---

1. Pour de plus amples précisions sur cette question, on peut se reporter à *Une place pour le père*, *op. cit.*

de faire admettre et qui est généralement refusée par les hommes comme par les femmes. Au motif, pour les premiers, qu'elle les mettrait dans un rôle second sinon inférieur, et pour les secondes, qu'elle accroîtrait de façon intolérable une responsabilité qu'elles ne veulent pas voir en face et qui les contraindrait, en les faisant renoncer à la mainmise sur leurs enfants, à affronter leur statut de mortelle ?

Pourquoi, donc, cette radicalité ?

Parce qu'elle repose sur ce qui se passe au tout début de la vie de chacun, fille ou garçon et plus tard femme ou homme. Et à cette histoire de toute-puissance maternelle à laquelle on comprendra, peut-être maintenant, pourquoi j'ai tenu à consacrer une part si importante de cet ouvrage. Cette toute-puissance ne découle pas plus – je le répète pour le cas où on l'aurait oublié – d'une disposition singulière que d'un éventuel arbitraire de la mère. Elle échoit tout simplement à cette dernière, qu'elle le veuille ou ne le veuille pas et quoi qu'elle fasse ou ne fasse pas. Elle ne procède d'aucun vouloir ni d'aucune intention. Elle est directement issue de la relation biologique. Ce qui explique que le père y soit totalement et toujours étranger – quoi qu'il fasse ou veuille faire, quoi qu'on fasse ou veuille faire, n'en déplaise aux tenants des aménagements précoces de ce lien, j'en témoigne depuis ma propre et longue observation. L'enfant, qui ne peut s'y soustraire, erre très tôt, à son endroit, entre la fascination et l'effroi. À quelques mois à peine, il en arrive à intégrer que sa survie dépend du bon vouloir de cette mère, laquelle a toute latitude de ne pas se porter à son secours et de le laisser mourir ni plus ni moins. Cette perception confuse, brumeuse et à peine ébauchée, des choses va, de façon subtile et très progressive, le conduire à devoir trouver une parade. Et il finit par la trouver le jour où il parvient à repérer, dans l'environnement familial, l'existence d'un individu qui, non seulement se substitue, parfois et avec un certain succès, à la mère, mais semble ne pas être impressionné ou menacé par sa fameuse toute-puissance. Il en fera le contrepoids qui lui permettra de relativiser ses craintes, sans prendre garde qu'il tombe dans un piège pire encore. Car quelle effrayante surpuissance doit être celle qui se permet de s'opposer avec tant de succès à la terrifiante et fameuse toute-puissance. Toute la thématique, déjà signalée, de nombre de films prisés par les enfants, les Superman, Batman et autres Spiderman, ne joue que de cette dialectique : il y a un méchant très méchant et un plus fort encore qui, au prix d'une lutte angoissante, finit toujours par le terrasser.

Le résultat en est qu'une scission se produit peu à peu entre l'effroi et la fascination. Cette dernière s'apure et se renforce en conservant son objet premier, alors que l'effroi change de lieu d'origine et se déplace sur ce nouveau personnage soudain crédité de tous les empêchements de la mère. Une forme de cohérence minimale se met néanmoins en place. La mère est clairement reconnue comme celle qui satisfait tous les besoins sur-le-champ et qui dit, sans rechigner, « oui » à tout. Alors que le personnage nouveau est décrété – comme il ne cessera plus de l'être – comme à l'origine de tous les « non » parmi lesquels se comptent les ruptures de la relation exclusive et de tous les délicieux et si fructueux tête-à-tête. La fascination rencontrera alors à nouveau l'effroi, induisant son retour à elle, lequel retour rencontrera à nouveau l'effroi... etc. On sait la suite que connaîtra ce mouvement de spirale et la manière dont le tourbillon s'arrête ou ne s'arrête pas un jour. C'est ainsi que se constitue, de fait, pour l'enfant l'embryon de la fonction paternelle. Comme une forme d'interposition, à la fois adjuvante et effrayante, qui peut, soit prospérer et prendre sa conformation ultérieure, soit avorter pitoyablement et soumettre l'enfant aux affres de sa carence.

C'est là, en ce point et pas ailleurs que cela devient une affaire de femmes. Et ce n'est pas pour rien que j'ai utilisé, pour rendre compte du processus, de cette métaphore de la grossesse. Celle qui a été la gestante de l'enfant devient, en quelque sorte, la gestante du père de cet enfant. À ceci près que si la gestation de l'enfant fait intervenir des mécanismes biologiques et des effets de corps, la gestation du père, même quand elle fait intervenir les corps, le fait toujours en rapport étroit avec l'inconscient. Pour que la mère

puisse traduire et désigner la place du père à son enfant, il
faut qu'elle ait pu la repérer elle-même dans sa propre histoire. C'est, autrement dit, quelque chose qui échappe à tout
contrôle et qui ne se traduit que par ses effets, des effets
d'histoire, comme il a déjà été dit, et particulièrement
d'histoire de femmes.

En théorie donc, et de manière schématique, tout cela
n'a rien de sorcier et ne présente pas de grande difficulté.
Il suffit à une femme de se trouver un homme qui lui rappelle, peu ou prou et plus ou moins clairement, sa mère –
l'inconscient se débrouille toujours, au sein des rencontres,
à sélectionner le candidat – et de répliquer sur lui la violence de l'amour qu'elle a jadis entretenu et auquel, grâce
à l'investissement opéré sur son père, elle a pu renoncer.
Elle rencontrera son corps dans une dimension de découverte et elle obtiendra de lui ce qu'elle a toujours eu envie
d'avoir et qui lui permet d'asseoir enfin sans confusion son
identité. Il suffit à un homme de se trouver un femme qui
lui rappelle, peu ou prou et plus ou moins clairement, sa
mère – ... – et de répliquer sur elle la violence de l'amour
qu'il a jadis entretenu et auquel, en raison de la présence
de son père, il a dû renoncer. Il rencontrera son corps dans
une dimension de retrouvailles [1] et il pourra lui donner,
parce qu'elle lui est permise, cet organe qui assoit son identité, qui l'a plus ou moins encombré mais qu'il a toujours
eu peur de perdre le sachant comme ce qui l'a toujours

_____

1. J'ai déjà évoqué plus haut ces dimensions de retrouvailles et de
découverte. Je les reprends ici dans une optique plus syncrétique. Celle
de retrouvailles implique qu'une femme dont il rencontre le corps, fût-
elle la énième dans sa vie, a toujours pour un homme rang de seconde.
Celle de découverte impliquant qu'un homme dont elle rencontre le
corps, fût-il le énième dans sa vie, a toujours pour une femme rang
de premier. Cela ne procède ni d'un état d'esprit ni d'une quelconque
approche idéologique des rapports mais découle du commerce que
l'un et l'autre ont eu au corps de leurs mères respectives et à la trace
qu'ils en ont gardée. Pour plus de détails et de plus amples commentaires sur les implications insoupçonnables de ces notions on peut se
reporter au chapitre « De l'enfant au couple » in Parier sur l'enfant,
op. cit.

maintenu à distance de la confusion. Mû par une logique comportementale qui met, à l'épicentre de sa vie et jusqu'à sa mort, le goût prononcé et l'intérêt exclusif qu'il a pour l'acte sexuel [1] – il suffit, pour le vérifier, de relever la véritable nature de l'intérêt que les hommes portent aux femmes, lesquelles le savent bien évidemment tout comme elles savent faire ce qu'il faut pour le susciter –, c'est par le service, éventuellement apprécié, de cet acte et de tout ce qui l'entoure et peut y conduire, qu'il parviendra à s'attacher suffisamment sa compagne pour en faire au premier chef sa femme. La distrayant, ce faisant, de la trop grande préoccupation qu'elle pourrait avoir de leur enfant commun, il accomplira on ne peut mieux le travail d'interposition attendu de lui.

Et c'est à partir de là que généralement tout déraille. Et le pire c'est que, lorsqu'on constate que les choses ne vont pas, on croit pouvoir les arranger en les rabattant sur le modèle théorique et en les faisant transiter par une imbécile réalité.

Si, en effet, une mère est engoncée dans la sienne au point de revivre le rapprochement, naturel, inévitable et universel, qu'elle opère à sa propre mère comme un retour ravi à la dépendance qu'elle avait à cette dernière, c'est, au mieux, un simple avortement du père en gestation qui interviendra et, au pire, l'installation de l'opportune grand-mère en position de père avec les conséquences dramatiques qui en découleront nécessairement. Nous retrouvons, par ce biais, le cri excédé de mes confrères pédiatres se demandant s'il ne faut pas « tuer les grand-mères ». Mais nous retrouvons aussi l'inanité de la proposition. Car la mort, en ce domaine, n'a jamais rien résolu et ne résout, loin s'en faut, jamais rien. Puisque ce qui intervient n'est pas de l'ordre de la réalité ou de l'image mais seulement de l'ordre de liens symboliques qui n'ont rien à voir avec la vie et la mort et qui sont bien plus difficiles à manier que tout le

---

1. Logique que j'ai appelée logique du coït, en opposition à la logique féminine de la grossesse. Voir *De l'inceste, op. cit.*

reste. D'autant que les mères habitées par le fantôme de leur mère morte, parfois depuis longtemps, sont légion.

Mais que peut bien vouloir dire que la grand-mère maternelle puisse être mise en position de père ? La proposition peut paraître à première vue suffisamment farfelue pour discréditer l'ensemble de cette partie de l'exposé, sinon l'exposé tout entier. Pour la comprendre, il ne faut pas perdre de vue qu'on parle de la fonction paternelle du père et pas de sa fonction génitrice, en tant qu'il a été l'auteur de la conception, ou de sa fonction sociale, en tant qu'il a reconnu l'enfant comme le sien. Ces trois fonctions désignent toutes communément le père, sans jamais être clairement distinguées, alors qu'elles peuvent être exercées par trois personnages différents, voire plus encore. La fonction paternelle du père c'est celle qui a été décrite à l'état embryonnaire et qui met en place une forme de hiérarchie clairement repérable dans le trio. C'est une fonction qu'on pourrait dire de référence, en tant qu'elle habiterait la mère, qu'elle s'imposerait à elle de toutes les sortes de manières, et qu'elle protégerait l'enfant en lui permettant de relativiser la toute-puissance et de se débarrasser de la terreur qu'il en avait conçue. C'est en cela que la grand-mère peut être mise par sa fille en position de père. Elle aussi, et plus facilement encore, peut mettre en échec la toute-puissance de sa fille. Il suffit, pour cela – et le cas de figure est encore plus fréquent qu'on ne l'imagine ! – que ladite fille ne puisse penser son enfant qu'en référence à sa mère et être soucieuse, en toute chose, de son approbation ou de sa désapprobation. Quand on sait – et j'en ai suffisamment parlé – avec quel empressement les grand-mères maternelles répondent, quand elles ne l'induisent pas, à la demande à peine ébauchée de leurs filles, on conçoit que l'occurrence est loin d'être rare.

C'est aussi pour cela que j'ai dit qu'il pouvait y avoir plus de trois personnages paternels pour l'enfant. Car, à l'inverse de la fonction maternelle qui précipite toujours sur le corps identifiable d'une mère – à la fois génitrice et mère sociale –, la fonction paternelle a pour propriété d'être atomisable et de pouvoir être exercée simultanément ou tour à tour par quantité d'instances ou de personnes. Il existe en effet, pour des mères comme pour des enfants, des pères symboliques éloignés, parfois multiples et toujours parfaitement chastes – cette dernière précision pour faire un clin d'œil à l'importance que j'ai donnée à la relation horizontale. Mais les propriétés de ces instances ou de ces personnes dérivent toutes, sans en atteindre l'importance, de celle qui est éventuellement accordée au partenaire sexuel investi. Dans la mesure où c'est dans la relation qu'elle noue à eux que la mère récupère un brin de son identité propre. C'est parce qu'elle tient, elle, à l'estime de tel personnage ou qu'elle avalise, elle, la décision de telle instance, qu'elle se sent un peu plus et un peu plus sûrement elle-même. Cela la met en face de responsabilités qu'elle sait être les siennes, dont elle assume personnellement les conséquences et par lesquelles elle parvient à se définir toujours un peu mieux et un peu plus. Ce qui explique, soit dit au passage, l'investissement qu'elle opère dans son travail même quand elle n'en a pas besoin pour vivre. C'est, quel qu'il soit, une chose qu'elle accomplit, qui mobilise sa créativité et dans laquelle elle déploie des facultés qui lui sont propres, des dispositions qu'elle sait être les siennes et inaliénables.

On comprend encore mieux, à partir de là, que la place du père ne puisse être qu'une histoire de femmes. Puisque sa fonction ne lui échoit que si elle lui est concédée par la mère de l'enfant, et que cette dernière garde, sa vie durant, la faculté sinon le pouvoir d'annuler à son seul gré cette concession. Concession d'ailleurs si importante qu'elle est capable, comme cela se passe parfois – et devrait toujours se passer – dans les familles recomposées [1], de conférer, au plus grand bénéfice de l'enfant, la fonction paternelle à un autre homme – aimé, celui-là, de la mère – que le géniteur.

On se trouve donc dans un champ clos au sein duquel les protagonistes s'affrontent avec des armes qu'ils ont longuement fourbies ou qu'on leur a fournies, à moins qu'on ne

---

1. Voir *Recomposer une famille...*, *op. cit.*

soit allé jusqu'à les aider à les tenir. Il peut ne pas y avoir de combat ; et ce sera parce que la fonction paternelle embryonnaire n'aura pas avorté et se sera mise en place grâce à des dispositions maternelles impulsées par des conditions de nature historique plus ou moins bien ancrées. Mais quand le combat ne peut pas ne pas avoir lieu, on veut qu'il se déroule avec une certaine civilité, tout au moins dans les formes. Car le corps social, soucieux de paix et de discrétion, tient tout ce monde-là jalousement à l'œil. Et ce n'est bien sûr pas sans effet. On n'en est plus à l'époque de l'homme des cavernes qui ne se souciait pas des apparences et qui étendait son pouvoir au nom d'une force qu'on le savait pouvoir mettre en œuvre et de la terreur que cette seule perspective mettait en place.

Aujourd'hui et sous nos climats, tout doit se faire et ne peut se faire, qu'avec un minimum de manières. Qui aurait l'impudence de jeter la moindre suspicion sur des liens gluants de l'amour qui circule et, en particulier de celui qui ne peut circuler, entre une femme et un homme, que parce qu'il s'est modélisé sur celui qui a existé et qui a circulé, pur de toute scorie, entre les protagonistes et leurs mères respectives ? Voilà les attendus. Et voilà le beau fantasme, celui qu'on entretient qu'on ne cesse pas de peaufiner et qui brouille singulièrement les cartes ! Et la magnifique super-cherie qui y est accolée ! Non pas en raison du préalable et de la modélisation qu'il fait intervenir. Ça, ce n'est pas un fantasme, c'est une vérité qui fonde tout. Le fantasme assorti de sa supercherie c'est celui qui entretient l'idée de la pureté de l'amour. Quand on pense combien il est magni-fié, choyé et monté en épingle, on comprend qu'on est encore à des années-lumière de la possibilité pour chacun de regarder sans ciller les choses en face. Et il suffit de revenir aux longues explications de la première partie de l'ouvrage pour constater que cette supercherie aliène bien plus sûrement les femmes que les hommes. Elle interdit en effet aux premières la moindre prise de conscience de la violence qu'elles ont subie depuis toujours en les renvoyant sans cesse, au lieu de le démystifier, au sentiment de tra-hison dans lequel les a plongées l'inévitable et salutaire conversion de leur premier amour. Elle traite à peine moins mal les seconds à qui elle laisse croire qu'ils pourraient, eux, n'avoir pas à mettre en question la dimension de retrouvailles – du corps de leur mère – qui nimbe toujours leur accès au corps d'une femme. On sait ce que cela donne. Don Juan ! Vivent tous les Don Juan ! Une de perdue, dix de retrouvées ! Les refrains du credo sont connus et tristement célèbres.

Et voilà l'autre versant du casse-tête. Car si la fonction paternelle du père est augurée par une disposition incontournable de la mère à son endroit, elle ne peut être revêtue par lui qu'à la condition expresse qu'il accepte de l'assumer en toute conscience. Qu'il n'ait pas de honte avant toute chose de se savoir plus sensible à l'attrait de sa femme qu'à celui de leurs enfants et à vivre la relation à eux, avec l'émotion incontestable qu'il en conçoit, comme n'ayant pas à se référer à quelque norme que ce soit. C'est cela qui, avant toute autre considération, lui permettra d'occuper fermement sa place, de ne pas la déserter et d'être le lieu d'origine de tous les non ainsi que de l'effroi inévitable de son enfant avec tout ce qui en découle. La chose n'est pas plus simple à envisager qu'à vivre. Il suffit, pour en mesurer la complexité, de se reporter à la combinatoire des couples en fonction de la structure respective des protagonistes, telle que je l'ai ébauchée plus haut. On comprendra que l'entreprise peut en terroriser plus d'un et laisser vide la place qu'il aurait dû occuper.

Combien de pères, intoxiqués par exemple par les mots d'ordre ambiants, ne disent-ils pas ouvertement leurs hésitations et la crainte qu'ils ont de se voir plus tard accablés de reproches par leurs enfants. Quand je les entends me tenir ce genre de propos, je prends toujours le soin de leur expliquer qu'ils perdent leur temps, puisque quoi qu'ils fassent, en raison même de la façon dont leur fonction aura été perçue dans le premier âge par leur enfant, ils seront toujours l'objet de reproches et le point où se focaliseront tous les ressentiments de leur entourage, que ce soient ceux de leurs enfants, ceux de leur belle-mère ou ceux de la mère de leurs enfants qui parvient rarement à leur concéder le droit de sentir les choses autrement qu'elle ne les sent. Je leur dis, et ça les soulage, que la séduction est la pire des conduites à envisager et qu'il n'ont pas à tenter de revêtir telle ou telle autre conduite puisqu'il n'y a de père, selon l'expression d'un de mes confrères, que père de pacotille.

Ce qui explique la quantité de problèmes dont la fonction paternelle demande une solution qui n'est jamais simple à trouver ou à obtenir. Je n'en ferai pas le détail parce que je l'ai abondamment fait ailleurs [1]. Je rappellerai seulement que ce n'est pas simple pour un père de se retrouver dans la position qui a été celle du sien propre et de reconnaître n'avoir pas toujours compris la finalité des affrontements qu'il a pu connaître avec lui. Mais quand cela se produit, c'est un monde relationnel nouveau qui s'ouvre alors à chacun des deux hommes. Cela facilite singulièrement la prise de distance à l'endroit d'une mère qui ne semble plus devoir être singée en commandant une attitude de mère-bis [2] destinée à disputer, en son nom, sa place à la mère de son enfant. Si on admet que la persistance d'une telle problématique, chez un homme, résulte en général d'un trop grand investissement de sa propre mère à son endroit, on trouve dans la personne de la grand-mère paternelle une recrue de plus pour expliquer le pluriel dont j'ai affecté le mot « femmes » quand je disais que tout cela était une question de femmes. Il y en a, si on compte bien, trois au moins qui interviennent dans ce problème, et chacune avec la légitimité et la pureté alléguée de ses bons sentiments. Au moindre mouvement de revendication ou de révolte qu'un homme peut marquer à propos des conditions qui lui sont faites par l'une ou l'autre, il rencontrera la désapprobation unanime de cet entourage agrippé à ses convictions et à une jouissance terriblement difficile à faire reconnaître à défaut de pouvoir être désamorcée.

---

1. Voir *Une place pour le père*, *op. cit.*, ainsi que *Le Couple et l'enfant*, *op. cit.*

2. Ce mot est rentré dans le langage courant. Et j'en suis d'autant plus heureux que je l'ai introduit pour la première fois en 1985 dans *Une place pour le père*, *op. cit.*

Je ne m'attarderai pas, ici, sur le consensus d'un champ social définitivement acquis à l'effet-mère (et à l'éphémère !). Je l'ai déjà fait ailleurs et j'en ai démonté les mécanismes [1]. Je ne m'acharnerai pas non plus à démontrer qu'il ne peut y avoir de père que soutenu par un environnement, à défaut d'un champ social qui l'a depuis longtemps et sans regret, sacrifié sur l'autel de la finance et de l'obsédante dictature économique. L'éphémère et la société de consommation ne peuvent pas en effet s'accommoder d'un personnage dont l'existence, à elle seule, a la faculté de structurer et de déniaiser sa descendance. C'est trop tard et beaucoup trop compromis pour qu'on puisse espérer un quelconque retour à la raison. Je voudrais seulement, avant de clore le sujet, épuiser les combinatoires relationnelles et articuler cette question du père et des femmes à son possible contraire. On pourrait en effet soutenir que la place du père, puisqu'elle apparaît comme une question de femmes, c'est aussi, et ce devrait être, une question d'hommes. Et, tout comme on a démonté précédemment le premier pluriel, on pourrait évoquer ici les grands-pères maternels et paternels, ainsi que le père lui-même. Après tout les deux parents de Gwenael – et c'est peut-être ce qui fait le plus grand intérêt du cas ! – ont bénéficié de pères d'une qualité certaine. Cela n'a hélas pas permis pour autant à leur descendance d'y trouver la sécurité qu'on se serait cru en droit de postuler.

Pour quelle raison ?

Parce que cette famille a évolué dans un environnement qui n'avait rien à faire de sa manière propre de voir le monde. Un univers rural et traditionnel d'une part, migrant de fraîche date, d'autre part, l'un et l'autre éloignés de la précipitation, de l'anonymat et de la cruauté de l'univers mégacitadin. Son histoire a par ailleurs connu beaucoup trop de morts et d'accidents pour avoir pu ne pas être affectée dans son cours et pour que l'organisation des rapports interindividuels n'en ait pas souffert. Il va de soi, bien

---

1. Voir *Parier sur l'enfant, op. cit.*

entendu, que ces morts et ces accidents rentrent eux-mêmes dans une certaine logique de la succession des événements et relèvent, à cet égard, du cours de cette même histoire. On ne peut donc pas en faire à la fois des causes et des conséquences. Et, pourtant ! Il n'est pas certain que l'accumulation des catastrophes, qui se présentent à l'horizon d'une conjoncture, ne puisse jamais être limitée. Sans quoi ce serait à désespérer de la moindre notion de solidarité. Or, c'est là qu'apparaît, on ne peut mieux, l'incontournable nécessité d'un sérieux investissement, et d'un encadrement à sa hauteur, de la cellule familiale par le champ social. Car, sans le soutien de ce dernier, les protagonistes, au moindre accroc de leur parcours, se trouvent livrés à eux-mêmes et à la violence incontrôlable de leurs pulsions, fracturant leur entente au point exact de sa fragilité, c'est-à-dire cassant le couple et éjectant le père de sa place. Et si je désigne ce dernier comme l'élément fragile du système c'est parce qu'il ne peut jamais, à lui tout seul, quelle que soit sa stature faire le poids face à la nature animale du lien mère-enfant. Or, quand les limites sont franchies et que le conflit éclate, les comptes, longtemps embusqués dans le fin fond de l'inconscient des protagonistes, font violemment surface et entreprennent alors de se régler sans la moindre complaisance.

D'autant que s'y mêle la trace paralysante et ineffaçable laissée par le biologique, laquelle met en porte-à-faux le père comme la mère, dans les difficultés qu'ils tentent de résoudre. Surtout quand le père de l'un des deux vient à disparaître et qu'il laisse sa veuve, reprendre seule le devant de la scène et exercer à nouveau tout pouvoir, y compris en son nom. Le grand-père maternel de Gwenael est mort au tout début de la grossesse qui a abouti à la naissance de ce dernier. Que s'est-il passé entre sa femme et sa fille, dans les têtes de sa femme et de sa fille, tout le temps que cette dernière s'est employée à lui prodiguer les ultimes soins ? Qu'est-ce qui a pu être vécu ou pris pour un défi et brutalement réactiver la vieille thématique de la trahison ? On ne dispose d'aucun matériel pour le savoir. On peut seulement émettre l'hypothèse que cela n'a pas été indifférent et que le suspens du quitus qui était toujours en attente y a peut-être trouvé, si tant est qu'il en avait encore besoin, un bout de justification.

Et puis, à côté de tout cela, à côté de l'idéologie ambiante dont j'ai dit tout le mal que je pouvais, il y a l'environnement immédiat comme les rencontres qui s'y font et qui orientent, en raison du pouvoir dont parfois elles disposent, les choses vers une direction ou une autre. La mienne avec cette mère en fait partie intégrante.

Quand elle s'est produite, elle était, elle, encore placée à la meilleure enseigne qui pût être. Le temps qui a passé lui aura laissé croire que son objectif avait été atteint et qu'elle n'aurait plus jamais à se préoccuper de l'ordre d'une mission enfin accomplie. Elle a imaginé – comme chacun le fait au demeurant – qu'on peut tirer un trait définitif sous les exigences d'une histoire, laquelle ne s'achève jamais et ne cesse pas de réclamer l'apurement de comptes par principe toujours déficitaires. Elle ne sait pas, en tout cas pas assez alors, que c'est la hiérarchie qu'elle a instaurée, en étant plus épouse que mère, qui fonde sa sécurité et celle de sa famille. Elle n'en prendra réellement acte que lorsqu'elle la verra s'inverser sous les coups de boutoir d'une réalité qu'elle n'a pas rechigné à affronter et qu'elle a tenté de gérer comme elle le pouvait. Elle m'a alors signalé le fait, attendant peut-être que je l'aide à le comprendre à défaut de le lui faire surmonter. J'ai dit de quelle manière mon incompétence l'a figée dans l'état qu'elle déplorait.

Mais s'agissait-il, de ma part, seulement d'incompétence ?

Même si l'argument est des plus faciles à plaider, il serait regrettable, qu'à cette distance des faits, alors que j'entreprends d'instruire sans concession mon propre procès, je continue de l'évoquer et d'en rester encore dupe. D'autant que c'est peut-être en ce point plus qu'en tout autre que la culpabilité que j'ai si souvent évoquée prend son origine.

Je ne me suis pas fait faute, en effet, dans tout ce qui a précédé, de monter en épingle les résultats, incroyables et stupéfiants, qu'avait produits sur son fils la qualité de son maternage. J'ai également insisté sur les encouragements que je n'ai pas cessé de lui prodiguer pour la soutenir et l'engager à exploiter ses précieuses dispositions. Et je n'ai pas non plus manqué de fournir à ma conduite toutes les explications et tous les alibis dont ma compétence professionnelle m'autorisait à faire état. Mais je ne me suis jamais, de fait, encore interrogé sur la manière dont je plaquais, à mon insu, sur la situation que je vivais, les déterminants de la mienne propre. Car, comme le fait chacun, ce n'est pas autrement qu'à partir de mon expérience personnelle que j'ai témoigné – comme, au demeurant, je continue de le faire – de l'importance du pouvoir des mères et de la nécessité qu'elles ont à l'exercer sans la moindre réticence sur leurs enfants. Si bien que chacune de mes paroles devait être lestée de ce que je savais moi-même devoir au dévouement sans borne de ma propre mère. Or, à encourager celle-là comme je l'ai fait, ne l'ai-je pas incitée à n'avoir comme horizon que cet enfant, et lui seul ? Et n'ai-je pas profité de la situation pour me fondre à mon insu à cet enfant ? Ne me suis-je pas mis dans une bien douteuse position de jouissance à constater les progrès qu'il accomplissait ? Si je pouvais les affirmer depuis une position à pseudo-garantie objective, n'étais-je pas autorisé à les mettre au compte des bienfaits que j'avais repérés et à me couler, en retour, dans la relation merveilleuse que j'avais toujours eue, et que je conservais, à ma mère ? N'étais-je pas autorisé à assumer sans remords cette relation et à lui trouver toutes les justifications possibles ? Et avais-je seulement à tenter de l'interroger, moi qui étais issu d'une culture où ce genre d'exercice reste toujours permis tant la position du père est inexpugnable, pour savoir ce qu'elle impliquait et de quelle manière elle pouvait conditionner ma vie ? J'aurais, autrement dit, encouragé, sans le vouloir, la mère de Gwenael à n'avoir qu'elle-même pour référence ! Je peux toujours dire que c'était peut-être ce qu'elle recherchait et que je n'ai rien fait d'autre que d'aller dans son sens, chacun fournissant à l'autre, en parfaits complices, son compte d'un dérisoire bonheur. Ce ne sera jamais qu'une piètre consolation.

Car, si nous nous sommes à ce point accordés pour nous vautrer, elle et moi, dans tout ce qui portait l'estampille de mère et à en entonner sans réserve les louanges, je ne l'ai pas moins renvoyée à la mère qu'elle était avec autant de force qu'elle m'a renvoyé à la mienne. Sans prendre garde que, ce faisant, je la poussais sur la pente qu'elle était déjà prête à prendre et que je la renvoyais non moins violemment à sa propre mère et à la relation à elle qu'elle n'avait jamais tout à fait liquidée – si tant est qu'une telle relation puisse, par quiconque, l'être un jour.

Moyennant quoi, lorsqu'elle entreprend de me décrire sa situation du moment et de me signaler la nostalgie qu'elle a de la précédente, je me sens tellement impliqué dans sa mutation, que je fuis son interrogation et que je la réduis au silence. Même si, paradoxalement, j'ai rempli mes devoirs de médecin au-delà de ce qui m'était demandé, je ne peux pas ne pas relever qu'ils sont intervenus dans l'économie de la situation d'ensemble et qu'ils en ont sensiblement obéré l'évolution. Accablé par l'état de Gwenael, je me suis précipité sur les progrès dont elle me faisait état, me souciant seulement de les favoriser en encourageant ses dispositions sans jamais me préoccuper du reste de son univers affectif. Aurait-il fallu que je considère par avance cet enfant comme définitivement condamné à son état végétatif et que j'axe tout mon travail sur la reconstruction et la consolidation de son couple parental ? C'est une véritable question. Mais, à y répondre par l'affirmative, je ne me serais pas moins trouvé dans une position encore médicale, dans la position d'un praticien recevant une demande et y répondant de façon adéquate sans se poser d'autre question, en particulier sur la pertinence et la signification de cette demande. Une position imprudente et tellement travaillée par une libido thérapeutique, autrement dit par un violent désir de guérir, qu'il lui importe peu que la satisfaction de ce désir puisse détruire, au passage, quantité d'autres choses. Ce n'est que de ma position actuelle, maintenant que tout a été consommé, que je peux tenir ce type de discours et revenir à un débat que je ne pousserai cependant pas plus loin [1].

---

1. Parce que, entre autres raisons, je l'ai déjà fait dans *L'Enfant porté*, Paris, Seuil, 1982.

Or, que voulait-elle me dire, sinon qu'à être redevenue exclusivement mère, elle avait sacrifié l'horizontal de sa relation, évacué de sa psyché le père de ses enfants et s'était trouvée reprise, son père mort, dans la course sans fin vers l'approbation de sa mère. Toutes choses insupportables dont elle percevait la dangerosité sans savoir qu'elles la mèneraient à l'irréparable.

Elle est morte en effet. Toute jeune. Au terme de ce qu'on appelle, pudiquement aujourd'hui, une longue maladie. Après avoir eu à assumer, et à faire assumer à son entourage, la mort de Raoul qui avait compris la nature du mal qui la rongeait. Il est des êtres, elle en faisait partie, Raoul aussi, qui ne conçoivent l'amour que comme un don de soi qui ne connaît aucune limite, et qui acceptent de donner jusqu'à leur vie pour la survie de ceux qu'ils aiment. Raoul aura sans doute donné la sienne pour elle – j'ai essayé de dire pour quelle raison. Et, elle, l'aura-t-elle fait pour Gwenaël, dont elle aurait compris le sort scellé à jamais, ou pour sa mère ? Même si je n'ai pas cessé de la fréquenter, et de revivre avec elle, ces derniers mois, toute notre histoire commune, je suis incapable d'en décider.

Son calvaire semble avoir commencé quand, un jour, le voile s'est déchiré pour elle dans le métro. Un brave homme, croyant bien faire, s'était adressé à Gwenaël en « le traitant de fainéant », lui « si grand » et qui continuait à se « faire encore porter dans les bras de » sa « maman pourtant si petite ». Elle est venue me dire ça, triste comme je ne l'avais jamais vue. Elle a ajouté : « Je sens qu'il ne pourra jamais être comme les autres enfants. Il sera toujours refusé par la société. Les gens sont méchants. Je n'ai rien voulu lui répondre à ce monsieur. Je n'ai pas voulu lui expliquer. Je ne veux pas de la pitié des gens... » Pour la première fois, depuis que je la connaissais, je l'ai vue pleurer. Je ne suis pas parvenu à la consoler et encore moins à lui rendre son humeur habituelle.

Dans les semaines, ou peut-être les mois, qui ont suivi, elle m'a abordé chez une voisine pour me dire, sur un ton presque badin, qu'elle avait une boule au sein droit et qu'elle était sûre que c'était un cancer. Je l'ai crue tout de suite, comme j'avais appris, quel qu'eût été son propos, à la croire sur-le-champ et sur parole. Je me suis senti très inquiet. Je l'ai vivement engagée à consulter en me disant qu'il n'y avait pas de temps perdu et que tous les espoirs étaient permis. Je l'ai revue la semaine suivante : « Le chirurgien m'a dit qu'il allait tâcher de me sauver le sein. Il a paru soufflé quand je lui ai demandé si, d'abord, il pensait pouvoir sauver le reste. Ils sont incroyables les médecins. Ils ne comprennent pas que j'ai besoin de tout savoir, que j'ai trop de dispositions à prendre pour me laisser bercer par de vains espoirs. »

Son temps va être alors partagé entre ses traitements et la recherche obstinée d'une solution d'avenir pour Gwenael. Ce qui la désespère plus que tout. Elle y dépense une énergie considérable. Comme si elle avait compris que le temps lui était compté. Elle me rend visite et elle s'insurge : « Il paraît qu'on ne peut pas chiffrer son QI, que son cas est déconcertant, qu'il n'entre pas dans les critères qui permettent de le diriger convenablement. La belle affaire ! Que sont des chiffres pour qu'on veuille y enfermer mon enfant ? Mon fils n'en a pas besoin. Pas plus qu'il n'a besoin d'être dressé. Tout ce qu'il lui faut, c'est de l'amour. » Et que pouvais-je dire, moi, devant autant d'évidences. Elle me parlait de cet amour dont elle était la plus parfaite experte que j'aie croisée. De cet amour qui donne la vie. De cet amour ô combien nécessaire à l'entretien de cette même vie. De cet amour à la certitude duquel on tient et après lequel on court, en n'étant jamais certain de l'avoir ou de pouvoir en jouir. De cet amour dont on sait l'existence parce qu'on en a perçu un jour la force, qu'on croit avoir définitivement perdu et dont on quête éperdument la moindre trace. De cet amour avec lequel, elle avait reconstruit, jour après jour, son enfant, et dont elle cherchait sans relâche à se prouver qu'elle avait tout fait pour le mériter et pour ne pas se sentir dans l'imposture à l'évoquer avec tant de grâce et de nostalgie.

Un moment après, elle s'est mise à me donner son point de vue sur sa maladie et elle a déploré qu'on n'ait pas voulu la nommer. Elle m'a dit être convaincue que c'était un cancer et elle m'a demandé si je pensais, moi, qu'elle était dans le vrai. Je lui ai répondu que je souhaitais que ce ne fût point cela. Jésuite jusqu'au bout ? J'ai surtout pensé devoir et pouvoir me rétracter derrière la ligne de conduite des confrères qui l'avaient prise en charge. Que pouvais-je lui dire de plus ? Et quel courage m'aurait-il fallu pour dire ce que je savais ? Que sa variété de cancer était des plus graves et du plus mauvais pronostic ? On faisait pour elle tout ce qui était possible à l'époque et je ne me sentais pas le droit de lui infliger, moi, la sentence de sa mort prochaine. J'ai eu, depuis, d'autres occasions de vivre des situations similaires. De ces situations sur lesquelles on a beaucoup écrit ces derniers temps, sans jamais assez dire combien elles sont insupportables. Parce que ce qu'on y rencontre de plus désespérant, c'est justement la butée de l'amour. C'est l'impossibilité, quelque amour qu'on puisse dire ou déployer, de faire tenir à cet amour la place de celui qui a été perdu parce que ce dernier semble n'avoir pas été satisfaisant au temps jadis où il s'est fabriqué.

J'ai néanmoins veillé à lui rendre visite, tous les jours, toutes les fois qu'elle était hospitalisée. C'était devenu une sorte de rituel dont nous sentions, tant il nous faisait de bien à l'un comme à l'autre, qu'il nous était indispensable.

Puis tout s'est mis à aller de plus en plus vite. Ses hospitalisations sont devenues de plus en plus fréquentes et de plus en plus longues. Je l'ai vue déchoir puis sombrer un jour dans une mutité de mauvais augure.

Un après-midi de son ultime hospitalisation, j'ai dû aller voir Gwenael soudainement saisi d'une violente fièvre. J'ai eu beaucoup de difficultés à l'examiner. Il ne cessait pas de s'agiter et de se débattre, mettant en échec toutes mes initiatives et tentant de me paralyser en m'encerclant de ses bras. J'ai mis du temps à comprendre ce qu'il cherchait. Mais quand je l'ai pris sur les genoux et que je l'ai laissé se blottir contre moi, il s'est calmé et il a peu à peu cessé de pleurer. C'est alors qu'il a levé vers moi son regard et qu'il s'est mis à hurler plusieurs fois de suite et de plus en plus fort : « Maman, maman, maman. » Après quoi, il est redevenu tout mou et il s'est laissé faire. J'ai pu constater, chose rare chez lui, qu'il avait une énorme angine pour laquelle j'ai délivré une ordonnance.

Le lendemain j'ai appris le décès de sa mère et j'ai relevé qu'il était survenu à l'heure exacte où il s'était mis à hurler son nom. Je me suis alors souvenu d'une autre scène qui m'avait frappé des mois auparavant. On venait d'apprendre la mort de Raoul et il avait fait cette fois-là aussi un impressionnant épisode fébrile pour lequel on m'avait appelé. À peine étais-je arrivé qu'il se précipitait vers moi, m'entraînait dans le salon, me montrait la place vide du fusil sur le mur et me hurlait : « Aou ! Aou ! pan ! pan ! pan ! pan ! Aou ! » Et l'imbécile petit médecin que j'étais, tout gonflé de ce qu'il croyait savoir, s'est surpris à se demander si les encéphalopathes eux aussi avaient un inconscient !

Et, voilà que, tant d'années après, je m'essaye à retrouver un sens à tout cela, croyant pouvoir produire dans l'après-coup, le travail qui n'avait pas été fait en son temps !

La bonne volonté peut-elle masquer à elle seule les coupables insuffisances ? Et est-ce le bon sens ou la bêtise que les humains ont le mieux en partage ?

Ces questions ne se posent-elles pas plus encore aujourd'hui qu'hier ? Jusqu'où irons-nous donc ?

Postface

Voilà.

C'est fait. C'est dit. Peut-être pas assez clairement. Avec beaucoup trop de détours. Avec bien trop de défauts, de failles vertigineuses, de silences incompréhensibles, de lacunes inadmissibles, d'imprécisions rédhibitoires. Mais avec aussi, parfois, des audaces dont je dois dire qu'elles m'ont beaucoup coûté.

C'est que je ne savais pas, en m'attelant à ce travail dont j'avais le projet de longue date, que je pénétrais dans un univers abyssal. Je n'en ai pris conscience qu'au fil de l'écriture. Si bien que, faute de souffle, j'ai été contraint de réduire mon ambition de départ à ce qui me semble aujourd'hui n'avoir été qu'une incursion rapide et prudente. Je n'en suis cependant pas revenu les mains vides. Et ce que j'ai glané m'a néanmoins paru suffisamment honnête pour être livré tel quel. D'autant que j'avoue n'avoir jamais eu la prétention de produire sur le sujet un traité définitif.

Je suis parti, comme je l'ai toujours fait, de ma place de médecin d'enfant. De médecin de cet enfant dont j'ai appris, au fil des années, qu'il reste indéfiniment vivant dans chacun et qu'il ne cesse pas de demander, même quand il a vieilli et qu'il a procréé, que justice soit rendue à son insatiable faim d'harmonie.

Et je l'ai fait en prenant pour trame de mon interrogation une histoire qui m'a hanté des années durant, sans m'arrêter au fait qu'elle était celle d'une mère de garçons. Je me suis interrogé sur sa pertinence mais je n'ai pas cru devoir m'en défier parce qu'elle m'a somme toute permis de donner un appui encore meilleur au raisonnement par induction dont j'ai usé tout au long de l'ouvrage.

Et puis n'est-il pas notoire que si toute mère n'a pas forcément une fille, toute fille en revanche a forcément une mère ? Cela n'est-il pas suffisant pour rappeler l'asymétrie des destins – bien trop souvent vécue comme une injustice native ! – que met en place la différence des sexes ? Différence qui commande tout et dont tout découle au point de m'inciter à reprendre ici l'inventaire de ce que j'ai rencontré d'essentiel dans ce travail.

À commencer par le fait qu'un homme, né d'un ventre de femme et nimbé pendant sa petite enfance par tout ce qui s'en dégage, en rencontrera immanquablement une (ou plusieurs) autre. Une femme, elle, n'aura jamais en principe le privilège de ce type de retrouvailles. Or, si le premier se voit ainsi offrir par la vie, une chance de « revoir sa copie » de départ, la seconde semble *a priori* condamnée à errer indéfiniment dans la nostalgie de ce premier lien. On conçoit que ce ne soit pas fait pour améliorer l'entente qu'on rêve de voir régner à l'intérieur des couples. On peut cependant, sans grand effort, imaginer que, s'il en est ainsi, c'est qu'il ne peut pas et qu'il ne doit pas en être autrement. Comme s'il fallait que le premier puisse, tôt ou tard et peu ou prou, éprouver le besoin d'épurer ses affects des vieilles traces qui les ont longtemps parasités alors que la seconde aurait à les entretenir un tant soit peu pour pouvoir en faire un jour un usage consistant.

C'est donc tout le problème de ce qu'on appelle l'identification primaire qui se trouve ici soulevé. Un homme doit tôt ou tard renoncer à s'inspirer en toute chose de sa mère pour parvenir à occuper sa propre stature – et la paternité viendra lui rappeler cette nécessité. Alors qu'une femme peut glisser jusque dans le clonage de sa mère sans même s'en apercevoir et sans que la maternité ne vienne d'aucune façon la rappeler à l'ordre.

Cette disposition féminine produit-elle un quelconque inconvénient ?

Des centaines de milliers de femmes dans notre pays, des millions de par le monde, semblent avoir déjà décidé de l'ineptie de cette question en n'ayant pas hésité à mettre, seules, au monde des enfants que les administrations tatillonnes se sont évertuées à inscrire dans un univers familial statufié comme « monoparental ». Mais les couples qui ne se font pas, comme les couples qui se défont ou les familles qui éclatent avant de tenter de se « recomposer » différemment, ne font pas autre chose, remettant en question, au nom du culte post-post-moderne de l'individualité, les montages les plus subtils que les différentes cultures se sont échinées à ériger, tout au long de leur histoire, pour composer avec l'incontournable différence.

Si bien que les hommes errent et que les femmes s'agrippent à qui mieux mieux à leur enfant comme à une valeur ajoutée qui leur serait propre et dont la légitimité ne leur paraît pas plus devoir être interrogée que remise en cause. Parce que leur existence a été depuis peu à nouveau mentionnée, on a cru que les pères allaient revenir sur la scène et générer un peu d'ordre dans la confusion environnante. C'était faire preuve de naïveté et ne pas prendre garde à l'effet stérile d'un discours social hypocrite qui prétend leur restituer un droit de cité sans assortir son intention du moindre moyen. Il est bien entendu devenu de bon ton de s'affliger de cet air du temps et des dérives dans lesquelles tout cela a glissé. Chacun de le déplorer et personne pour essayer de rechercher, sinon les racines du mal, du moins la voie qu'a empruntée ce mal pour se répandre à ce point.

Or, quand on s'y essaie, comme je l'ai fait pour ma part, de ma place de pédiatre et depuis déjà plus de vingt ans, on retombe toujours sur la même piste : celle-là même des identifications primaires que j'évoque et de leur gestion dans un contexte sociétal qui, loin d'être neutre à leur égard, les pousse ouvertement sur la plus grande pente [1]. Il n'y a donc pas de quoi s'étonner du fait que quantité de pères veuillent désormais être des mères-bis et que les mères ne rêvent plus que d'être dans la stricte répétition de leur histoire.

On s'empressera certainement, comme à l'accoutumée, de faire valoir que tout cela est régi – et je serai le dernier à ne pas le reconnaître – pour chacun par des processus inconscients dont on sait qu'ils échappent à la moindre maîtrise. Certes. Et c'est bien le cœur du problème. Mais l'inconscient ne date ni d'aujourd'hui, ni d'hier, ni même de Freud. L'inconscient a toujours été là. Cela n'a pas empêché des règles sociales de s'édifier, pas plus que cela n'a interdit à des êtres de tenter de se rejoindre par-delà leurs différences en trouvant les moyens de dépasser leurs dissensions. Les résultats n'en ont pas été meilleurs pour autant : c'est ce que l'on objecte souvent à l'argument. Or, il s'agit d'une objection des plus spécieuses et des plus gratuites, même si on l'entend proférer tout le temps, partout et de tous les côtés. Sans faire le procès réglé de son inanité et de sa prétention, on peut remarquer qu'elle ne vise qu'à remettre en selle l'éternel alibi de l'inconscient et l'impuissance à laquelle il réduirait chacun. Ce qui entraînerait qu'il faudrait excuser toutes les conduites sans distinction et ne voir, dans quelque éthique que ce soit, autre chose qu'un instrument de répression. À moins qu'on aille jusqu'à préconiser la généralisation de la fréquentation du divan à l'ensemble de la population, ce qui permettrait le recueil de résultats nouveaux susceptibles de fournir enfin matière à de nouveaux bilans et de... Le cercle vicieux par excellence !

La fiction est d'autant plus amusante qu'il n'est pas utile d'attendre sa mise en œuvre pour être sûr de son échec. Il n'est que de voir comment se passent les choses pour des parents ayant bénéficié d'une analyse ou pour des parents eux-mêmes psychanalystes. La parentalité, qu'ils soient

---

1. Ce que j'ai développé – peut-être un peu trop tôt pour l'époque où je l'ai fait – dans *Parier sur l'enfant*, *op. cit.*

père ou mère, les met, heureusement, autant à mal qu'elle le fait pour chacun. Il en va, à cet égard, comme si le nœud du problème gisait dans des zones de la psyché strictement impossibles à aborder par le discours, quelque brillant ou élaboré qu'il eût pu être.

Un tel constat ne doit pas néanmoins faire conclure à l'existence d'une impasse qui attend tout sujet. Loin s'en faut. L'expérience de la parentalité se révèle en effet être pour chaque individu l'occasion unique par laquelle il peut aborder ce nœud et tenter de le trancher ou de le défaire, pour son propre bénéfice tout d'abord, pour celui de son enfant ensuite, si ce n'est pour la suite de sa descendance. À condition toutefois de savoir qu'il y évolue dans la dimension sexuée qui est la sienne.

Car, dans ce registre comme dans tous les autres, c'est encore et toujours la différence qui prime.

Or, cette différence fait de tout père, quels que soient ses intentions, ses desiderata ou son action, le point de focalisation de l'insatisfaction des protagonistes de sa cellule familiale. Quoi qu'il fasse, il est celui qui met fin à la jonction de la mère et de l'enfant. Jonction que l'un et l'autre, l'une et l'autre, souhaitent et redoutent tout à la fois. Parce qu'elle les rassure, certes, en les laissant croire qu'à deux, unis, on a plus de chances de vaincre la mort, tout en contrevenant à la loi de l'espèce – que d'aucuns, sous l'effet de la fascination grandissante qu'exerce la perversion, vont même jusqu'à imaginer amendable ! – qui prohibe l'inceste.

Si l'inceste exerce un attrait qui va de pair avec une violente répulsion, c'est qu'il met en jeu en premier lieu les forces de mort qui nous fascinent et auxquelles nous savons être tous soumis. Mais, ce faisant, il nous indique en réaction que nous résidons dans cette vie que nous sentons battre en nous, même si nous ne savons pas toujours comment la remplir ou simplement que nous avons à la remplir. Nous devrions pouvoir en tirer les conséquences. Mais notre incurie et notre paresse nous incitent, hélas, bien trop souvent à imiter les modèles dont nous disposons et à remettre nos pas dans ceux de nos parents. Or, il s'avère que, si nous optons pour cette manière de faire, nous jetons aux orties toute chance de marquer de notre sceau propre une existence que nous réduisons du même coup à un simple et inepte sursis.

On relève aisément, quand on fréquente les familles et qu'on s'intéresse à la manière dont s'agencent leurs histoires que cette propension à la répétition est encouragée, et régulièrement exigée sur leurs filles, par les mères. En raison tout d'abord de la force de la relation biologique que ces dernières ont à leurs enfants en général. Elles ne peuvent en effet se résoudre à mettre fin à l'expérience enivrante qu'elles ont connue et qui les a installées à la perfection dans la logique de leur sexe – que j'ai appelée logique de la grossesse et qui consiste à se vouer à un être-de-besoins passible d'être satisfait sans limite. Elles s'évertuent donc à faire en sorte que leur enfant ne manque de rien, qu'il ne soit pas carent, qu'il ne soit pas *cestus*, comme le mot se traduit en latin, qu'il soit non *cestus*, c'est-à-dire *incestus*. L'autre argument qui fonde leur action tient dans leur refus inconscient de laisser aller leur enfant dans une vie qui s'achèvera un jour. Comme elles ne peuvent pas ne pas savoir l'inéluctable échéance, elles redoublent leur sollicitude, caressant l'espoir d'une mise en échec de la mort pour leur enfant et pourquoi pas pour elles-mêmes. Ce dernier fantasme prend toute sa force quand elles mettent au monde une fille et qu'elles entreprennent, sous les applaudissements environnants, d'en faire leur clone – le garçon étant protégé dans cette occurrence par la différence sexuelle. Cette injonction de répétition redonne à la pulsion incestueuse une allure encore plus grave. Elle en fait ce que Françoise Héritier [1] appelle « l'inceste fondamental », et dont elle nous explique que, si l'inceste consiste toujours à « faire du même avec du soi », celui-là dispose de tous les ingrédients pour parvenir à ses fins à moindres frais.

Or, on constate que lorsqu'une mère a plusieurs filles, une seule d'entre elles est visée par l'injonction, que

---

1. Voir F. Héritier, *Les Deux Filles et leur mère*, Paris, Odile Jacob, 1994, coll. « Opus », 1998.

celle-ci envie ses sœurs qui en sont dispensées, lesquelles envient en retour son élection.

À tenter de percer un tel mystère, on s'aperçoit que cela tient à la phase dite œdipienne du développement. Pour échapper au destin homosexuel auquel l'aurait condamnée sa fixation au premier objet d'amour qu'elle a eu, à savoir sa mère, la fille n'a pas en effet d'autre choix que de se tourner vers son père. La conversion qu'elle opère de la sorte, parce qu'elle n'est pas admise comme indispensable et qu'elle donne lieu à toutes sortes de sur-interprétations, met en place en elle un sentiment sourd et durable de trahison. Sentiment qu'elle a toujours la possibilité d'effacer en obéissant, si elle en est l'objet, à l'injonction de répétition alors que ses sœurs seront, elles, contraintes de courir après une absolution d'autant plus difficile à obtenir qu'elle concerne une trahison purement imaginaire. On les voit alors déployer un dévouement harassant et sans limite, sans savoir que leur sœur élue, ayant compris le poids de l'épreuve qui lui échoit, serait prête à échanger son sort contre le leur.

Cela déteint sur les rapports en générant une violence insoupçonnée. Il suffit pour le vérifier de se mettre à l'écoute et d'entendre des mères parler de leurs mères respectives. Le plus étonnant c'est alors de constater jusqu'à quel point cette violence, plus qu'occultée, est proprement déniée par le discours ambiant, laissant place le plus souvent, sous prétexte d'une similitude de sensibilité, au fantasme de l'entente parfaite qui régnerait entre mères et filles. La violence maternelle, qui ne sait évidemment pas qu'elle s'appuie sur le sentiment de trahison de la fille, fait le lit d'un pouvoir que la mère chérit et garde indéfiniment sur sa fille. Si bien que la violence réactionnelle de la fille ne peut trouver aucun exutoire. Aussi s'accumulera-t-elle des années durant et quand, sous la pression de quelque événement, elle aura à se déverser, ce sera le plus souvent, par un effet de déplacement, sur le conjoint dont on sait qu'il est toujours choisi à l'image de la mère.

Tout comme les femmes ont réussi, par leurs luttes à faire reconnaître leurs droits à une sexualité et au plaisir, il importerait qu'elles se fassent reconnaître, aujourd'hui, le droit de briser les chromos et de s'autoriser à ressentir, et donc à assumer sans remords, la violence qu'elles ont développée et entretenue à l'endroit de leurs mères. Cela leur permettrait de ne plus être indéfiniment tenues en sujétion et de n'avoir plus à régler leurs problèmes par déplacement. Rien ne peut être plus salutaire pour leurs couples et pour leurs descendance.

Il faudrait bien entendu, pour que cela dépasse le stade d'une proposition, que l'environnement ne bride pas leur éventuelle initiative, que leurs frères, autrement dit, ne leur interdisent pas implicitement de toucher à leurs mères communes auxquelles ils ont rarement liquidé leur attachement. Manière comme une autre de retrouver la pâte masculine du pouvoir. Et, derrière elle, la redoutable logique de nos sociétés qui ne voient plus dans l'humain qu'une ressource malléable – on parle bien de « ressources humaines » ! – à laquelle il est seulement demandé de consommer et – le chômage en atteste – de produire au moindre coût. Visée qui ne peut s'accommoder de l'existence d'un père dont on doit convenir, et c'est ce qu'a cherché à montrer cet ouvrage, que, comme élément régulateur, il a été et il est toujours, aussi indispensable, sinon plus encore, à ses filles qu'à ses fils.

Paris, le 22 décembre 1997.

Table

Dans la collection « Poches Odile Jacob »

Imprimé en France sur Presse Offset par

BRODARD & TAUPIN

GROUPE CPI

5309 - La Flèche (Sarthe) - le 22-05-2001
N° d'édition : 7381-0796-4
Dépôt légal : mars 2000